Michael Haller (Hg.)

Freiwillig sterben – freiwillig?

Selbstmord, Sterbehilfe, Suchttod

SPIEGEL-BUCH

Umschlagentwurf: SPIEGEL-Titelgrafik
Veröffentlicht im Rowohlt Taschenbuch Verlag GmbH,
Reinbek bei Hamburg, November 1986

Satz Times, Utesch Satztechnik GmbH, Hamburg
Gesamtherstellung Clausen & Bosse, Leck
Printed in Germany
ISBN 3 499 33073 3

Inhalt

Michael Haller
Rückzug aus dem Leben 7
Eine Annäherung an das Thema Suizid

Michael Haller
I Die Außenwelt 25
Umwelt – Gesellschaft – Kultur

1
Fieberkurve der Gesellschaft 27
Die statistische Erfassung des Suizids

2
Ist der Selbstmörder ein Opfer der Verhältnisse? 47
Die Sozialwissenschaften über den Suizid

3
Die Rückkehr der Lucretia 65
Zur Kulturgeschichte des Selbstmords

II Die Innenwelt 101
Suizidanfälligkeit – Suizidgefahren – Krankheitsbilder

4
Erwin Ringel
Manche sind anfällig – viele sind gefährdet 103
Die Suizidalität aus der Sicht des Psychotherapeuten

5
* * *
Die Suizidgefahr ist meine Krankheit 131
Erfahrungsbericht eines Betroffenen

III Kann Selbsttötung auch Befreiung sein? 141
Die Diskussion um Freitod und Sterbehilfe

6
Hans-Henning Atrott
Über mein Leben will ich selbst bestimmen 143
Mit der Sterbehilfe muß auch der Freitod gestattet sein

7
Christoph Angermann/Hans Doll
Die Idee des Freitods ist irrational 157
Auch Selbstmörder suchen das Leben

8
Klaus Böhme
Krankheit zum Tode 163
Suizidalität ist auch Krankheitssymptom

9
Michael Haller
Für ein gelingendes Leben 179
Fünf Thesen über Tod, Freitod und Sterbehilfe

IV Beistand in der Krise 183
Suizidhilfe-Einrichtungen stellen sich vor

10
Hans-Ludwig Wedler
Was kommt nach der Rettung? 185
Die Betreuung von Suizidpatienten im Krankenhaus

11
Christoph Angermann/Hans Doll
Die Krise als Chance nutzen 199
Das Therapiemodell «Die Arche»

12
Gabriele Janz/Annegret Pankau/Karl-Heinz Schuldt
Den Menschen aus der Beengung führen 213
Die Laienhilfe «Arbeitskreis Leben»

13
Ullrich Brenning/Gabi Härter/Monika Schnell/
Helmut Wetzel/Michael Witte
Der ungestillte Hunger nach Leben 225
Die Jugendberatungsstelle «Neuhland»

Verzeichnis der Suizidhilfe-Einrichtungen
in der Bundesrepublik 249

Verzeichnis der SPIEGEL-Bücher 253

Michael Haller

Rückzug aus dem Leben

Eine Annäherung an das Thema Suizid

Da geht also der Vorhang auf und wir blicken in ein bieder eingerichtetes Wohnzimmer einer Mietswohnung. Es ist Abend, die Stehlampe brennt. Eine unauffällige, nette Frau mittleren Alters ist zu sehen. Sie ist zu Hause und verbringt ihren Feierabend. Es ist wie alle Abende zuvor. Sie macht ein bißchen Hausarbeit, schaut in den Fernseher, schreibt sich was auf, trinkt ein Täßchen Tee, läßt das Radio laufen und beschäftigt sich mit ihrem Hobby, dem Teppichknüpfen. Die Frau ist allein, es fällt kein Wort. Jetzt hat sie genug vom Knüpfen und blättert in der Zeitung, legt sie sauber gefaltet beiseite. Nun ordnet sie den Inhalt einer Schublade und legt ihre Kleider zurecht für den anderen Tag. Sie stellt den Wecker, geht zum Schrank und nimmt nebenbei eine Schachtel Tabletten, trinkt einen Schluck, nimmt Tabletten, trinkt, nimmt Tabletten, trinkt, nimmt die restlichen Tabletten, räumt die leere Schachtel weg, ordnet Kamm und Zahnputzglas, legt sich ins Bett, schläft ein und stirbt. Ganz beiläufig.

Das Ein-Personen-Theaterstück «Wunschkonzert» von Franz Xaver Kroetz wurde am 7. März 1973 in Stuttgart im Württembergischen Staatstheater uraufgeführt. Premierengäste und Theaterkritiker waren betroffen: so ist es, so banal und ungeheuerlich. «Wo das Theater aufhört, scheint es, fängt in diesen Dingen die Wirklichkeit erst an», sagte der Zürcher Germanistikprofessor Peter von Matt über das «Wunschkonzert». Und sie hat, beiläufig, längst angefangen.

*

Die statistische Vermessung des Phänomens liefert folgende Eckdaten:

Derzeit werden in der Bundesrepublik Deutschland jährlich 14000 *vollendete Selbsttötungen* festgestellt. Die Dunkelziffer wird für fast ebensogroß gehalten. Das heißt, jeden Tag nehmen sich 78 Menschen das Leben, zwei von drei sind männlichen Geschlechts.

Risikogruppen sind junge Erwachsene und alte Leute über sechzig; als Risikofaktoren gelten (in der Reihenfolge ihrer Häufigkeit): depressive Verstimmung, Sucht, soziale Isolierung, Vereinsamung, Schockerlebnisse. Selbsttötungen ereignen sich häufiger nach Sendeschluß des Fernsehens, häufiger Sonntagnacht und montag morgens, eher am Monatsende, vermehrt im Frühsommer (Mai) und nach Weihnachten in der Zeit des Jahreswechsels. Von knapp einem Drittel der Verstorbenen weiß man, daß sie zuvor wegen seelischer Störungen in psychiatrischer Behandlung waren, von einem weiteren Drittel, daß sie suchtabhängig waren. Über die übrigen geben Krankheiten keine Anhaltspunkte.

Selbsttötungs*versuche* ereignen sich bis zu zwanzig Mal häufiger als die vollendeten Selbsttötungen. Alle vier Minuten wird in Westdeutschland ein Patient wegen eines Selbsttötungsversuchs in ein Krankenhaus eingeliefert. Die Zahl der Versuche steigt seit einigen Jahren stark an. Hauptrisikogruppen für Suizidversuche sind Jugendliche und jüngere Frauen. Jeder dritte versucht es erneut; unter den Versuchen mit tötlichem Ausgang sind überwiegend Männer. Vier von fünf Versuchen wurden jeweils vorher angekündigt.

Im Rahmen einer 1983 publizierten Befragung von

2668 Jugendlichen im Schulalter gaben 38 Prozent an, Selbsttötungsphantasien zu haben oder gehabt zu haben, sechs Prozent hatten konkrete Vorbereitungen getroffen und vier Prozent einen oder mehrere Versuche unternommen. In der Mehrheit waren es Mädchen.

*

Natürlich stellt sich die Selbsttötung, wenn wir davon hören, als erschreckende Tat eines Einzelnen dar: Wir lesen schaudernd von dem Familienvater in Bochum, der eines abends seine Frau und seine zwei kleinen Kinder vergiftet, später sich selbst tötet; rückblickend wird der nette Kollege als krank, als schwerer Psychopath bezeichnet. Oder wir hören, daß die immer so sympathische und dabei unauffällige Tochter unserer Cousine in Wuppertal, die gerade das Abitur bestanden und ihre erste große Liebe hinter sich hat, eine Überdosis Schlaf- und Beruhigungstabletten nahm, für alle ganz überraschend und unerklärlich: ihre Mutter war doch immer so besorgt um sie gewesen. Jetzt erfahren wir, daß sie schon zwei Versuche verübt hatte, der Familie war es peinlich. Oder Karl, der sensible, immer ein wenig introvertierte Schulkamerad aus früheren Jahren: Vergangene Woche fand ihn eines Morgens ein Bekannter tot in seinem Zimmer. Er war als Fixer bei der Polizei aktenkundig, gestorben ist er laut Arztbericht an einer Überdosis Heroin. Er wuchs damals, so werden wir eine Erklärung suchen, in sogenannten zerrütteten Familienverhältnissen auf. Nein, kein Scheidungskind. Aber seine Mutter, das war doch diese unerträglich hysterische Person. Und war nicht der Vater ein verkappter Alkoholiker?

Wenn es um Selbsttötung geht, lesen wir immer nur die Krankengeschichten von Einzelfällen. Sie vermitteln die Botschaft, daß wir, der große Rest, ganz anders seien und darum keine Angst zu haben bräuchten. Und solche

Krankengeschichten wirken auch irgendwie erleichternd, weil wir, die Überlebenden, davongekommen sind. Aber die Erleichterung ist trügerisch. Denn sie gibt zu erkennen, daß uns der Gedanke an Selbstmord im tiefsten Innern vertraut, daß die Tatidee nicht fremd, sondern bedrohlich ist. Kurz: Wir sind darüber erleichtert, daß nicht wir, sondern ein anderer die angebliche Kurzschlußhandlung beging und mit dieser Tat soviel Distanz zu uns geschaffen hat, daß uns unser Leben wieder doppelt wertvoll ist.

*

Selbstmord: Er sei eine «eigentümliche Todesart», schrieb der Psychoanalytiker Karl Menninger 1938 in seinem Buch «Psychoanalyse des Selbstmords», da er «drei innere Elemente enthält: das Element des Sterbens, das des Tötens und das des Getötetwerdens». Diese Definition ist unter Psychiatern unbestritten: Sie rückt das handelnde Individuum ins Zentrum ganz nach dem Bild des Mörders, der die Waffe hebt.

Vielleicht war dies damals eine zutreffende Sicht. Das in diesem Buch zu behandelnde Problem trifft sie nur bedingt. Denn aus dem Selbstmord als Akt wird mehr und mehr ein Sich-Zerstören: Das Merkmal des Tötens wird schwächer, dasjenige des Sterbens stärker.

Kein Zweifel, weiterhin ereignen sich Selbsttötungen, die «Selbstmord» heißen, weil den Zurückgebliebenen klar ist, daß der Verstorbene, könnte er es, die grausam begangene Tat zurücknehmen würde.

Aber was hat die Handlung eines über sich und die Welt seit langem tief Verzweifelten mit Mord zu tun? Da geht es nicht um Tötung, im Gegenteil: Daß er für das Ziel der Selbstvernichtung noch töten muß, hält manchen depressiv Erkrankten noch von der Tat zurück. Seine Sehnsucht ist, ins Nichts zu verschwinden.

Das so schrecklich moralisierende Wort «Selbstmord» gibt es nur im Deutschen und ist erst seit weniger als dreihundert Jahren im Gebrauch. Das Strafgesetzbuch Karls V. zum Beispiel sprach noch von «eigner Tötung», obwohl seinerzeit, im 16. Jahrhundert, die Selbsttötung allgemein geächtet wurde. Damals benutzten die Medizinkundigen das von Franzosen und Engländern um 1650 eingeführte neulateinische Wort «suicid», abgeleitet aus «sua manu caedere», durch eigene Hand fallen, fällen oder töten. Doch das Medizinerlatein läßt eher weiße Kittel und Desinfektionsmittel assoziieren als existenzielle Not. Sein nüchterner Klang wirkt indessen versachlichend.

Die Gegenmoral rückt den Anspruch auf freie Verfügungsgewalt in die Mitte und spricht folgerichtig vom «Freitod»: in unbeschränkter Freiheit will sich der Mensch für die Beendigung seines Lebens entscheiden. Dies mag auch zutreffend sein für einen tatsächlich von Zwängen, Beengungen und Ängsten unberührten Entschluß. Aber für wen traf dies schon zu? Für den Naturphilosophen Empedokles vor seinem Sprung in den glühenden Ätna? Oder für den Schriftsteller Jean Améry, als er zwei Jahre nach seinem Buch «Hand an sich legen» Hand an sich legte? Exemplarisch gibt es den Freitod sicherlich, doch ebenso sicher kommt er nicht massenhaft vor. In zwei von drei Fällen sind es seelische Nöte, die in die Krise und weiter in die Tötungshandlung führen.

Selbsttötung, Selbstmord, Suizid und Freitod werden als Kennzeichnungen in diesem Buch verwendet. Es sind gleichwohl ungenaue, im Grunde verschleiernde Umschreibungen eines Geschehens, dessen meist unbemerkte Vorbereitungen weit zurückreichen und sehr langsam in die Selbstvernichtung übergehen: Gedankliche Selbstmordplanung, der Suizidversuch mit Körperbeschädigung, aber auch die vollständige Abhängigkeit von Alkohol, von Drogen – oder der Rückzug in die lähmende Passivität, das Zurückfallen in die Leere: Dies sind im Grunde mehr oder weniger autoaggressive Formen des allmählichen *Rückzugs aus dem Leben*, an dessen Ende der Exit stehen *kann*.

In diesem Buch wird dieser Rückzug behandelt. Für ihn kennen wir kein anderes deutsches Wort als «Lebensmüdigkeit». Auch hier ist die medizinische Sprache in der Wortbildung weiter: sie spricht im Hinblick auf die Lebenssituation des betroffenen Individuums von «Suizidinklination», also der Selbstmordgefährdung; und im Hinblick auf die Persönlichkeit des Betroffenen von «Suizidalität» als dessen Anfälligkeit. Beispiel: Depressive Menschen sind eher suizidal; besondere Ereignisse erhöhen ihre Suizidinklination. Die meisten Beiträge dieses Buches verzichten allerdings auf die komplizierte Unterscheidung und gebrauchen für Anfälligkeit und Gefährdung das Wort «Suizidalität».

Im gleichen Zusammenhang stehen Handlungen, die Mediziner «indirekten Suizid» nennen. Sie meinen damit Verhaltensweisen, bei denen das erhöhte Todesrisiko nicht weiter bedacht wird: zum Beispiel sehr starker regelmäßiger Alkohol- und Nikotinkonsum (die Medizin spricht bei Organschädigung von «Mißbrauch»), Leugnung von Krankheiten, mißbräuchlicher Umgang mit Medikamenten, Formen der Selbstverstümmelung. Gerade für das Suchtverhalten sind auch Kennzeichnungen gebräuchlich wie: «Selbstmord in Raten» oder, unpräzis, «protrahierter» oder «vorweggenommener Suizid». Sie haben einen polemischen Klang.

Zur Suizidalität gehört freilich noch eine weitere Dimension: Die gesellschaftlichen und umweltlichen Gegebenheiten (wie Konkurrenzdruck, Erwartungsdruck, Entfremdung, Anonymisierung der Beziehungen), die vom Einzelnen als zerstörerisch und lebensbedrohend empfunden werden können. Es sind also «suizidal machende» Verhältnisse, oder solche, die Suizidalität verstärken. Und hier ist nicht die Fachsprache, sondern der Volksmund weiter: «Das macht mich kaputt» heißt es, oder, einfacher, «ich steig aus». Viele steigen um: auf Drogen.

«Warum begehen wir nicht alle Selbstmord, wie viele Philosophen geraten haben?», räsonierte Karl Menninger und ergänzte: «In mancher Hinsicht erscheint es logischer, nachzuforschen, weshalb irgend jemand angesichts der äußeren und inneren Schwierigkeiten am Leben bleibt, als zu beweisen, warum wir sterben.» Diese Überlegung Menningers hat durchaus an Aktualität gewonnen.

*

«Was würden Sie tun?» fragte mich die 74jährige Sheila Little aus Edinburg, «wenn ihre Mutter um alles in der Welt sterben will, sich aber selber den Tod nicht geben kann, weil sie gelähmt ist?» Sheila Little war Sprecherin der schottischen Bürgerinitiative «Exit», die für das Recht kämpft, zu jeder Zeit frei über den eigenen Tod entscheiden zu können. Ich traf Frau Little 1981 auf einer internationalen Konferenz über freiwillige Euthanasie und Selbstmord, zu der die englische «Exit»-Gruppe nach Oxford geladen hatte. Vierzig verschiedene Vereinigungen für die freiwillige Euthanasie hatten ihre Vertreter geschickt, von Schweden bis Griechenland, von Kanada bis Mexiko, von Thailand bis Japan. Über alle kulturellen Unterschiede hinweg verlangen sie in ihren Ländern eine Rechtsordnung, die das «Recht auf einen würdigen Tod» gestattet. Sie meinen damit den willentlich herbeigeführten eigenen «Abgang», mit der Konsequenz, daß auch aktive Beihilfe (vor allem im Fall einer unheilbaren Krankheit und bei schwerer Behinderung) straffrei bleibe.

Die Aktivitäten der britischen «Exits» hängen auch damit zusammen, daß in England bis 1961 der Versuch, sich das Leben zu nehmen, strafbar war. Noch heute ist es dort (im Unterschied zu Schottland) verboten, einem Suizidwilligen praktische Ratschläge zu geben oder auch nur positiv über Suizid zu sprechen. Ähnliche Verbote existieren noch in einigen amerikanischen Bundesstaaten.

Die schottische «Exit»-Gruppe verfaßte 1980 einen in England streng verbotenen praktischen Suizidratgeber («How to die with dignity»). Nur Mitglieder der schottischen Gruppe konnten die Broschüre beziehen, woraufhin innerhalb weniger Tage weit über zweitausend Briten und weitere tausend Ausländer dem Verein beitraten. Zahlreiche Selbsttötungen wurden in der Folge mit der Broschüre in Verbindung gebracht, der Sekretär des englischen Vereins, Nicholas Reed, mußte für drei Tage in Haft. Der Verfasser, der schottische Arzt George B. Mair, rät Sterbewilligen von jeder gewaltsamen Tötungsart ab, da sie kein Weg sei, «in Würde zu sterben». Er empfiehlt vielmehr «geeignete Pharmaka». Die Broschüre enthält eine lange Liste mit den Namen der Drogen und der Dosis, die eingenommen werden muß.

Dem Beispiel der Schotten sind inzwischen viele andere gefolgt und vertreiben heute ihre eigenen Sterbeführer. In Frankreich verfaßten 1982 Claude Guillon und Yves Le Bonniec eine «Gebrauchsanleitung zum Selbstmord» mit einer Liste der «Tötungsinstrumente» und einem langen Essay über den Umgang mit dem Tod. Motto: «Wissen, wie man stirbt, heißt wissen, wie man nicht aus Versehen stirbt.» (1982 in der «Edition Freytag» auf deutsch verlegt). Im Oktober 1985 wurde Le Bonniec festgenommen und unter Anklage gestellt wegen «fahrlässiger Tötung und unterlassener Hilfeleistung», nachdem er auf das Schreiben eines Suizidenten, der um Bekanntgabe der tödlichen Dosis eines Giftes bat, schriftliche Hinweise gegeben hatte, die der Anfrager dann auch befolgte.

In Westdeutschland gibt die «Deutsche Gesellschaft für Humanes Sterben» (DGHS) in Augsburg einen Ratgeber («Menschenwürdiges und selbstverantwortliches Sterben») an ihre Mitglieder ab, der genaue Angaben über Medikamentierung und Bezugsformen gibt, auch, was in welchen Nachbarländern rezeptfrei erhältlich ist. Juristisch sei die Fibel «Beihilfe zum Freitod» und darum straffrei. Strafbar macht sich, wer aktiv Sterbehilfe leistet, zum Beispiel derjenige, der einem Gelähmten die tödliche Dosis Pillen in den Mund legt. Ungeklärt ist aber, unter welchen Umständen aus der straffreien Beihilfe zum Suizid die verbotene «Tötung auf Verlangen» wird. In der Bundesrepublik hat Julius Hackethal für den Präzedenzfall gesorgt, indem er einem Bekannten einer sterbewilligen Krebspatientin die nötige Dosis Zyankali übergab und die richtige Applikation nannte. Der Bekannte gab das Gift einer weiteren Bekannten, die es dann der Sterbewilligen reichte. 15 Minuten nach der Einnahme war der Tod eingetreten. Der Fall ist am Landgericht in Traunstein anhängig.

Der Bundesgerichtshof hat 1984 einen Krefelder Arzt freigesprochen, der eine Patientin nach Einleitung ihres Suizids antraf, auf ihren schriftlichen Wunsch hin jedoch jede Wiederbelebungsmaßnahme unterließ und bis zu ihrem Tod am Sterbebett ausharrte. Der Wille des Suizidenten sei zu respektieren, bis er bewußtlos werde; dann aber setze die Pflicht zur Hilfeleistung ein, wurde im Urteil argumentiert, wobei allerdings nur im Einzelfall entschieden werden könne, wann die Rettungspflicht unzumutbar werde.

Die in diesem Urteil enthaltene Widersprüchlichkeit verhalf dem Rechtsausschuß des Bundestages dazu, die Frage der Neuregelung der Sterbehilfe zu untersuchen. Im Mai 1985 führte er ein Experten-Hearing im Hinblick auf ein neues Gesetz durch. In der Folge arbeitete ein Kreis von Juristen und Medizinern einen eigenen Gesetzesvorschlag zur Sterbehilfe aus (publiziert im Juni 1986 als «Alternativentwurf eines Gesetzes über Sterbehilfe»), der im Wesentlichen für eine Kompetenzerweiterung der Ärzte und eine Stärkung ihrer Therapiefreiheit eintritt. Ein im September 1986 von der DGHS vorgelegter Gegenentwurf sieht die Sterbehilfe umgekehrt als Recht des Patienten auf der Grundlage von sogenannten Patientenverfügungen. Der Betreffende verfügt darin, daß die Anwendung lebenserhaltender Maßnahmen zu unterbleiben habe, wenn bei ihm der Sterbeprozeß eingetreten sei und er voraussichtlich das Bewußtsein nicht wiedererlange). Solche Verfügungen haben sich insbesondere in den USA bewährt. Die DGHS will inzwischen 15 000 Verfügungen ausgegeben haben und glaubt, daß inzwischen etwa 8000 erfolgreich zur Anwendung gelangt seien. «Aus der Sicht der Ärzte wirft die Diskussion um eine Legalisierung der aktiven Sterbehilfe eine weitere grundsätzliche Frage auf: Kann den Mitgliedern eines einzigen Standes (nämlich den Ärzten) zugemutet werden, daß sie Entscheidungen über Leben und Tod von Mitmenschen auf sich nehmen?» fragte 1984 Herbert Begemann, früherer Chefarzt am Städtischen Krankenhaus München-Schwabing. Seine Antwort: Nein.

Staat und Ärzteschaft zurückzudrängen ist auch das erkläre Ziel der «Exit»-Vereinigung. Die Angst vor Strafe und Verfolgung erlaube gar keinen freien Umgang mit dem Tod, sagte mir damals, in Oxford, Sheila Little. Sie sprach auch aus eigener Erfahrung. Vor 22 Jahren, als sie noch in Neuseeland lebte, wünschte ihre schwer kranke Mutter zu sterben. Keiner der Ärzte wollte davon etwas wissen, während Monaten habe sie die entsprechende Dosis Tabletten erbetteln müssen. «Bei den Römern war es ja sogar üblich», meinte Sheila, «daß der Freund den Dolch führte.» Sheila gab der Mutter die tödliche Dosis. Da ihr aber die Mutter ein kleines Vermögen hinterließ, schaltete sich die Staatsanwaltschaft ein und ermittelte. Nur mit größter Mühe, erinnerte sie sich, sei sie einer Verurteilung entgangen. Die Augen der 74jährigen funkelten jetzt noch vor Empörung.

*

Die von Bund und Ländern 1981 gemeinsam erlassenen «Richtlinien zur Führung kriminalpolizeilicher Akten» (KpS) gestatten es den Behörden, Daten von «gefährdeten Personen» im Polizei-Computer zu speichern. Unter Ziffer 2.3 werden ausdrücklich «Vorgänge über Selbsttötungsversuche» genannt. Nachforschungen der deutschen «Gesellschaft für Selbstmordverhütung» ergaben 1984, daß die Bundesländer Personen registrieren, die wegen eines Suizidversuchs einer Dienststelle bekannt geworden sind. Im Bundesland Hessen zum Beispiel waren Ende 1984 bereits 2314 Personen als selbstmordgefährdet registriert. Begründung der Behörden: Der Suizidhinweis erleichtere die Abklärung von Todesfällen und gestatte die bessere Einschätzung der Suizidgefahr bei Festnahmen. Begründung des zuständigen Bayrischen Ministerialrats: «Eine Gesellschaft, die nicht mit allen rechtsstaatlichen ... Mitteln versucht, Mitmenschen von einem Suizid abzuhalten, würde nach unserer Meinung das Adjektiv ‹menschlich› zu Unrecht tragen.»

*

Als die 24jährige Roswitha G. im Spätsommer 1983 in die Psychiatrische Klinik in München eingeliefert wurde, lautete der ärztliche Befund: «Anhaltende Suizidalität aufgrund schwerer Polytoxikomanie bei ausgeprägt hysterischen, evtl. manisch-depressiven Charakterzügen.» Roswitha G. hatte etwa 40 Tabletten eines starken Schmerzmittels sowie zehn Schlaftabletten mit einem Liter Wein heruntergespült. Dann war sie zusammengebrochen.

Jene Schmerztabletten waren nicht geeignet, sich umzubringen. Und auch die Menge der Schlaftabletten hätte nicht ausgereicht. Roswitha G. wollte eigentlich auch gar nicht tot sein. Nur: leben wollte sie so auch nicht mehr. Sie war seit ihrem 15. Lebensjahr alkoholabhängig, seit fünf Jahren tablettensüchtig und längst auch eine starke Raucherin. Früher hatte sie gesnifft und gehascht, dann war sie auch ans Heroin gekommen. «Vielleicht wars mein Schutzengel», sagt sie später, jedenfalls klinkte sie beim Heroin nicht ein, sondern kam wieder davon ab. Vor zwei Jahren etwa begann sie, sich immer wieder die Haut an der Halsschlagader mit dem Messer aufzuritzen, bis es blutete.

Sie könne sich selbst zuschauen, wie sie ihren Körper vergifte, aber sie könne dem nicht Einhalt gebieten, sagt sie zwei Wochen später in einer ihrer ersten Sitzungen bei der Klinik-Therapeutin. In ihr sei eine unerträgliche Leere, am liebsten würde sie «sich kaputtmachen». Bisher habe sie es nicht getan aus Rücksicht auf ihre Mutter.

Oft springt sie unruhig auf, rennt im Sprechzimmer, dann auf dem Gang umher, wirft manchmal Geschirr auf den Boden oder schlägt mit dem Kopf auf den Tisch. Beim Pflegepersonal gilt sie als querulatorisch.

Die schmal gewachsene, trotz der harten Züge um den Mund mit ihrem blonden Lockenkopf sehr kindlich aussehende Roswitha G. hat vom Leben nicht das gehabt, was sie brauchte. Der Vater kommt, obwohl es ihn gibt, in ihren Erzählungen praktisch nie vor. Fast immer dreht es sich um ihre Mutter. Die hat auch damals schon ganztags gearbeitet. Das Kind ist tagsüber bei Bekannten und Verwandten, wird herumgeschoben und steht doch immer im Weg. Zwischen den Eltern der übliche Streit, meist beklagt sich die Mutter. Aber es geht aufwärts, die Mutter bekommt einen eigenen Wagen. In der Phantasie des Kindes bleibt die klagende Mutter die schwache, schutzbedürftige Frau, die wegen ihr, der Tochter, arbeiten muß; die Mutter hat es oft genug gesagt. Die kleine Roswitha fühlt für ihre Mutter wie eine Mutter, will geben, was sie nie bekommen hat. Dabei muß sie fortwährend Rückweisungen und vermeintliche Schicksalsschläge einstecken, ohne die Schläge auffangen zu können. An solche Enttäuschungen, so banal sie auch waren, kann sie sich genau erinnern: an den Onkel, es muß 18 Jahre her sein, der ihr die Schreibmappe weggenommen und kaputtgemacht hat; an ihren Hauptschullehrer, damals im dritten Schuljahr, als er sie vor der ganzen Klasse wegen einiger Schreibfehler lächerlich machte; an den Chef ihrer Mutter, den sie immer bewundert und in der Phantasie zum Mann ihrer Mutter gemacht hatte. Sie war gerade 14 geworden, als er ihr «zum Spaß» plötzlich unter die Bluse griff; dabei saß doch die Mutter daneben, warum sagte sie nichts. Roswitha G. kann sehr viele solcher Enttäuschungsgeschichten erzählen; auch neulich wieder, als ihr Freund ... Aber es trifft sie nicht mehr. Denn damals, als sie 14 geworden war, begann sie, innerlich zuzumachen und sich zu betäuben; der Rückzug aus dem Leben setzte ein, der jetzt, zehn Jahre später, in der Klinik endete. «Sie hatte als erste in der Klasse einen eigenen Fernsehapparat», sagt ihre Mutter dem Aufnahmearzt; sie versteht das alles nicht.

Der Arzt ist sehr fürsorglich. Doch Roswitha G. bleibt abweisend. Sie verweigert die Nahrung. Sie sagt, sie wünsche sich einen Sarg, damit sie endlich in Ruhe gelassen werde. Dann würde sich auch niemand mehr über sie ärgern. Die Ärzte geben ihr keine gute Prognose: Internierung auf unbestimmte Zeit. Nachts wird sie am Krankenbett festgeschnallt, man sorgt sich, sie könne sich ernsthaft verletzen.

Nach mehreren Monaten der Therapie – täglich hat sie eine Sitzung – wird das Muster ihrer Selbstzerstörungsaktionen auch für sie sichtbar: Jedes Mal, wenn sie sich durch abweisendes Verhalten verletzt und allein gelassen fühlt, muß sie sich etwas antun. Dann verschwindet sie irgendwohin, am Abend sieht man sie mit tiefen Kratzwunden am Hals, oder den Handgelenken.

✶

Roswitha G., das Sorgenkind der Abteilung, ist kein leichter Fall. Trotzdem zeigt ihre Geschichte Symptomatisches für das massenhafte Phänomen der Selbstzerstörung. Denn das Kennzeichnende an ihrer Krankengeschichte ist das subjektive Erleiden des Zerfalls von Strukturen und Beziehungen, die früher tragfähig waren und die für viele Menschen eigentlich lebensnotwendig sind. Um nicht abzustürzen, ziehen sie sich zurück vom Leben – oder versuchen, den Rückzug aufzuhalten, indem sie nach einem Ersatz für die verlorengegangene Stützung suchen. Dieser vermeintlich stärkende, in Wahrheit aber zerstörerische Ersatz heißt in aller Regel: Drogenkonsum. Mehr als ein Drittel sämtlicher Krankenaufnahmen in die Landeskrankenhäuser sind akute Suchtfälle.

Jeder dritte Bundesbürger raucht. Da mag man sich streiten, ob die Zigarette eine Droge und Rauchen eine Sucht ist. Es kann jedenfalls so sein. In der Sprache der Tiefenpsychologie sagt Volker Faust von der Psychiatrischen Universitätsklinik Ulm: «Rauchen wird tiefenpsychologisch auch als Ersatzhandlung für unausgelebte aggressive Tendenzen gegen die Umwelt oder sich selber interpretiert. Dabei soll das ‹Beißen› an der Pfeife, dem ‹Abtöten› einer Zigarette oder dem ‹Wegwerfen› eines Stummels eine symbolische Bedeutung zukommen.» In Zahlen: Wer pro Tag zwei Päckchen raucht, entzündet pro Jahr 15 000 Zigaretten und führt sie etwa 200 000 mal zum Mund, um sich den giftigen Rauch in die Lunge zu ziehen. Befragungen ergaben, daß über 80 Prozent der Raucher davon sprechen, das Rauchen einmal aufzugeben. Aber kaum mehr als die Hälfte hat es wenigstens einmal versucht; drei Viertel derjenigen, die es versucht haben, wurden im Verlauf der folgenden sechs Monate rückfällig. Von denen, die aufzuhören versucht haben, nannte nur gerade ein Prozent die Angst vor gesundheitlichen Schäden als Grund. «Es dürfte weitgehend verdrängt sein, daß sich das Rauchen zur wichtigsten einzelnen Krankheits- und Todesursache entwickelt hat», sagt F. Schmidt, Leiter der Forschungsstelle für Präventive Onkologie an der Universität Mannheim, «Tabak ist eine gesundheitszerstörerische Droge wie andere auch». Sie brächte «allein in der Bundesrepublik jährlich 140 000 Menschen den Tod.»

Beim Alkoholismus ist sich die Fachwelt einig, daß es sich um eine Krankheit handelt, deren Ursachen letztlich im Nichtwiderstehenkönnen zu suchen sind. Unter der Krankheit, dem Alkohol widerstehen zu können, leiden derzeit gegen drei Prozent der Bundesbürger. Ihre Sucht heißt Abhängigkeit, doch die ist sekundär. «Die Primärerkrankung besteht in der Unfähigkeit, mit Menschen und mit dem Leben allgemein in adäquater Weise fertig zu werden», urteilt E. Rieth, Leiter der Fachkrankenhäuser Riggenhof und Höchsten. Rieth führt diese Unfähigkeit auf «Ich-Schwäche», mitunter auch auf «erhebliche seelische Reifungsdefizite» zurück. Sind wir so sicher? Vielleicht ist es genau umgekehrt, hat der gesellschaftliche Druck und der Grad der Entfremdung so zugenommen, daß plumpe Rüpel am wenigsten gefährdet sind.

Die Zahl der Fixer, also der Heroinabhängigen, ist wegen der großen Dunkelziffer schwer zu schätzen. Man rechnet, daß inzwischen zum harten Kern der Fixer rund 100 000 Bundesbürger gehören. Der Mediziner H. Rothenbacher von der Universität Ulm, Spezialist für Suchtkrankheiten, sieht die Gefährdung in der «wachsenden Neigung, durch das künstliche Paradies des Drogenrauschs der Unbill unserer Zeit zu entfliehen. Grundlage ist neben Neugier und Risikobereitschaft die Auflösung traditioneller Normen, die mehr oder weniger bewußte Zerstörung überkommener Werte und der Verfall der Familie. Bahnend wirken die unterkühlte Zweckbestimmung, Sinnentleerung und Hektik im Berufsleben sowie die Langeweile einer stetig wachsenden Freizeit.»

Die Abhängigkeit von harten Drogen geht nahtlos in suizidale Handlungen über; und meist wird das selbstmörderische Verhalten noch verstärkt von der Umgebung, die teilnahmslos zusieht, wie sich die Abhängigen mit verschmutzten Spritzen und kaputten Nadeln unreinen Stoff injizieren müssen, weil die Abgabe sauberer Spritzen vielerorts verboten ist. In der Stadt Zürich zum Beispiel hat die Polizei den Heroin-Abhängigen auch noch regelmäßig ihr Bargeld abgenommen, mit dem Argument, sie würden sich sonst Fixer-Utensilien kaufen. Eine Folge unter anderen: etwa 80 Prozent der Fixer sind inzwischen Aids-infiziert.

Auch die Medikamentenabhängigkeit ist stark suizidal und mündet oft in die gewollte Tötungshandlung. «Die Drogenabhängigkeit wird schon ohne suizidale Handlung als ‹protrahierter Suizid› bezeichnet», weiß Volker Faust, «dazu kommt in jedem zweiten Fall ein realer Suizidversuch.» Weil gerade Angehörige der

Medizinalberufe direkten Zugang zu Suchtmitteln haben, ihre Krankheit aber unerkannt bleibt, ist die Dunkelziffer sehr hoch. Man schätzt, daß heute zwischen 250 000 und 500 000 Bundesdeutsche medikamentenabhängig sind, die Mehrzahl von Schlaf- und Beruhigungsmitteln. «Wir mußten eine auffallend hohe Sterblichkeit der Patienten beobachten», berichtet Professor W. Poser von der Psychiatrischen Universitätsklinik Göttingen. «Diese Patienten starben in der Mehrzahl durch Suizid, Unfall oder Vergiftung.» Anders als bei Heroinsüchtigen ist der Weg in die Medikamentenabhängigkeit viel schleichender, heimlicher. Oftmals treten die seelischen Absonderlichkeiten (Poser: «Antriebsarmut, mangelhafte Realitätseinschätzung») und die sozialen Probleme bis hin zum Arbeitsplatzverlust nicht als Ursache, sondern als Spätfolge der Abhängigkeit auf.

Im Fall der Roswitha G. lag eine Polytoxikomanie, eine Mehrfachabhängigkeit, vor. Volker Faust führte mit zwei Kollegen eine sogenannte Verbundstudie am Patientengut mehrerer Krankenhäuser durch. Die Autoren stellten fest, daß die Patienten in erhöhtem Maße unter einer grob aggressiven Umwelt und gestörter Elternbeziehung litten. «Vier von zehn fühlten sich einsam und isoliert und lebten total zurückgezogen. Ebenfalls 40 Prozent bezeichneten sich hingegen als kontaktfreudig, gesellig ... Die Hälfte davon ließ aber durchblicken, daß sie aus Angst vor Vereinsamung übertrieben forciert Anschluß suche.» Fast jeder vierte Patient hatte einen geplanten Suizidversuch unternommen, davon mehr als die Hälfte mehrfach.

*

Nachtrag zum Fall Roswitha G.: Nach zweieinhalb Jahren Psychiatrieaufenthalt mit Einzeltherapie konnte sie die Klinik verlassen und in eine therapeutisch begleitete

Wohngemeinschaft einziehen. Ihre Therapeutin vermittelte ihr eine Halbtagsstelle in einem Reisebüro, aber ohne Streßanforderungen. Der Arbeitgeber wurde über den Werdegang von Roswitha G. aufgeklärt, sein Verhalten mit der Therapeutin abgesprochen. Inzwischen unterzog sie sich zweier kosmetischer Operationen, um die vernarbten Wunden am Hals und den Handgelenken mit Hauttransplantat zu überdecken. An Selbstzerstörung und Suizid denkt sie nicht mehr; eine bindende Beziehung zu einem Mann mutet sie sich indessen (noch) nicht zu.

Kommentar zum Nachtrag: Der für die Ärzte-Kollegen überraschende Erfolg der Therapeutin geht nicht auf diese oder jene Psychologieschule zurück. Viel wichtiger war, daß eine verläßliche Beziehung aufgebaut und die abgespaltenen und verdrängten Seiten der Persönlichkeit der Roswitha G. entdeckt und angenommen werden konnten: Mehr und mehr sah sie sich als Ganzes akzeptiert und faßte Selbstvertrauen. Die Therapeutin verfolgte damit eine Haltung, die von den beiden Psychiatern Klaus Dörner und Ursula Plog 1977 in ihrem Lehrbuch «Irren ist menschlich» so umrissen wurde: «Suizid ist eine uns allen offene Möglichkeit der Verwirklichung menschlicher Freiheit – anthropologisch gesehen. Suizid ist der Abschluß einer Krankheit – psychiatrisch gesehen. So sagt man. Diese Zweiteilung mag mich schonen, ist jedoch blanker Unsinn. Wenn ich in der Psychiatrie arbeite und einem suizidalen Menschen gerecht werden will, muß ich beide Seiten zusammen sehen können.»

Michael Haller

I
Die Außenwelt

Umwelt – Gesellschaft – Kultur

Wenn sich ein Mensch selbst tötet, dann gilt dies als heimliche und höchst private Tat, die der Betreffende nur mit sich allein ausgemacht hat. Und trotzdem ereignen sich Selbstmorde massenhaft nach allgemeinen Regeln und Merkmalen, die der einzelne gar nicht beeinflussen kann.

Ist die Gesellschaft, die eine besonders hohe Suizidrate aufweist, krank? Nehmen Männer das Leben schwerer als Frauen, weil sich viel häufiger Männer töten? Haben Armut und Reichtum Einfluß? Sind Protestanten mehr gefährdet als Katholiken? Die internationale Suizid-Statistik und verschiedene Erhebungen geben wichtige Hinweise auf die Umstände, die den Suizid fördern (Kapitel 1).

Jeder Suizid ereignet sich – mit den Worten der Wissenschaft – als «komplexes dynamisches Geschehen»: Wie und unter welchen Bedingungen die Lebensverhältnisse für viele Menschen unerträglich werden, haben die Sozialwissenschaften herauszufinden versucht. Sie können Verhaltensmodelle und Erklärungshilfen anbieten (Kapitel 2).

Die Gesellschaft ändert sich und die Menschen ändern sich: Jede Epoche hat den Selbstmord anders beurteilt und Selbstmörder anders behandelt. So gab es Zeiten, da galt der Suizid als ehrenwerte Tat, dann wieder als schweres Verbrechen, später als bedauernswerter Kurzschluß eines Wahnsinnigen. Doch nur ausnahmsweise erscheint der Selbstmörder als ein Held; oft genug ist er das Opfer der Verhältnisse, die sein Leben scheitern lassen (Kapitel 3).

1
Fieberkurve der Gesellschaft

Die statistische Erfassung des Suizids

Wenn die Zahl derjenigen Jahr für Jahr steigt, die sich selbst ums Leben bringen: Nimmt da nur die Schar der Hoffnungslosen, der Verzweifelten und seelisch Kranken zu – oder ist jede Selbsttötung eine Manifestation gesellschaftlichen Unglücks, der überhandnehmenden Trostlosigkeit, der man sich nicht so leicht – und so mancher überhaupt nicht – entziehen kann?

In sämtlichen Gegenden der Welt, in denen die unnatürlichen Todesfälle medizinisch untersucht und registriert werden, sind Selbsttötungen nachgewiesen. So gilt als unbestritten, daß die Suizidneigung zur Grundbefindlichkeit des Menschen gehört wie die Neigung zu träumen, zu hoffen oder auch verzweifelt und enttäuscht zu sein. Die mit der Erforschung des Suizids befaßten Ärzte der Weltgesundheitsorganisation (WHO) in Genf vermuten, daß in keiner Kultur der Erde die Suizidrate (die Anzahl der festgestellten Selbsttötungen pro Jahr je 100 000 Einwohner) niedriger liegt als bei zwei Selbsttötungen. Wenn ein Staat geringere Werte nenne, seien die Erhebungen mit Sicherheit lückenhaft.

Die Suizidrate steigt vor allem in den Industrieländern seit etwa 20 Jahren stetig an. Ihr Verlauf ähnelt, über Jahrzehnte gesehen, einer Fieberkurve: Sie steigt und fällt, zeigt Spitzen und Bögen – und sinkt doch nie unter den Minimalwert ab. Doch diese Fieberkurve zeigt nicht den materiellen, sondern den sozialen und kulturellen

Zustand einer Gesellschaft an. Denn im Suizid kommt mit der Sehnsucht nach dem eigenen Tod auch die Angst vor dem Leben zum Ausdruck. Und Leben gilt nicht abstrakt, sondern existiert konkret durch die Umstände und Gegebenheiten der sozialen Umwelt. Mit diesen Gegebenheiten macht offenbar ein wachsender Teil der Menschen ausgesprochen schlechte, deprimierende Erfahrungen: sie ziehen sich zurück, werden stumm, treten ab.

Weltweites Tabu-Verhalten

Es sind nicht nur, aber es sind *auch* die Verhältnisse, die in den Selbstmord führen. Die Suizidhäufigkeit ist – trotz der meist tragischen Dimensionen für die unmittelbar Beteiligten – zugleich immer auch ein Symptom für die sozialen und kulturellen Verhältnisse, für den gesellschaftlichen Zustand, der darüber entscheidet, wie wertvoll uns unser Leben ist. Nähere Aussagen über diese soziale Symptomatik der Selbstmordhandlung können indessen kaum getroffen werden: Die sozialwissenschaftlichen und medizinischen Forschungen haben ihr Thema im Zahlengewirr abstrakter Statistiken längst aus den Augen verloren, zumal deren Deutungen zu Widersprüchen und Ungereimtheiten führen. Es zeigt sich immer wieder, daß ursächliche Erklärungen für den Verlauf der Selbstmordrate ebenso töricht wie unsinnig sind. Was die Wissenschaften beigebracht haben, reicht knapp für eine Beschreibung des Phänomens als «mehrdimensionalem Vorgang», mehr nicht.

Seit 25 Jahren sammelt die Weltgesundheitsorganisation von sämtlichen Mitgliedsländern die Statistiken über Todesursachen und berechnet je Land die Suizidrate. Diese auch Suizidziffer genannte Zahl ist das einzige international gebräuchliche Maß. Datenvergleiche zwischen Ländern und Regionen sind gleichwohl nur mit größter Vorsicht anzustellen, weil die Datenbasis aus technischen, historischen, sozialen und religiösen Gründen höchst unterschiedlich ist: ein Selbstmord ist nicht immer und nicht überall ein Selbstmord.

Unter den Ländern weichen bereits die gerichtsmedizinischen Definitionen, nach denen der Suizid zu diagnostizieren ist, stark voneinander ab. In manchen Ländern und Gegenden hält der Leichenbeschauer nur die primäre Todesursache fest (wie: «Tod durch Ertrinken») und überläßt die Frage, ob ein Suizid vorliegt, dem Untersuchungsrichter. Stichproben zeigten aber, daß medizinische Leichenbeschauer häufiger auf Suizid erkennen als Juristen. Oft genug bleibt die Todesursache aber auch medizinisch ungeklärt.

Und jedes Land geht statistisch mit den Zweifelsfällen anders um. Vor allem in den romanischen Ländern und im Islam wird zudem die Selbsttötung weithin als Frevel geächtet. Da hat dann der mit Hilfe von Gaben gnädig gestimmte Leichenbeschauer sein Erbarmen und schreibt in den Totenschein vielleicht «Herzstillstand» statt «Vergiftung infolge Überdosis Schlaftabletten», damit die kirchliche Bestattung und die Ehre der Familie gesichert bleiben.

Auch in den Staaten des real existierenden Sozialismus wird der Suizid tabuisiert, dort freilich nicht aus religiösen, sondern aus ideologischen Gründen. Denn dort wächst ja der neue, apriori glückliche proletarische Menschentyp heran, der keine Veranlassung zur Selbsttötung kennen darf. Zwar läßt es sich nicht vermeiden, daß es auch im Sozialismus noch vereinzelt Kranke und Verrückte gibt, die sich selbst umbringen, doch dürfen es aus naheliegenden Gründen nicht übermäßig viele sein. Die meisten sozialistischen Staaten, darunter auch die

DDR, weigern sich bis heute, ihre Suizidraten der WHO nach Genf zu melden. Und auch im Statistischen Jahrbuch der DDR verschwand plötzlich die Rubrik «Unnatürliche Todesursachen, Suicid». Seit 1979 hat die DDR auch die Totenscheine so verändert, daß der WHO-Code für den erfolgreichen Suizid nicht mehr eingetragen werden kann. Die letzte zuverlässige Suizidziffer stammt aus dem Jahre 1977 und betrug 36,6 (zum Vergleich Westdeutschland: 21,9).

Gibt es allgemeingültige Suizid-Auslöser?

Eine von der WHO 1980 eingesetzte Arbeitsgruppe von Sozialwissenschaftlern ging den Zweifeln an der Aussagekraft der WHO-Suizidstatistik nach. Ihr 1982 vorgelegter Bericht sollte die Einwände widerlegen:

Die Suizid-Relationen zwischen den Ländern würden sich nicht verschieben, auch wenn die unterschiedlichen Messverfahren berücksichtigt, die ungeklärten Todesfälle hinzugenommen und die Selbstunfälle einbezogen würden. Fazit: Die Aussagekraft der WHO-Statistiken gelte ungeschmälert; Unglücksfälle und Todesfälle infolge von Suchtverhalten (Drogen, Alkohol) bräuchten nicht zusätzlich berücksichtigt zu werden. Bemerkenswert sei vielmehr, daß in allen Ländern der Erde die ungefähr gleichen Rahmenbedingungen den Anstieg der Suizidrate bewirken würden.

Dem Bericht zufolge haben Länder eine relativ hohe Suizidrate, bei denen insbesondere

- ▷ die Scheidungsrate hoch ist,
- ▷ die Bevölkerung überaltert ist,
- ▷ eine hohe Arbeitslosigkeit herrscht sowie
- ▷ der Anteil an Frauenarbeit überdurchschnittlich steigt.

Die Arbeitsgruppe kam zu dem Schluß, «daß die sozialen Bedingungen eines Landes die betreffende Suizidrate entscheidend beeinflussen». Dies ist ein äußerst abstraktes Ergebnis, dessen Aussage eigentlich darin besteht, daß «Suizidalität» ein kaum näher und konkret zu deutendes soziales Phänomen sei. Gleichwohl sind diese WHO-Merkmale bedenkenlos von zahlreichen nationalen Studien und Berichten übernommen worden. So gehört vor allem der Hinweis auf den angeblich direkten Zusammenhang zwischen Arbeitslosigkeit und Suizidrate bereits zum Refrain medizinischer und soziologischer Suizid-Berichte auch in Deutschland.

Vergleicht man die früheren Statistiken mit neuesten Daten, so sind Vorbehalte an der Geltung der WHO-Merkmale angebracht. Im Folgenden sind auch die 1986 von der WHO ausgewerteten Zahlen der Periode 1979 bis 1984 berücksichtigt. Das so erweiterte Datenmaterial gestattet Aussagen, die in einigen Punkten von den Angaben der WHO-Arbeitsgruppe markant abweichen.

Zunächst fällt auf, daß im Weltmaßstab die Suizidrate unbeeinflußt scheint vom Ausmaß des sozialen Elends. Nicht die ärmsten Weltregionen, sondern die reichsten haben nämlich die höchsten Suizidziffern, allen voran die europäischen Industriestaaten. Während in den meisten Drittweltländern, soweit sie statistisch einigermaßen zuverlässig erheben, die Rate unter fünf Suiziden liegt, erreicht sie in Mitteleuropa inzwischen mehr als das Vierfache. In Westdeutschland und Frankreich pendelt sie zwischen 21 und 22, in der Wohlstandsidylle Schweiz liegt sie inzwischen bei 25, in Österreich schon bei 27, in Dänemark erreicht sie 29.

Eher suizidgefährdet sind also Bewohner des christlichen Abendlands, insbesondere Mitteleuropäer in Ländern mit stark durchmischter Konfession. Eine niedrige Suizidrate weisen demgegenüber Völker aus, deren traditionelle Sinn-Systeme (religiöse Kulte und Ideologien, Glaubensgemeinschaften und Kirchen) noch intakt und akzeptiert sind. Und die Rate sinkt weiter ab, wo noch starke Familien- oder Gemeinschaftsbande bestehen, also soziale Integration, aber auch soziale Kontrollen wirksam sind. In Thailand zum Beispiel liegt die Ziffer unter zehn, in den arabischen Ländern und in Israel unter sieben. Kuweit und Ägypten brüsten sich mit einer (unglaubhaften) Suizidziffer weit unter eins.

Auch wenn die Erhebungsmethoden in jenen Ländern äußerst fragwürdig sind, so stimmt doch immerhin der Trend. Denn auch unter den europäischen Industrieländern ist in katholischen Gebieten, wo noch der Familien- und Sippensinn ausgeprägt ist, Selbstmord relativ selten: in Spanien und Griechenland bleibt die Ziffer unter fünf, in Italien pendelt sie zwischen sieben und acht. Neueste Suizidstudien zeigen allerdings, daß der Zusammenhang zwischen katholischer Konfession und niedriger Suizidrate abnimmt. Ausschlaggebend ist vielmehr die aktive Teilnahme am religiösen Geschehen, weil sie Ausdruck für sinnstiftendes Geborgensein ist.

Ob hohe oder niedrige Rate: Die Selbstmordhäufigkeit stieg in den letzten 30 Jahren besonders schnell in den Regionen mit starkem Industriewachstum, aber auch, soweit feststellbar, in den totalitär gelenkten Industriestaaten Osteuropas. Die führende Industrienation Asiens, Japan, hatte schon einmal einen kräftigen Anstieg in den fünfziger Jahren zu verzeichnen, dann wieder seit Ende der sechziger Jahre, und zwar von 15 auf knapp 21. Hongkong meldete einen Anstieg von acht auf zwölf. Auch in der DDR, in der Tschechoslowakei und in Jugoslawien sollen die Suizide erneut sehr stark zugenommen haben. Westliche Suizidforscher, wie der Kölner Wolf Oschlies, folgern daraus, daß der totalitäre Marxismus-Leninismus gerade in Verbindung mit der

Tradition des preußischen Etatismus nach Art der DDR «erhebliche suicidogene Faktoren» erzeuge. Im gläubig-katholischen Polen war und blieb die Suizidrate denn auch mit rund 14 vergleichsweise niedrig.

In Weltgegenden mit stagnierender bis rückläufiger Industrieproduktion stagniert auch die Suizidrate, oder ist ihrerseits rückläufig – trotz des anwachsenden sozialen Elends. In Portugal mit seiner anhaltenden Strukturkrise zum Beispiel pendelt die Rate seit den sechziger Jahren zwischen acht und neun. In England lag die Selbstmordhäufigkeit Mitte der sechziger Jahre, als es den Briten wirtschaftlich vergleichsweise sehr gut ging, bei zwölf; inzwischen ist die Rate trotz der neuen massenhaften Armut und der mit 3,8 Millionen Betroffenen (Stand: August 1986) ungeheuren Arbeitslosigkeit auf 8,6 abgesunken (und zwar nicht etwa wegen der inzwischen eingerichteten Präventivdienste, wie Untersuchungen belegen). Schottland erlebte im gleichen Zeitraum aufgrund der Ölförderung in der Nordsee einen (freilich bescheidenen) Wirtschaftsboom. Im Gegensatz zu England stieg aber dort die Suizidziffer von acht auf elf. In Westdeutschland schließlich sank die Selbstmordrate ausgerechnet bei der von Arbeitslosigkeit am härtesten betroffenen Altersgruppe, den Männern zwischen 55 und 64 Jahren: deren Suizidrate lag Ende der sechziger Jahre, zur Zeit der Hochkonjunktur, sogar über 50, inzwischen ist sie auf 38 abgesunken.

Zieht man ältere Statistiken heran, so wird dieses Phänomen bestätigt: In Deutschland stieg die Suizidrate schon zweimal über den derzeitigen Wert – und beide Male nicht während der ärgsten Wirtschaftskrisen mit ihrer sozialen Not, sondern in Zeiten politischer und kultureller Irritation: das erste Mal in den Jahren 1911 und 1912, also unmittelbar vor dem Ersten Weltkrieg in einer Zeit der tiefen Sinn- und Wertekrise in der Folge ungeheurer Industrialisierungs- und Verstädterungsprozesse. Und das zweite Mal in den Jahren nach Hitlers Machtübernahme, also erst mit dem Abklingen der Weltwirtschaftskrise. Und obwohl die Arbeitslosigkeit nach 1932 stark zurückging, obwohl die NS-Propaganda nach 1933 Tüchtigkeit und Lebenswillen belobigte und den Selbstmörder als minderwertig ächtete, erreichte die Suizidrate 1935 und 1936 den in Deutschland nie mehr ermittelten Wert von 29,5. Zu diesem Anstieg haben zweifellos auch die Suizide verfolgter jüdischer Bürger beigetragen. Das politische und kulturelle Gleichschaltungsklima Nazi-Deutschlands war also «suizidogen».

Sozio-kulturelle Brüche

Die hier skizzierten Strukturmerkmale deuten daraufhin, daß die Suizidziffer weniger mit wirtschaftlichen als mit sozialpsychologischen Prozessen in Verbindung steht, die freilich durch Wirtschaftsentwicklungen in Gang gesetzt sein können. So zog der Industrialisierungsboom in Japan kulturelle Brüche mit der tradierten Lebensform nach sich, die ihrerseits suizidfördernd wirkten. Das heißt: die soziokulturellen Lebensbedingungen sind letztlich entscheidend, nicht die materiellen. Es gibt sogar Argumente für die Mutmaßung, daß der Existenzkampf der von einer Wirtschaftskrise betroffenen Bevölkerung die Suizidrate mindert, unter der Bedingung freilich, daß die Werteordnung intakt geblieben ist.

Zieht man nun noch die verschiedenen nationalen Untersuchungen zur Suizidrate heran, dann scheinen im Weltmaßstab, also unabhängig vom jeweiligen Gesellschafts- und Wirtschaftssystem, folgende Trends suizidfördernd zu sein:

▷ die Auflösung sozial tragfähiger Gemeinschaften

(wie: Dorfgemeinschaften, Nachbarschaften) mit der Folge der Vereinzelung vor allem junger Menschen – was derzeit bei uns oft mißverstanden wird als «neuer Individualismus»;

- das Auseinanderbrechen des Familienverbandes in Kleinfamilien ohne den Zusammenhalt der Generationen, so daß an die Stelle des problemlösenden Sozialsystems Familie die problemverschärfende städtische Kleinfamilie tritt;
- der Zuwachs an fremdbestimmter und so auch entfremdender Berufstätigkeit, die als austauschbarer Job weder die Identität noch das Selbstwertgefühl des Berufstätigen fördert, sondern beides mindert;
- die fortschreitende Ersetzung sinngebender Lebensziele durch materielle Konsumziele, was oft mißverstanden wird als ein Zuwachs an «persönlicher Freiheit»;
- der Verfall der Sinnsysteme, die für die soziale Integration des Einzelnen in die Gesellschaft sorgen, vor allem der Kirchen, Bünde und Parteien – was oft mißverstanden wird als Aufbruch zur «offenen» Gesellschaft;
- Die fortschreitende Anonymisierung und Formalisierung der zwischenmenschlichen Kontakte, die mit der emotionalen Dimension auch die humanen Qualitäten der Verständigung verlieren, indem aus persönlichen Gesprächen eine Art Datentransfer wird – was gern gefeiert wird als Durchbruch zur «informatisierten» Gesellschaft.

Diese keineswegs vollständige, wenig präzise Auflistung verschiedener Faktoren macht indessen augenscheinlich, daß die Suizidrate in unseren Gegenden weiterhin stark ansteigen wird: Die fortschreitende Anonymisierung der Arbeitsabläufe, die Informatisierung der Kommunikation, Robotik und Telematik beschleunigen

Prozesse der sozialen Desintegration und des kulturellen Sinnverlusts. Die große Leere, die in Verzweiflung mündet, wird rascher um sich greifen. Und wer empfindsam ist, wird sich zurückziehen, vielleicht irgendwann abtreten wollen. Aber auch die angepaßten Konsumenten der neuen High-Tech-Gesellschaft werden verstärkt zum Suizid neigen: das Leben erscheint ihnen als künstlich, ein Surrogat, das man vielleicht auch kaufen und konsumieren kann wie eine Ware. Warum soll man es nicht auch zurückgeben können, wenn es einem nicht mehr paßt? Die Idee des Exit macht uns doch auf unverbindlich-nonchalante Art frei: frei von Mitverantworung und Solidarität.

Im Verlauf des Jahres 1986, so schätzen Experten der Suizidverhütung, bringen sich in der Bundesrepublik Deutschland nahezu 14 000 Menschen selber um. Wenn man die heimlichen und getarnten Selbstmorde mit einbezieht, werden es gegen 28 000 sein. Wird der Trend der letzten Jahre hochgerechnet unter Berücksichtigung der trendverstärkenden Merkmale, dann wird es im Jahre 2000 rund 45 000 Selbstmörder geben. Das würde bedeuten, daß sich in Westdeutschland täglich etwa 130 vollendete Selbsttötungen ereignen werden. Die Zahl der in westdeutsche Akut-Kliniken eingelieferten Menschen, die einen Selbstmordversuch unternommen haben, würde sich von derzeit rund 700 Einlieferungen pro Tag auf weit über 1500 mehr als verdoppeln.

Problem: Überalterung

Einer der Hauptgründe für den derzeitigen Anstieg ist die Überalterung der Bevölkerung. Das bedeutet: Die Suizidrate steigt unter anderem auch deshalb, weil die Altersgruppe der Rentner und Pensionäre mit traditionell hohen Suizidanteilen stetig zunimmt. Solche Verschiebungen in der Bevölkerungsstruktur mahnen im übrigen zur Vorsicht beim Umgang mit Suizidstatistiken. Gleichwohl verweist die Tatsache der Überalterung auf die veränderte Problematik des Sterbens. Früher galt das Alter als «ruhig und heiter», wie Hölderlin dichtete: der verdiente Rückblick auf die Jahre der Strapazen. Heute fragen sich die aus der Erwerbs-Gesellschaft verstoßenen alten Menschen, was sie auf dieser Welt eigentlich noch verloren haben.

Nimmt sich ein Jugendlicher das Leben, so mag die Tat aus einer zwar schrecklichen Verzweiflung, aber auch aus ungenügendem Realismus und Unerfahrenheit geschehen sein: der junge Mensch gibt mit dem Leben ja seine Zukunft und alle Möglichkeit der Neugestaltung hin. Die meisten der geretteten jungen Selbstmörder ändern bald nach dem gescheiterten Versuch ihre Einstellung zum Suizid: Sie entdecken konfliktlösende Handlungsmöglichkeiten, gewinnen vielleicht auch Vertrauen in einen gutmeinenden Erwachsenen – das Leben rückt ihnen wieder näher. Ein erfahrener, von der Last des Lebens gezeichneter Mensch neigt demgegenüber nicht so sehr zur Kurzschlußhandlung. Er weiß auch, was er hinter sich hat und von was er Abschied nimmt, denn er kann abschätzen, was ihm das einsam gewordene Leben noch offenhält.

Natürlich sind es oftmals auch die körperlichen Gebrechen, der Verlust der Bewegungsfreiheit, die alte Menschen in den Selbstmord treiben können. Tatsächlich vermögen heute Hochleistungsmedizin und Pharmakologie Schmerzen und Gebrechen, die früher unerträglich waren, zu lindern oder gar ganz zum Verschwinden zu bringen und es besteht kein Zweifel, daß das unmittelbar körperliche Leiden für die alten Menschen gegenüber früher erträglicher geworden ist. Auch die Altersdepression als wichtiger Suizidauslöser wird heute durch den sehr massiven Einsatz von Antidepressiva gedämpft. Man hätte darum erwartet können, daß die medizinische Versorgung zu einer deutlichen Abnahme der Suizidrate dieser Altersgruppe führte. Aber genau dies trat nicht ein. Denn drastisch zugenommen haben die seelischen Nöte durch Vereinsamung, die medikamentös nicht zu beseitigen sind. Trotz des großen Einsatzes wirksamer Antidepressiva steigt nach Meinung der Gerontologen die Suizidalität bei alten Menschen wieder an – übrigens auch ein Hinweis, daß sich Suizidalität nicht einfach reduzieren läßt auf psychotische und neurotische Erkrankungen, wie dies sehr viele Ärzte und Medizinwissenschaftler immer noch tun.

Das weithin fehlende Problembewußtsein der sogenannten epidemiologischen Suizidforschung zeigt sich hier im eklatanten Mangel an aussagekräftigen Untersuchungen zu den Gegebenheiten der Alterssuizidalität. Nicht von ungefähr wurde die Diskussion der passiven und aktiven Sterbehilfe von Nichtmedizinern in Gang gebracht und als Kritik an den inhumanen Auswüchsen der Hochleistungsmedizin an die Ärzteschaft gerichtet.

Problem: Lebensperspektive

Ein zweiter, von der Suizidforschung bislang wenig beachteter Hauptgrund des Anstiegs der Selbstmordrate geht ausgerechnet auf die Altersgruppe der Männer zwischen 20 und 30 Jahren zurück. Nicht so sehr das (von der Forschung intensiv bearbeitete) Pubertätsalter ist heute besonders gefahrenträchtig, sondern die Lebensphase des jungen Erwachsenen, die mit Erprobung, Wagnis und Lebensgestaltung gekennzeichnet wird: Der Anteil der Suizide an sämtlichen unnatürlichen Todesursachen nimmt in dieser Altersgruppe Jahr für Jahr zu. Wie Datenanalysen zeigten, steigt auch generell die Suizidrate dieser Altersgruppe gegenüber allen anderen männlichen Altersgruppen derzeit am stärksten. Auch der Umfang der indirekten und verzögerten Selbstmordhandlungen – in erster Linie die Selbstzerstörung durch harte Drogen, aber auch durch selbstverschuldete Unfälle etwa infolge Motorradraserei – hat stark zugenommen: Meist willentliche Handlungen, die zur Zerstörung des eigenen Lebens führen.

Risikobereitschaft ist zweifellos ein Kennzeichen von Jugendlichkeit, doch sollte sie nicht die Zerstörung, sondern die Bereicherung des Lebens zur Absicht haben. Nach der langen Zeit des Lernens und der Berufsausbildung galt früher als typisch jugendlich, daß die Lebensmöglichkeiten erkundet und Selbstverwirklichung angestrebt wird. Und dazu gehört neben der beruflichen und privaten Selbsterfahrung vor allem die Einübung des Realitätsprinzips. Was aber, wenn dieses Realitätsprinzip auf Ablehnung stößt? Wenn Verweigerung statt Einordnung zum Reaktionsmuster wird?

Früher galt das Alter der Jungerwachsenen als Phase des noch ungebrochenen Glaubens an Erfolg und Fortschritt, die den Einzelnen wie auch die Umwelt auf dem Weg vom Guten zum Besseren weiterbringen. Offenbar haben aber die Lebensverhältnisse, hat die Erwachsenenwelt in den Augen vieler Jugendlicher ihren Charakter der Veränderbarkeit eingebüßt, so daß viele junge Menschen für sich keine Gestaltungsräume mehr entdekken. Das großstädtische Leben erscheint ihnen räumlich wie auch in der Sozialstruktur zubetoniert zu sein. Ihre meist idealistisch überhöhten Lebensziele prallen ab und erweisen sich als illusionär.

In dieser Altersgruppe wirken sich nun auch die mit der Arbeitslosigkeit verbundenen Probleme der sozialen

Integration aus: Arbeitslosigkeit ist für Jugendliche und junge Erwachsene identisch mit Aussichtslosigkeit. Und wo keine Perspektiven mehr bestehen, hat das Leben für viele junge Erwachsene seinen Sinn verloren.

Solche Sorgen kennen die Kinder (noch) nicht. Sie haben – im Unterschied zu den Jugendlichen im Pubertätsalter – bekanntlich so gut wie nie Selbstmordgedanken. Darum hat auch die Suizidrate der Kinder unter 14 Jahren bislang auf die Gesamtstatistik keine nennenswerten Auswirkungen. Es ist gleichwohl bemerkenswert, daß inzwischen gerade die Suizidneigung von Kindern stark zugenommen zu haben scheint, auch wenn die Erhebungsmethoden hier besonders unzuverlässig sind.

Mit aufwendigen statistischen Methoden analysierten die Suizidforscher Armin Schmidtke und Heinz Häfner die tatsächliche Selbstmordhäufigkeit in den Altersgruppen, insbesondere unter westdeutschen Kindern und Jugendlichen. Sie kamen zu dem Ergebnis, daß sich in der Periode von 1974 bis 1983 (gegenüber der Zeit 1951 bis 1960) der Anteil der Suizide an allen Todesarten bei den Zehn- bis Vierzehnjährigen auf knapp zehn Prozent verdoppelt hatte, während er bei den Jugendlichen im Pubertätsalter annähernd gleichblieb. Es ist offenkundig, daß hier keine ökonomischen, sondern soziokulturelle Veränderungen vor allem im Familiengefüge wirksam sind. So bestätigte eine vom bayrischen Kultusministerium in Auftrag gegebene und 1978 publizierte Untersuchung, daß «der Schulstreß allein keine Selbstmordgedanken weckt». Am Beispiel der Zeugnisvergabe wurde aufgezeigt, daß nicht die schlechten Noten in den Suizid treiben, sondern die unverhältnismäßigen Reaktionen vor allem der Eltern. Überspitzt gesagt: Je jünger die suizidalen Kinder, desto beängstigender das Familienleben, unabhängig davon, ob es sogenannte intakte oder geschiedene Familien sind.

Problem: Soziale Anerkennung und Streß

Ein dritter Grund für die Erhöhung der Suizidrate ist die gestiegene Suizidanfälligkeit unter den Frauen vor allem mittleren Alters in den Industrieländern. In Westdeutschland, zum Beispiel, gaben früher die Männer der Neigung zum Suizid mehr als doppelt so oft nach wie die Frauen. Mitte der fünfziger Jahre lautete die Suizidziffer bei den Frauen elf, bei den Männern 27 (bei einem höheren Frauenanteil an der Gesamtbevölkerung). Rund 30 Jahre später hat sich das Verhältnis auf 15 zu 28 verkürzt. Die Zahlenverschiebung scheint nicht dramatisch; gleichwohl ist sie bemerkenswert, weil der Zuwachs bei den Frauen überwiegend auf solche im berufstätigen Alter fällt. Offenbar sind es die mit dem Berufsleben verbundenen Streßsituationen, das Auf und Nieder zwischen Erwartungen, Abhängigkeiten und Enttäuschungen, aber auch der Mangel an verantwortungsvoller Tätigkeit und an Wertschätzung, die von den am Arbeitsplatz ohnehin benachteiligten Frauen stärker erlitten wird als von den Männern.

Umgekehrt wurde und wird die im Durchschnitt weiterhin niedrigere Selbstmordrate bei den Frauen vor allem auf die Mutterrolle zurückgeführt: Mit der Geburt und der Aufgabe der Erziehung werde auch das Gefühl eigener Wichtigkeit und Verantwortung – und über die Zuneigung der Kinder auch hinreichend Bestätigung – vermittelt. Diese Deutung wird auch durch die Tatsache bekräftigt, daß in religiösen Gesellschaften mit traditioneller Rollenverteilung und niedriger Suizidrate, etwa in Spanien, Griechenland oder Portugal, die Selbstmordhäufigkeit zwischen Frauen und Männern weiterhin dem Verhältnis von rund 1 zu 3,5 entspricht.

Es liegt auf der Hand, daß laut WHO-Statistik in Mitteleuropa vor allem alte Männer eine besondere Risikogruppe darstellen. Überraschenderweise ist deren Suizidneigung ausgerechnet in Frankreich und Dänemark deutlich größer, obwohl in diesen Ländern die Überalterung der Bevölkerung keineswegs besonders kraß ist: Dort ist die Suizidrate bei den über siebzigjährigen Männern inzwischen den Wert von 72, im Vergleich zu 65 in Westdeutschland. Suizid ist in beiden Ländern schon längst die häufigste aller unnatürlichen Todesursachen. Dabei darf freilich nicht vergessen werden, daß die internationale Suizidstatistik der WHO ihre Tücken und Lükken hat. Oft kann es nämlich sein, daß Veränderungen der Suizidraten sogenannte Artefakte sind, also durch die Meßmethoden und Erhebungsformen künstlich hervorgerufen wurden.

Gibt es eine «suizidale Mentalität»?

Die skizzierten regionalen und demographischen Strukturmerkmale der Selbstmordhäufigkeit geben zwar eine Reihe von Hinweisen auf bedeutsame Wirkungszusammenhänge. Viele andere Merkmale der Suizidhäufigkeit bleiben indessen unerklärlich. Solch ein wichtiges Merkmal ist die mit der Eigenart eines Volkes oder einer Landschaft verbundene Tradition: Es gibt Länder und Gegenden, wo der Hang zum Selbstmord ganz besonders ausgeprägt scheint.

Paradebeispiel hierfür ist Ungarn. Schon in den Zeiten der Habsburger k.u.k.-Monarchie wußte man von der besonderen Neigung der Magyaren, sich selbst umzubringen. Und heute meldet die Volksrepublik Ungarn die mit Abstand höchsten Suizidziffern mit großen Wachstumsraten. Laut Statistik kam es dort Anfang der sechziger Jahre zu jährlich 26 Selbstmorden je 100000 Einwohner (Westdeutschland: 19). Zehn Jahre später waren es bereits 37 (Westdeutschland: 21) – ein Phänomen, für das bis heute kein Suizidforscher eine plausible Erklärung hat. Im Frühjahr 1986 fand in Budapest eine internationale Tagung der Suizidforscher statt. Man erhoffte sich Aufklärung, doch konnten nur Spekulationen angeboten werden. So gab eine ungarische Sozialwissenschaftlerin ihrer Überzeugung Ausdruck, daß die traditionell hohe Suizidrate der Ungarn auf das noch anhaltende Trauma der schrecklichen Türkenbesetzung im 17. Jahrhundert zurückgehe. Vor allem osteuropäische Kollegen quittierten dies mit Schmunzeln.

Doch diese These ist vielleicht gar nicht so abwegig. Aus der Geschichte vor allem des Abendlands gibt es nämlich viele Belege dafür, daß die rücksichtslose Herrschaft eines kulturell fremden Eroberervolkes im unterlegenen Volk die Suizidneigung bis hin zum epidemisch um sich greifenden Massenselbstmord verstärken kann. Nicht nur aus der Geschichte, auch von anderen Kulturen wissen wir außerdem, daß der Selbstmord als eine ganz besondere, nämlich radikale Art der Problemlösung durch Nachahmung regelrecht gelernt werden kann. Warum also können nicht beide Reaktionsweisen gemeinsam auftreten, sich verstärken und dann als Verhaltensmuster zur Tradition werden?

Die Selbstmordneigung der Ungarn ist zwar besonders groß, aber als Ethno-Phänomen kein Sonderfall. Eine ebenfalls traditionell große Suizidneigung sagt man auch den Sachsen rund um Leipzig nach. Dabei gelten die Sachsen keineswegs als anfällig für Geisteskrankheiten oder Neurosen; auch ist nichts über eine Häufung depressiver Erkrankungen bekannt. Zur Deutung des Phänomens verwies der DDR-Wissenschaftler D. Wildt schon vor 20 Jahren auf die eher defensive Mentalität als Ursache: «Die Sachsen sind herzensgut, aber dämlich. Sie sind umgänglich und zugänglich, aber Toren. Sie sind gemütlich, können nicht Nein sagen, lieben alles Kleine. Sachsen wollen sich vertragen und geben um des lieben Friedens willen nach ... Sie sind gutmütig, reiselustig und fleißig, stecken aber voller Minderwertigkeitskomplexe ... Ihre Feldherren überließen anderen das Feld, ihre Fürsten blieben bürgerlich.»

Und tatsächlich: Während die Herrscher anderswo Beinamen, wie «der Kühne», «der Starke» und «der Eroberer» trugen, gingen die Sachsen-Könige als «der Ernsthafte», «der Sanftmütige» oder «der Bedrängte» in die Geschichte ein. Bereits die allererste deutsche Selbstmordstatistik wies 1784 das Land der Sachsen als Gebiet mit der jährlich höchsten Selbstmordrate ganz Deutschlands aus. Und dies scheint in den folgenden zwei Jahrhunderten so geblieben zu sein.

In einer in Westdeutschland publizierten Studie über «Selbstmord und Selbstmordversuche in Leipzig» resümiert der aus der DDR stammende Sozialwissenschaftler Andreas Schulze: «Die sächsische Vorliebe für alles Kleine, eher Unbedeutende ... und die ausgeprägte Defensivhaltung in Konfliktsituationen kann als Strategie der Nicht-Bestrafung durch Meidung von Mißerfolg gewertet werden.» So komme es, daß bei den Sachsen «bei fehlender Möglichkeit der Erreichung eines Zieles die Zielbeziehung mit überwiegender Mißerfolgserwartung verknüpft ist und eine hohe negative Zielattraktivität besteht. Dies kann zu Ausweichreaktionen wie zum Beispiel Suizid führen.» Auf deutsch: Aus mentalitätsbedingten Gründen mangelt es den Sachsen an Realitätssinn und Zielstrebigkeit. Außerdem sind sie besonders konfliktscheu, weichen unvermeidlichen Auseinandersetzungen aus und wahren lieber den Schein harmonischen Zusammenlebens. Bricht dann aber der Konflikt aus, fühlen sie sich in einer unerträglichen Spannung, geben sich selbst die Schuld am Unglück – und möchten

erneut ausweichen, diesmal der Bloßstellung durch die Selbstkritik. Suizid erscheint in solchen Augenblicken als weniger schlimm, vielleicht auch als Vermeidung einer tief beschämenden Situation.
Trifft diese Skizze zu, dann liegen am Beispiel der Sachsen allgemeingültige Beschreibungen von Befindlichkeiten vor, die ein wesentliches Suizidmotiv für Menschen verschiedener Kulturen sein könnten.

Sie veranschaulicht die Relativität des individuell empfundenen Lebenswertes, der eben nicht absolut, sondern reflexiv gilt: abhängig von der Rolle, die der Einzelne zu spielen hat, also abhängig auch davon, wie glaubhaft er sie im Rahmen der (für ihn festgelegten) Inszenierung spielt – und so auch davon, wie sehr er sich selbst, sein eigenes Leben, seine Wünsche und Bedürfnisse auszuspielen vermag. Es gibt Gesellschaften mit schwierigen und einfachen Regeln, die allemal darüber entscheiden, ob das Spiel zur sozialen Anerkennung und zu Selbstbewußtsein führt. Es scheint, als hätten die Sachsen kompliziertere, auch über Scham und Schuld steuernde Regeln sozialer Integration. Für das sensible Individuum wiegt offenbar der in der Ent-Täuschung bewußt werdende Verlust an Rollensicherheit ungleich schwerer als die Gewißheit, für sich leben und weiterleben zu können. Dieser empfindsame Mensch ist nicht so sehr gekränkt oder verzweifelt, als vielmehr zutiefst beschämt. Vor allem in den sogenannten Scham-Kulturen Asiens münden solche Geschehnisse in ausgesprochen suizidale Situationen, wie die Umstände etwa des japanischen Harakiri immer wieder anschaulich gemacht haben. Voll unverständlicher Exotik sind solche Situationen nur für den Europäer, soweit er selbst schamlos ist.

2
Ist der Selbstmörder ein Opfer der Verhältnisse?

Die Sozialwissenschaften über den Suizid

In den vergangenen 20 Jahren wurden in Westdeutschland zahlreiche Sozialforschungen durchgeführt, um herauszufinden, ob es suizidfördernde, vielleicht sogar suizidauslösende Umweltbedingungen gibt. Man erhoffte sich sogar praktische Hinweise für vorbeugende Maßnahmen, eine Suizidprophylaxe in großem Maßstab. Das eine oder andere Forschungsresultat war tatsächlich erhellend. So konnten zum Beispiel Sylvia Schaller und Armin Schmidtke 1983 zeigen, daß der Suizid von Jugendlichen – entgegen verbreiteter Lehrmeinung – keineswegs schlüssig auf zerrüttete Familienverhältnisse zurückzuführen ist. Doch mit was sonst könnte Selbstmordverhalten, wenn es nicht genetisch festgelegt ist, zusammenhängen?

Jahreszeitliche und wochentägliche Schwankungen wurden auf Anomalien hin analysiert (montags sind Suizide am häufigsten, samstags am seltensten). Der Einfluß der Mondphasen und des Wetters wurden erforscht (Einfluß kann sein, kann nicht sein), die Wohndichte, Art des Stadtteils oder der Straßenzüge, Haus- und Wohnblockgrößen einbezogen.

Selbst aufwendige Untersuchungen (etwa die 1979 von Rainer Welz für Mannheim durchgeführte) kamen dabei zu so nichtssagenden Aussagen wie etwa der 1986 veröffentliche Bericht über die «Selbstvergiftungen in

Heidelberg 1974 bis 1980», dessen Fazit lautet: «Die Wohnorte der Personen, die sich von 1974 bis 1980 in Heidelberg in suizidaler Absicht vergiftet haben, (sind) auf signifikante Weise ungleich verteilt.» Auf deutsch: Besondere stadtgebiets- oder stadtteilabhängige Merkmale der Suizidalität sind nicht feststellbar.

Diese von Sozialwissenschaftlern und Medizinern gern «sozialökologisch» genannten Forschungen enthüllen oft mehr über die Forscher als über den Forschungsgegenstand: Sie sind offenbar von der methodentechnischen Kniffligkeit ihrer Mehr-Ebenen-Analysen, vielleicht auch von ihrer hübschen EDV-Anlage mit ihren tollen Auswertungsroutinen weit mehr fasziniert als vom Thema, nämlich den Lebenssituationen derjenigen, die sich ums Leben bringen. Der Psychologe Dirk Wolter von der Rheinischen Landesklinik Langenfeld jedenfalls konstatierte 1985 nicht ohne Bitterkeit über die Datensammelei: «Ein solches Vorgehen stellt sich nicht (mehr) die Frage, ob durch ein Mehr an Variablen und Daten auch tatsächlich ein Mehr an Wissen (im qualitativen Sinn) erreichbar ist.

Ein solches Vorgehen kann keinen Bezug mehr haben zu seinem eigentlichen Gegenstand: dem konkreten Handeln von Menschen in bestimmten Situationen, mit einer bestimmten Geschichte, in einer bestimmten Lebenswelt.» Noch deutlicher wurde 1981 der französische Historiker Jean Baechler, nachdem er die Ergebnisse der internationalen Suizidforschung gesichtet hatte: «Es gilt, sich um ... diese schlichte Fragestellung zu bemühen: Was führt einen Menschen dazu, sich das Leben zu nehmen?»

So berechtigt diese Bitte ist, so alt ist dieser Ansatz schon: Er wurde bereits im 19. Jahrhundert vom französischen Sozialwissenschaftler Emil Durkheim postuliert – und in seiner bahnbrechenden Untersuchung angewendet, die den schlichten Titel «Le Suicide» trug (und in der Übersetzung «Der Selbstmord» heißt). Seine damals gewonnenen Einsichten haben noch heute Aktualität.

Mit dem Zerfall der Werteordnung ein Anstieg der Suizide

Vor 90 Jahren, zur Zeit Emil Durkheims, gab es in Westeuropa schon einmal eine dramatisch ansteigende Suizidrate. Sie war, berücksichtigt man die damals erheblich größere Dunkelziffer, vermutlich höher als heute.

Vor allem in Frankreich war seinerzeit die Suizidzunahme ein vieldiskutiertes Phänomen. Einerseits galt Selbstmord unter den katholischen Franzosen als ein gegen die Gebote verstoßender schwerer Frevel, als ein Tabu. Andererseits interessierte sich das Bildungsbürgertum für alles, was mit der als modern und fortschrittlich empfundenen, ins Industriezeitalter eingetretenen Gesellschaft zu tun haben könnte. Die Soziologen sollten ein für allemal die Tabus brechen und die Mechanismen des menschlichen Zusammenlebens klären. So wurde auch erstmals die Überzeugung laut, daß die Zu- und Abnahme der Suizidhäufigkeit nicht so sehr individuelle als gesellschaftliche Ursachen haben müsse.

In dieser politischen und kulturellen Stimmungslage gab es wenig Zukunftsvertrauen. Der sogenannte Zeitgeist artikulierte sich ähnlich selbstmitleidig wie nun wieder in unserer Zeit der Wende. Der liberale Fortschrittsoptimismus war umgeschlagen in eine depressive Grundstimmung. Kulturpessimismus und Dekadenztheorien fanden in Mitteleuropa Anklang, Nihilismus und Nostalgiethemen dominierten die Literatur.

Die durchschlagende Wertekrise der Gesellschaft, deren alte, konfessionell geprägte Ordnung sich aufzulösen begann, war für den konservativ gestimmten Emil Durkheim eine Bedrohung – und so auch ein wichtiges Motiv für seine Untersuchung. Eine weitere Prämisse bestand im Gesellschaftsbegriff der damaligen Sozialwissenschaften, die sich noch ganz an den Naturwissenschaften, an Biologie und Medizin orientierten.

Sie verstanden die Gesellschaft analog zum menschlichen Körper als «sozialen Körper», den man ebenfalls physiologisch beschreiben, seine einzelnen Funktionen und Prozesse exakt bestimmen könne. Ebenso wie der menschliche Körper zur Selbsterhaltung organisiert und vom Kopf gelenkt sei, so habe die Gesellschaft die Integration jedes Einzelnen in das autoritär geführte kollektive Ganze zum Ziel. Soziale Krankheiten würden demzufolge in erster Linie über Prozesse des Wertezerfalls, der Desintegration und Vereinzelung zum Ausdruck kommen.

Nach Durkheim ist aber das Individuum auf das Kollektiv angewiesen: letzteres sei Ursprung und Ziel menschlichen Handelns, es schaffe das «soziale Ich» im Menschen als «besseres» Gegenstück zum privaten, zum chaotischen Ich. Für Durkheim stand damit von vornherein fest, daß der Anstieg der Suizidhäufigkeit und der Zerfall der alten Werteordnung kausal zusammenhängen – und auf die schwindende Integrationsfähigkeit der Gesellschaft und ihrer Einrichtungen (von der Kirche über Berufsgruppen und politische Parteien bis zur Familie) zurückzuführen seien.

Nun ist aber die Selbsttötung eines Menschen auch radikalster Ausdruck seiner Individualität und seiner ganz eigenen Lebensgeschichte. Dies gilt nach herrschender Lehrmeinung in ganz besonderem Maße für geistig Kranke, etwa, wenn ein Mann sich im Verfolgungswahn aus dem Fenster stürzt oder die Unerträglichkeit seiner Schizophrenie mit dem Sprung von der

Brücke zu beenden sucht. Was soll denn da gesellschaftlich bedingt sein?

Durkheim löste dieses Problem, indem er alle Suizide von Personen, die psychiatrisch behandelt worden waren, als Folge einer individuellen Krankheit ausklammerte. Ihm kam es darauf an, «daß Zustand und Handlung, die beim Gesunden zum Selbstmord führen, objektiv begründet sind, während sie beim Kranken keinen Bezug zur Umwelt haben».

Diese kategorische Trennung zwischen Krankheit und Gesundheit war einerseits revolutionär, andererseits irreführend – und darüberhinaus auch noch methodisch fragwürdig, denn nicht jede Krankheit wurde entdeckt und behandelt, nicht jede Behandlung fand in einer Klinik statt. Irreführend war sie, weil sie postulierte, daß Suizidalität aufgrund geistiger Krankheit eindeutig bestimmbar sei, und daß sie für sich isoliert betrachtet werden könne. Demgegenüber ist es eher so, daß jeder Mensch kranke und gesunde Seiten in sich trägt. Sie sind – meist unauflösbar – ineinander verschlungen. Die inneren und äußeren Umstände sind untrennbar zur Lebensgeschichte des Individuums verwoben. Inwieweit die Suizidhandlung überhaupt unmittelbarer Ausdruck einer Erkrankung ist, kann darum nur in Ausnahmefällen, nicht aber in der Regel festgestellt werden.

Dieses Mißverständnis ist vermutlich deshalb so folgenreich, weil es mit dem Selbstverständnis der Medizin sehr gut übereinstimmt: Die Ärzte sind an Lebenstüchtigkeit interessiert und tendieren dazu, abweichendes Verhalten per se als krank zu definieren, damit sie es behandeln können, zumal konservative Ärzte dazu neigen, überhaupt jede Suizidhandlung als Ausdruck und Folge einer psychiatrisch relevanten Erkrankung, meist einer Depression, zu deuten.

Durkheims Ansatz war gleichwohl ausgesprochen

revolutionär, da er ja neben dem Selbstmord des Kranken auch den gesellschaftlich bedingten Suizid untersuchte, der beim Selbstmörder keine medizinisch definierbare Krankheit voraussetze. Durkheim schrieb: «Unter den ... Selbstmorden ist der depressive derjenige, der am schwersten zu unterscheiden ist vom Selbstmord geistig Gesunder. Denn auch der normale Mensch, wenn er sich das Leben nimmt, ist niedergeschlagen und depressiv. Wesentlicher Unterschied bleibt jedoch, daß Zustand und Handlung, die beim Gesunden zum Selbstmord führen, objektiv begründbar sind, während sie beim Kranken keinen Bezug zur Umwelt haben.» Sein Fazit: «Da die Selbstmorde Geisteskranker nicht die ganze Gattung, sondern nur eine Spielart darstellen, können die psychopathischen Zustände als Elemente der Geisteskrankheit nicht die allgemeine Neigung zum Selbstmord erklären.» Diese Erkenntnis wollen noch heute viele Psychiater nicht wahrhaben.

Vor dem Hintergrund dieser einschränkenden Bemerkungen zum Forschungsansatz ist Durkheims Typologie der «objektiven Suizidbedingungen» für seine wie für unsere Zeit bemerkenswert. Er entwickelte drei Haupttypen:

Der *«egoistische Selbstmord»*: Ausgangspunkt ist die (heute noch weitgehend gültige) Tatsache, daß in katholischen Bevölkerungen mit schlechterer Schulbildung und niedriger Scheidungsrate die Suizidziffer im Verhältnis zu protestantischen Ländern mit besserem Schulsystem gering ist. Durkheim deutete das so, daß die protestantische Kirche ihren Gläubigen viel weniger Geborgenheit gebe und an die Selbstverantwortung des Einzelnen appelliere, während die geschlossen-hierarchisch katholische Kirche die Menschen in ihren Schoß nimmt und beschützt – aber auch bevormundet. Für Durkheim weisen Gesellschaften mit gutem Schulsystem deshalb hohe Suizidraten auf, weil die Suche nach Wissen und Bildung eine Folge des Verlusts kirchlich-religiöser Bindung sei: «Der Mensch sucht Bildung und ergibt sich dem Tod, weil die Glaubensgemeinschaft, der er angehört, ihren Zusammenhalt eingebüßt hat.»

Das gleiche Phänomen beobachtet er für die Familie und die politischen Gruppierungen: Bieten sie wenig Zusammenhalt, ist die Suizidrate relativ hoch. Durkheim folgert: «Wenn die innere Verbundenheit einer Gruppe aufhört, dann entfremdet sich das Individuum dem Gemeinschaftsleben»; es entwickelt Selbstbewußtsein und agiert nun mit einer gegen das Gemeinschaftliche gerichteten Eigenständigkeit, denn, so Durkheim: «Die Einzelpersönlichkeit stellt sich über das Kollektiv.» Und wenn man, so Durkheims Definition, «einen Zustand, in dem das individuelle Ich sich mit Erfolg gegenüber dem sozialen Ich behauptet, mit Egoismus bezeichnen will, dann können wir diesen besonderen Typ von Selbstmord ... als egoistisch bezeichnen.»

Für unser heutiges Verständnis wäre es aber zutreffender, statt von «egoistisch» von «egozentrisch» zu sprechen. «Egoismus» ist die Selbst-Bevorteilung zu Lasten der Mitmenschen. Dies meint Durkheim indessen nicht, ihm geht es um eine sozialpsychologisch zu beschreibende Reaktionsweise – wie zum Beispiel heutzutage die grassierende egozentrische Vereinzelung der jungen Walkman-Generation, die man als «neuen Individualismus» toll findet, ohne darüber nachzudenken, ob die für den Individualismus erforderliche Persönlichkeit vorhanden ist. Jedenfalls ähnelt Durkheims Typ in mancher Hinsicht dem von Hans Henseler als Kennzeichen unserer Zeit entdeckten Suizid als Reaktion auf eine tiefe narzißtische Kränkung: der Betroffene tötet sich, weil er anders sein idealisiertes Selbstbild gegen die Kritik der Umwelt nicht durchzuhalten vermag.

Der *«altruistische Selbstmord»:* Darunter verstand Durkheim den Gegenpol zum ersten Typ, nämlich den Mangel an Individualität und Eigenständigkeit. Und er bezog diesen Typus vor allem auf Suizide, die um eines höheren Prinzips willen begangen werden: Selbstmord als «Selbstverzicht». In fremden Kulturen, etwa bei den Hindu in Indien, gab es die Regel, daß sich die Witwe mit ihrem verstorbenen Gatten verbrennen ließ; Selbsttötung bei beginnender Altersschwäche gibt es in vielen anderen Kulturen, bei den kanadischen Eskimos war sie einst sogar die Regel. Schon die Könige des sumerischen Stadtstaats Ur, das ergaben die Ausgrabungen, nahmen ihr Gefolge mit in den Tod, bei den Aschanti in Afrika war der Tod des Königs die Aufforderung an sein Offizierskorps, sich gegenseitig umzubringen; Massenselbstmorde im Altertum, häufig nach verlorenen Schlachten, dienten dem Prinzip, niemals unfrei zu sein, also auch nie in die versklavende Gefangenschaft geraten zu müssen. Solche Suizide folgen einer Gruppennorm und haben für den Betroffenen «obligatorischen Charakter». Als selbstbewußter Mitteleuropäer diagnostiziert hier Durkheim als Ursache eine allzu «rudimentäre Individualität».

Es gibt freilich auch Kulturen, die in besonderen Fällen den Suizid als Tugend loben. Durkheim gibt viele Hinweise: «Man weiß, mit welcher Bereitschaft sich die Japaner aus dem nichtigsten Anlaß den Bauch aufschlitzen. Man erzählt sich sogar von einer Art eigenartigem Duell, bei dem die Gegner nicht etwa darin wetteifern, sich mit Geschick gegenseitig etwas anzuhaben, sondern darin, wer sich am geschicktesten mit den eigenen Händen den Bauch aufschlitzen kann.» Natürlich rechnet Durkheim auch die christlichen Märtyrer zu den altruistischen Selbstmördern. Doch unter Europäern, so Durkheim, «sind derartige Selbstmorde nicht (mehr) zahlreich, da sich die Einzelpersönlichkeit mehr und mehr von der Kollektivpersönlichkeit befreit hat». Ausnahmen sieht er beim Militär: Die Soldaten hätten eine größere «Neigung zum Selbstmord» als die übrige Bevölkerung, weil dort Prinzipien (Ehre, Pflicht) meist noch mehr gelten als das individuelle Leben. Aber auch dort sei der Suizid rückläufig (womit er recht hatte: der Trend der sinkenden Selbstmorderate hielt bis heute an).

Es scheint, als habe Durkheim unter diesem Suizidtypus unterschiedliche Ursachen, Bedingungen und Motive zusammengefaßt. Religiöse und soziokulturelle Begründungen mögen noch altruistisch im Sinne der Selbstopferung sein; doch die sozialhygienisch gerechtfertigten Suizide, etwa bei Altersschwäche, haben auch die individuelle Komponente, nämlich das persönliche Leiden an Gebrechlichkeit und Hinfälligkeit zu verkürzen. Gerade dieses Motiv hat in unserer Zeit über den Umweg der Sterbehilfe-Diskussion wieder an Aktualität gewonnen: Sich der Hochleistungsmedizin verweigern wollen, die das Sterben schier beliebig hinauszuzögern vermag, ist kein altruistisches Motiv – aber auch kein egozentrisches, da ja ein «humanes» Sterben im Einklang mit dem natürlichen Ablauf von Leben und Tod stehen soll. Hier öffnet sich eine neue Dimension des Suizidgedankens, die den sozialempirischen Rahmen Durkheims übersteigt: die Frage nach dem Da-Sein des Menschen und dem Wert seines Lebens.

Der *«anomische Selbstmord»:* Die beiden bisherigen Typen beschreiben die Abhängigkeit des Individuums von gesellschaftlichen Strukturen, Normen und Werten. Es gibt aber auch gesellschaftliche Machtverhältnisse, die der Einzelne schier körperlich zu spüren bekommt, zum Beispiel, wenn er keine Arbeit findet, kein Geld oder nichts mehr zu Essen hat. Es wäre nun naheliegend anzunehmen, daß bei wachsender sozialer Not auch die

Suizidrate steigt. Doch Durkheim erkannte wohl als erster, daß dieses (auch heute verbreitete) Vorurteil nicht zutrifft: «Wenn nämlich die Zahl der Selbstmorde ansteigt, weil das Leben rauer wird, müßte sie spürbar zurückgehen mit zunehmendem Wohlstand.»

Er belegt dies mit der Suizidrate in Preußen: Dort fiel 1850 der Getreidepreis auf den niedrigsten Stand seit Jahrzehnten. In der gleichen Zeit stieg aber die Zahl der Suizide besonders stark an, nämlich um 13 Prozent. Auch 15 Jahre später, als die Preise erneut fielen, stieg die Rate um 17 Prozent an. Wenn schon, dann ließe sich eher beweisen, daß die Selbstmordhäufigkeit steigt, «während der Wohlstand eines Landes zunimmt». Mit Blick auf Italien, Spanien und Irland, wo vergleichsweise selten Suizide registriert wurden, schreibt Durkheim, «kann man sogar behaupten, das Elend sei ein Schutzwall».

Aber auch diese Folgerung wäre ein Trugschluß. Denn bei genauerem Hinsehen, so Durkheim, steigt die Selbstmordhäufigkeit immer dann an, «wenn es im sozialen Körper tiefgreifende Umstellungen gibt». Er meint damit starke Brüche im Sozialgefüge, die bei den Menschen zu Irritationen und Verunsicherungen führen: nicht die soziale Not, sondern die Irritation macht suizidal. Die Gesellschaft verfüge nämlich über ein Ordnungssystem, das die Handlungswillkür des Einzelnen begrenze. Dank seiner Vernunft sei der Bürger auch in der Lage, die Notwendigkeit solch einer übergeordneten «Allgemeinheit» einzusehen und sich ihr einzufügen: Der einzelne Bürger tritt ein Stück Macht ab, billigt so dem Kollektiv die erforderliche Autorität zu. In Zeiten der Krise gerate die Ordnung durcheinander. Sie verliere an Autorität, sie werde «anomisch» – und der Einzelne gerate gleichsam aus den Fugen, sein Handeln werde «regellos», was ihm großes Leid bereiten könne.

In der Industriegesellschaft mit ihrem zyklischen Konjunkturverlauf und den Wertekrisen sei nun das Ordnungsgefüge periodischen Erschütterungen ausgesetzt – mit der Folge, daß auch die Suizidrate in Zyklen steige und falle. Anomien treten aber auch im familiären Leben auf, etwa in der Folge eines Wohnortwechsels oder durch den Tod des Ehepartners: solch tiefgreifende Störungen der Alltagsordnung könnten zu Irritationen führen und vom Betroffenen als schwerer Sinnverlust erlebt werden. Ehescheidungen führen im übrigen unter den Frauen dort zu höheren Suizidraten, wo Scheidungen eher selten und so auch die soziale Ächtung entsprechend größer sind. In den Ländern aber, in denen Ehescheidungen verbreitet und soziale Diskriminierungen geringer sind, bringen sich weit mehr (geschiedene) Männer als Frauen um: sie leiden unter dem Verlust der Einbindung in die Ehe erstaunlicherweise mehr. Das bedeutet: Durkheim verstand seinen Typus des «anomischen Selbstmords» auch als Maßstab für die Harmonie zwischen individuellen Bedürfnissen und allgemeinen Interessen: Unter der Voraussetzung, daß zum individuellen Lebensglück vor allem die Übereinstimmung mit der Umwelt gehört, bewirken Anomien mitunter so schweres Leid, daß der Suizid als Erlösung erscheint.

Ist damit der Verlust an «sozialer Integration» erklärt? Durkheim weiß es im Grunde nicht, denn seine Thesen lassen sich nicht näher belegen, sondern nur spekulativ über statistische Daten begründen.

Suizid als Reaktion auf einen Konformitätsdruck

Seit Durkheim haben es sich die Sozialwissenschaftler – zumindest in theoretischer Hinsicht – meistens einfach gemacht und die zwei ersten, zueinander polaren Suizidtypen Durkheims für historisch überholt erklärt (obwohl sie zum Beispiel für die Deutung von Suizidhandlungen vieler Nazis im Dritten Reich besonders zweckmäßig und für die aktuelle «Narzißmus»-Debatte bereichernd wären). Nur der dritte Typ, der anomische Suizid, gefiel ihnen – und dies aus zwei Gründen:

Die mit der Anomie verbundene Idee der Harmonie zwischen Individuum und Umwelt entspricht weitgehend der Weltanschauung der bürgerlichen Sozialwissenschaft und Sozialpsychologie: Die Forscher sehen im gesellschaftlichen Wandel nicht Dialektik und Konflikt am Werk, sondern den Drang nach Ausgleich und Integration. Die Forscher sprechen dann von «selbstregulierender Steuerung des Systems». Hier ist das Paradigma naturwissenschaftlicher Welterklärung gegenwärtig, die im Trend zum vollständigen Ausgleich jeglicher Spannung (Entropie) ein Welt-Urprinzip sieht. Auf die Suizidhandlung bezogen bedeutet dies, daß weiterhin viele Sozialwissenschaftler und Wissenschaftsschulen (wie die amerikanische «strukturell-funktionale» Schule von Merton und Parsons) abweichendes Verhalten als eine Art Krankheit der Gesellschaft behandeln.

Der zweite Grund hängt mit dem ersten zusammen: Das Modell der Anomie läßt sich leicht umbiegen zum Konzept der «sozialen Integration», dem die bürgerliche Sozialwissenschaften verpflichtet sind. Desintegrative Prozesse, etwa die Ausgrenzung von Gruppen und Schichten (etwa Jugendliche, Ausländer, Arbeitslose), gelten als anomisch und darum suizidfördernd. Oder der moderne Städtebau: Das anonyme Leben in den Wohnblocks ohne Nachbarschaftsbeziehungen wird ebenfalls für desintegrativ, also anomisch, also suizidauslösend erklärt.

Diese Umdeutung verwischt nun aber wieder die von Durkheim eingeführte Abgrenzung zu den beiden ersten

Typen, dem egozentrischen und dem altruistischen Selbstmord, weil beide Typen ebenfalls Ausdruck sozialer Integration oder Desintegration sind. Mit anderen Worten: Viele zeitgenössische Untersuchungen liefern erheblich ungenauere, in der Deutung nichtssagendere Ergebnisse als Durkheims uraltes Standardwerk. Dabei bietet es bereits Ansätze zur Erweiterung. So schrieb Durkheim in einer Fußnote, daß es auch zum anomischen Selbstmord eigentlich ein Gegenstück gebe: Wenn schon der Schwund an Ordnung dazu führt, daß das Sozialgefüge aus dem Gleichgewicht kippt, dann müsse doch auch ein Zuviel an Ordnung störend wirken. Es gebe darum einen Suizidtyp, «welcher aus einem Übermaß an Reglementierungen erwächst; der Selbstmord derjenigen, denen die Zukunft mitleidlos vermauert wird, deren Triebleben durch eine bedrückende Disziplin gewaltsam erstickt wird». Dieser vierte Selbstmordtyp habe indessen «heute so wenig Bedeutung, daß es uns zwecklos erscheint, uns mit ihm aufzuhalten. Es könnte allerdings sein, daß er von historischem Interesse ist: Gehören nicht diesem Typ auch die Selbstmorde der Sklaven an ...? Um den unentrinnbaren und unnachgiebigen Charakter der Norm deutlich zu machen, gegen die keiner ankommt, und im Gegensatz zu dem Ausdruck Anomie ... könnte man ihn den fatalistischen Selbstmord nennen.»

In Durkheims mechanistischem Gesellschaftsbild konnte sich also diese Art Suizid nur aufgrund gewaltsamer Unterdrückung ereignen; das Bild des Sklaven macht es deutlich. Faßt man nun aber die «bedrückende Disziplin» nicht als äußere Gewalt, sondern strukturell als Zwang zur Ein- und Unterordnung in die herrschende Ordnung der etablierten Erwachsenenwelt, dann könnte dieser Typ Erklärungshilfe bieten, wenn es um Suizidhäufungen etwa unter politischen oder ethnischen Minderheiten, aber auch unter Jugendlichen geht – oder auch um die Situation mancher verheirateter Frau.

Ende der fünfziger Jahre kritisierten zuerst amerikanische, später auch deutsche Sozialwissenschaftler die einseitige, auf gesellschaftliche Stabilität gerichtete Sicht Durkheims. Er führte letztlich den massiven Suizidanstieg Ende des 19. Jahrhunderts auf die angeblich überbordende Individualisierung und Isolierung der Menschen in der Industriegesellschaft zurück, die zur gesellschaftlichen Desintegration als Folge des beklagenswerten Autoritätsverlusts der alten Institutionen (in seiner Terminologie: schädliche anomisch-egoistische Tendenzen) führen müsse. Hätte er seiner Idee des fatalistischen Suizids mehr Bedeutung gegeben, hätte er jene individualistischen Tendenzen erklären können als Reaktionen auf den überstarken Konformitätsdruck des autoritär-bürokratischen Staatsapparats, der sich in der zweiten Hälfte des 19. Jahrhunderts insbesondere in Frankreich ausgebildet hatte. Aber diese Sicht war Durkheim verstellt, weil er alles monokausal zurückführen wollte auf die gesellschaftlichen Verhältnisse, «die unsere Handlungen von außen her determinieren, ähnlich wie die physikalisch-chemischen Kräfte, deren Einwirkungen wir unterliegen».

Selbstmord als Reaktion auf Druck

Es wurde schon viel darüber nachgedacht, ob und wie sich jene Durkheim'sche Typologie gesellschaftlicher Gegebenheiten nutzbringend weiterentwickeln ließe, damit wir dem heutigen Erscheinungsbild der Suizidhäufungen näher kommen. Die Suizidologen versuchten insbesondere, das Bild von der angeblich gesellschaftlich determinierten Suizidhandlung in ein dynamisches

Modell von Wechselbeziehungen zu überführen. So wurde inzwischen das Paradigma der sozialen Integration erweitert und das Problem des gesellschaftlichen Drucks einbezogen, dem die Menschen – je nach Schicht, Bildung, Einkommen – auf ganz unterschiedliche Art ausweichen, je nach dem, ob und wieweit sie sich frustrieren lassen: Aggressive Reaktionen auf den Druck von außen werden bei hochgradiger Frustration nicht mehr nach außen zurückgegeben, sondern zurückgenommen und im Akt der Selbstzerstörung gegen sich selbst gerichtet.

Während einer Wirtschaftskrise in den USA würde in der Unterschicht eher die Mordrate steigen, in der Mittelschicht eher die Selbstmordrate, erkannten mehrere amerikanische Sozialforscher anhand eines Frustrations-Aggressionsmodells. Ähnlich wird die relativ hohe Suizidrate in der Schweiz im Zusammenhang mit der dort besonders niedrigen Kriminalitätsrate (Gewaltverbrechen) gedeutet: Die friedliebenden Schweizer hätten «ein hohes Potential an Autodestruktivität oder Autoaggression», urteilt der Berner Sozialforscher Richard Müller, und zugleich «ein tiefes Potential an Fremddestruktivität».

Dieses auf Sigmund Freuds Theorem der «Triebfrustration» zurückgehende Modell dient im übrigen auch den Sozialpsychologen zur Erklärung des sogenannten erweiterten Selbstmords, bei dem der Täter zuerst Menschen seiner Umgebung umbringt, ehe er sich selbst tötet: das Aggressionspotential ist größer als der über Frustrationen genährte, in Hoffnungslosigkeit mündende Selbstvernichtungswille.

Zu denen, die schon in den sechziger Jahren über Durkheim hinaus weitergedacht haben, gehört vor allem der Berliner Sozialwissenschaftler Hans Peter Dreitzel. Ihn interessierte, was Soziologen gemeinhin übersehen: die – durchaus in den Fatalismus nach Durkheims Typus mündende – Einsamkeit des Menschen inmitten unserer menschenüberfüllten Welt. In der modernen Gesellschaft entstehe zum Beispiel ein vernichtender Konformitätsdruck durch das Spiel der Rollenerwartung: Aus Angst vor Ablehnung (Vereinsamung) passen sich die Menschen an das an, von dem sie meinen, daß man (etwa: Ehepartner, Arbeitgeber, Nachbarn) es von ihnen erwarte – mit der Folge, daß sie sich auch von sich selbst entfremden, also in eine Art innere Einsamkeit geraten. «So entsteht jener häufig zitierte Konformitätsdruck in der modernen Gesellschaft aus objektiven und subjektiven Zwängen zugleich», schrieb Dreitzel.

Bedrohlich wird die Vereinsamung, wenn der Betreffende auch noch den Kontakt zu den ihm nächsten Menschen verliert, denn dies bedeutet auch «den Kontaktverlust mit sich selbst». Dreitzel: «Jedes Ich konstituiert sich in der Identifikation und Konfrontation mit dem Du und löst sich wieder auf, wenn das Du verloren geht, nicht mehr ansprechbar ist, unzugänglich bleibt.»

Unter soziologischem Blickwinkel mündet der Zustand der Einsamkeit in den stets scheiternden Versuch, den durch die Abwesenheit der anderen Menschen verursachten Schwund an Selbstwertgefühl aufzuhalten. «Noch der Tod kann seinen Sinn in diesem Versuch erhalten – denn der Selbstmord ist die ultima ratio der Identitätsbildung eines Menschen», sagt Dreitzel, denn «paradoxerweise kann sich der Selbstmörder als gesellschaftliches Wesen nur behaupten, indem er sich vollends der Gesellschaft entzieht».

Solche Gedanken erweitern den Blick auf die – für jeden Menschen einmalige – Suizidsituation, die nun aber durch die Beschreibung gesellschaftlicher Rahmenbedingungen kaum hinreichend erklärt, geschweige denn verstanden werden kann. So wird in den derzeitigen Deutungsmodellen der Sozialwissenschaften der Selbstmörder nicht nur als Objekt der Verhältnisse beschrieben, sondern zugleich auch als agierendes Subjekt. Suizidalität wird hier zu einer völlig wertfrei zu beurteilenden Verhaltensmöglichkeit im Konflikt zwischen verschiedenen, zueinander aber unverträglichen Handlungserwartungen. Das meint: Die im Leben bisher erworbenen Fähigkeiten zur Lösung des Konflikts genügen nicht, der Betreffende fühlt sich überfordert. Schließlich erscheint ihm der Suizid als die zwar extremste, doch lösungssichere Variante unter den verschiedenen Problembewältigungsstrategien, die er zur Lösung seines Konflikts kennt.

Der Vorteil dieses «verhaltenstheoretischen» Denkmodells liegt darin, daß Suizidalität nicht als krankhafte Fluchtbewegung begriffen wird, sondern als seriöser Versuch der Problemlösung, für die nun eben keine anderen Strategien gelernt worden waren.

Dieser individualisierende Ansatz, den etwa der Mannheimer Sozialpsychologe Armin Schmidtke verfolgt, unterstellt damit auch die Erlernbarkeit der «problemlösenden» Suizidhandlung durch Vorbilder und Beispiele. So könnte der Anstieg der Suizidrate in bestimmten Gegenden und bestimmten Altersgruppen auch eine Folge von sozialem Lernen sein: In Anlehnung an Goethes Jugendroman, der in vielen Ländern wegen der Suizidschilderung des jungen Werther verboten wurde, spricht man da vom Werther-Effekt.

Schmidtke verweist denn auch auf die besondere Imitationsfähigkeit Jugendlicher, die sich auch von den Suizidberichten in den Massenmedien anstecken lassen. Am Beispiel des 1981 ausgestrahlten und 1982 wiederholten Fernsehfilms «Tod eines Schülers» wiesen jetzt Schmidtke und der Psychologe Heinz Häfner nach, daß jene fiktive Freitod-Handlung im Film zu einer Häufung von Suiziden unter Jugendlichen führte; auffällig viele

Selbstmörder seien dem Filmhelden bis ins Äusserliche durchaus ähnlich gewesen.

Dabei schloß die Imitation auch die Wahl des Tötungsinstrumentes mit ein: Im Film warf sich der 19jährige Junge vor einen fahrenden Zug. In den folgenden 70 Tagen stieg die Zahl der Eisenbahnsuizide sprunghaft an.

3
Die Rückkehr der Lucretia

Zur Kulturgeschichte des Selbstmords

«Der Selbstmord ist ein Ereignis der menschlichen Natur, welches, mag auch darüber schon so viel gesprochen und gehandelt sein als da will, in jeder Zeitepoche wieder einmal verhandelt werden muß.» *Goethe*

Was eigentlich hat der Massenselbstmord der Volkstempler 1978 in Guayana mit dem blutigen Untergang der Besatzer von Masada vor zweitausend Jahren gemein? Und die Selbsttötung der stolzen Römerin Lucretia: War sie nicht, nach heutigem Moralverständnis, von eher lächerlichem Zuschnitt? Aber hat nicht Augustinus mit seiner Ächtung des Suizids einen der Grundsteine für den so schrecklichen Antisemitismus unserer Zeit gelegt?

Doch Vorsicht: Mit dem Griff in die Geschichten der Geschichte läßt sich bekanntlich alles belegen, auch (fast) jede Einstellung zum Selbstmord: Er bedeutete zwar zu jeder Zeit eine «ultima ratio» menschlichen Handels – aber keineswegs immer die Tat eines Kranken und schon gar nicht die eines Verrückten. Die Paradoxie dieser Tat, die dem Leben erst durch seine Vernichtung die absolute Freiheit zu geben scheint, war indessen zu allen Zeiten vorrangiges Thema der Kunst und Philosophie.

Und noch eine Vorbemerkung: Die Beschäftigung mit der Kulturgeschichte des Suizids mahnt zur Zurückhaltung, wenn es um Beurteilungen geht. Denn jede Epoche hat zwar ihre besondere Einstellung zum Suizid gefunden, aber die der Tat innewohnende Widersprüchlichkeit nie auflösen können. Außerdem belegen die Geschichten der Geschichte zwei sehr verschiedene Bezugspunkte: zum einen die einmalige Lebenssituation des Individuums als Thema vor allem der Kunst. Und zum andern die politischen, sozialen und kulturellen Verhältnisse als Thema der Historiker – mit freilich eingeschränkter Materialbasis. Denn die Chronisten waren zu allen Zeiten vor allem am Spektakulären interessiert, so an Situationen, die zu epidemischen Suizidhandlungen und Massenselbstmorden führten. Das Alltagsbewußtsein verschwand im Grau des Gewöhnlichen.

Diese unterschiedlichen Bezüge machen eine geschlossene kulturgeschichtliche Darstellung des Suizids unmöglich. Gleichwohl sollen, wenigstens als Versuch, beide Aspekte verbunden bleiben, um den lebensweltlichen Zusammenhang des Themas nicht aus dem Auge zu verlieren.

Ajax, Ödipus und Alkeste

In vorchristlicher Zeit galt derjenige als bewundernswert, der um höherer Ziele willen auf das eigene Leben zu verzichten bereit war – eine Einstellung, die paradoxerweise ein möglichst erfülltes Leben verlangt, das aufzugeben darum heldenhaften Mut verlangt. Nicht das Leben an sich, sondern die auf Ehre, Tugend und Freiheit gerichtete Lebensweise bestimmte seinen Lebenswert. «Eine naive Lebensfreude ... verhinderte das Umsichgreifen der Neigung, sich das Leben zu nehmen, und machte offenbar auch die Formulierung eines Verbots dieser Tat im Mosaischen Gesetz von vornherein überflüssig», schreibt der Literaturhistoriker Peter Fritz Knapp über das Leben in der frühen Antike.

Zu den ältesten literarischen Zeugnissen gehört die in Homers Trojanischem Krieg besungene mythische Heldengestalt des Ajax, König von Salamis: Aus Kränkung, daß nicht er, sondern Odysseus die kostbaren Waffen des toten Achilleus zugesprochen erhielt, verfällt er in rasende Wut und will die anderen griechischen Heerführer töten; doch Pallas Athene läßt ihn wahnsinnig werden, so daß er Herdenvieh für die Schar seiner Gegner hält und niedermetzelt. Als er wieder zu Sinnen kommt, erkennt er die Schande, worauf er sich ins aufgepflanzte Schwert stürzt. Auf zahlreichen Vasenbildern verehrten später die Griechen den beschämten Selbstmörder als großen Helden; während Jahrhunderten feierten die Salamiter ihm zu Ehren alljährlich ein Fest.

Damals bedeutete der Suizid oft auch ein freiwillig-notwendiges Opfer, um begangenen Frevel, das heißt einen Verstoß gegen die herrschenden Sitten und Tabus zu tilgen und so die Geltung der Sittenregeln zu bekräftigen. Dabei beschäftigte die Griechen vor allem die Problematik undurchschaubarer Handlungsabläufe und, damit verbunden, das unwissentliche Schuldigwerden. Eine Episode in Homers Odyssee erzählt prototypisch solch tragische, mit der Ablösung vom Elternhaus verbundene Verstrickung: In der Unterwelt, dem Hades, begegnet Odysseus der thebanischen Königin Iokaste, der Mutter und zugleich Gattin des Ödipus, die sich in tiefer Scham über die mit ihrem Sohn, dem Vatermörder, unwissend begangene Blutschande erhängt hat. Der für das heutige Menschenbild der Tiefenpsychologie so bedeutsame Ödipus-Mythos beschäftigte schon damals alle großen attischen Künstler, insbesondere Sophokles und Aischylos. In ihren Dramen reagiert Ödipus, König von Theben, auf das Gewahrwerden der Wahrheit im Unterschied zu Iokaste nicht mit Scham, sondern mit Schuld: Er tötet sich nicht, sondern sticht sich die Augen aus, wird von den Söhnen vertrieben, verflucht sie, fristet wie zur Sühne ein Bettlerdasein – und findet schließlich einen versöhnenden Tod.

Doch die Tragödie setzt sich in der Dichtung des Sophokles über die Kinder des Ödipus fort: Die Tochter Antigone, die den bettelnden Vater in die Verbannung begleitet hatte, kehrt nach Theben zurück und bestattet trotz des Verbots ihres Oheims Kreon, des neuen Königs von Theben, den Leichnam ihres Bruders Polyneikes, der als Aufrührer im Kampf gegen den Bruder gefallen ist: Sie tut es im Wissen, daß die Tat mit dem Tod bestraft wird. Damit opfert sie ihr Leben für den (wertvolleren) Bestattungsritus, der dem Bruder Menschenwürde und Seelenfrieden zurückgibt. Antigone, so die Dichtung, wird zur Strafe lebendig eingemauert. Als ihr Freund Haimon die Gruft heimlich öffnet, um sie zu retten, findet er Antigone erhängt vor. Daraufhin gibt er sich selbst den Tod: Der Schmerz über den Verlust der Geliebten raubt seinem Leben jeden weiteren Sinn.

In ihren großen Tragödien haben die attischen Dichter das Beschämtsein (zur Aufhebung von Schande), den Opfergang (zur Abnahme von Schuld), schließlich auch den Sinnverlust (durch mitreißende Gefühle von Liebe und Schmerz) als Suizidmotive geradezu glorifiziert: Die von Euripides dramatisierte Frauengestalt Alkeste etwa, die sich stellvertretend für ihren Gatten dem Tod als Opfer hingibt, oder Phaidra, Frau des Theseus, die in leidenschaftlicher Liebe zu ihrem Stiefsohn entbrennt, von ihm aber zurückgestoßen wird, worauf sie sich erhängt. Nicht nur die Kränkung der Rückweisung, sondern auch die Ausweglosigkeit, der Verlust an Handlungsmöglichkeiten führt zum Entschluß der Selbsttötung.

Nicht einfach nur da zu sein, sondern ein freies, selbstbestimmtes Leben zu führen, galt im Altertum weithin als Ausdruck des Wertes, der das Leben erst wertvoll macht – und dies keineswegs nur in der Literatur. So war der Suizid eine nicht selten massenhaft vollzogene Handlung gegen äußere Zwänge, etwa wenn Gefangennahme drohte oder die eigene Identität unter der Knechtung fremder Herren zu zerbrechen drohte. «Die Lösung war, sich trotz allem Druck durch alle Hemmnisse des Lebens hindurch die eigene Persönlichkeit, ihre Freiheit, ihre Würde, ihre Interessen zu wahren. Als eine höchste Bestätigung menschlicher Freiheit, gebilligt oder gescholten, hat aber immer der Selbstmord gegolten», urteilte der wohl erste profunde Suizid-Historiograph Rudolf Hirzel zu Beginn dieses Jahrhunderts.

«Sie schlachteten sich massenhaft ab»

Lieber tot zu sein denn als unfreier Gefangener in die Sklaverei verkauft zu werden, galt unter den Völkern des Mittelmeerraums als Maxime, zumal mit der Selbstvernichtung dem Sieger die Möglichkeit des Profits durch Versklavung und Verkauf der Gefangenen genommen wurde. 10000 griechische Söldner fielen im Jahre 401 v. Chr. auf ihrem Rückzug durch Kleinasien ins Land der Taocher ein und belagerten eine Befestigung, in der sich mehrere Tausend Taocher mit Frauen und Kindern verschanzt hatten. Schließlich gelang es den Söldnern mit Hilfe einer List, in die Festung einzudringen. Was dann geschah, schilderte der griechische Historiker Xenophen so: «Die Frauen warfen ihre Kinder in den Abgrund und stürzten sich dann selbst hinunter, ebenso die Männer. Da sah auch der Aineias aus Stymphalos einen Mann an sich vorbeilaufen, um sich hinabzustürzen. Er ergriff ihn an seinem schönen Gewande, um ihn zurückzuhalten. Der aber riß ihn mit sich und beide stürzten über den

Felsen in den Abgrund und fanden den Tod.» Alles wird mitgerissen, man fällt ins Bodenlose, es ist wie die letzte Hingabe ans Geschick.

Viele vom Krieg betroffene Städte des Altertums gingen durch Massensuizide zugrunde: So die Stadt Isaura in Kleinasien: Sie wurde 321 v. Chr. von den Bewohnern angezündet, als sie sahen, daß der angreifende Feind die Stadt erobern werde. Zuerst verbrannten Frauen und Kinder, dann stürzten sich die Männer in die Flammen. Im Jahr 200 v. Chr. ging die an den Dardanellen gelegene Stadt Abydos unter, als die Verteidiger unter dem Ansturm der Makedonier kapitulieren mußten. Der Historiker Polybios berichtet, daß die Abydener «massenhaft in ihrer Verzweiflung sich selbst, Kinder und Frauen abschlachteten, auf dem Scheiterhaufen verbrannten, erdrosselten, in Brunnen oder von den Dächern der Häuser herabstürzten». Am Leben blieb nur, wer «durch höhere Gewalt am Selbstmord gehindert war». Die gleichen Szenen wurden aus dem iberischen Sagunt berichtet, als Hannibals Soldaten 219 v. Chr. die Stadt eroberten. Im Massenselbstmord steckte oft auch der postume Triumph über den Sieger, der die moralische Schuld am Grauen tragen und vor der Geschichte ins Unrecht versetzt werden sollte – oft mit Erfolg. Bekanntlich soll ja der Untergang Sagunts die Römer zum (zweiten) Krieg gegen Hannibal aufgestachelt haben.

Ähnliche und noch grauenvollere Szenen ereigneten sich auf den Schlachtfeldern der Kelten, Gallier und Germanen. Der römische Chronist Paulus Orosius erzählt, daß sämtliche vom Feldherr Marcius in einer Schlacht besiegten Gallier den Freitod der Versklavung vorgezogen hätten. Dies war kein Einzelfall. Im Jahr 101 v. Chr. suchten die Kimbern und Teutonen in Südfrankreich und bei Vercellae gegen Gaius Marius die Entscheidung, freilich in völlig aussichtsloser Lage. Dem Bericht des Historikers Plutarch zufolge hatte der Sieg der römischen Legionen verheerende Folgen:

«Die römischen Soldaten trieben die Fliehenden bis zur Wagenburg. Hier bot sich ihnen ein entsetzlicher Anblick. In schwarzen Gewändern standen die Frauen auf den Wagen und töteten die Fliehenden, mochte es auch der Gatte, der Bruder oder Vater sein. Mit eigenen Händen erwürgten sie ihre kleinen Kinder, schleuderten sie unter die Räder und die Hufe der Zugtiere und brachten sich dann selber um. Eine hatte sich vorn an einer Deichsel erhängt, und links und rechts hingen ihre Kleinen, mit Stricken an die Knöchel ihrer Mutter gebunden. Die Männer, welche keine Bäume fanden, legten sich die Schlinge um den Hals und banden sie an den Hörnern oder Beinen der Ochsen fest. Dann reizten sie die Tiere mit dem Stachel, bis sie wütend ihre Opfer zu Tode schleiften oder zertrampelten.» Gegen 120 000 Germanen sollen teils in der Schlacht, teils durch den folgenden Massensuizid umgekommen sein. Auch für damalige Verhältnisse äußerst ungewöhnlich war die wilde Entschlossenheit der Frauen, die wie Wahnsinnige ihre eigenen flüchtenden Männer niedermetzelten.

Erklärbar wird solches Verhalten durch den Ehrenkodex der germanischen Stämme, eine Art Hierarchie im Reich der Toten: die größte Ehre genießt der in der Schlacht Gefallene, dann der durch eigene Hand Getötete. Beide dürfen am Bankett des Kriegsgottes Odin teilnehmen, von dem die Sage geht, daß er sich selbst mit dem eigenen Schwert umgebracht hatte. So beendeten die Odin-Verehrer ihr Leben, indem sie sich ins aufgerichtete Schwert stürzten.

Doch solche Deutungen reichen nicht hin, um die ungeheure Aggression zu verstehen, die sich da plötzlich gegen die Aggressoren selbst richtete. Der bei Freiburg praktizierende Psychiater Udo Felix Singer untersuchte die Massensuizide. Er kam zum Schluß, daß jene Selbstvernichtung der Timbern und Teutonen nur verständlich ist vor dem Hintergrund der jahrelangen Wanderungen durch Westeuropa ohne Aussicht auf friedlichen Landgewinn. In bereits völlig verzweifelter Lage suchten sie die Entscheidung in einer Schlacht, die anzutreten bereits dem Selbstmord gleichkam. Singer: «Die in langen Jahren angestaute Aggression drängte gegen den äußeren Feind, prallte gewissermaßen von dessen Schildern ab und wandte sich gegen die eigenen Leute.» Immerhin: Die Berichte der Chronisten über solche Massensuizide beeindruckten die Zeitgenossen wegen des Heroismus der Verzweifelten. Von den Geschichtsschreibern wurden sie gerühmt und, wie man sieht, dem Vergessensein entrissen: auch dies war ein Motiv für die Tat.

Das Leben ist nichts, der Tod ist alles

Aus ganz anderen, eng mit der jüdischen Geschichte verbundenen Motiven kam es im letzten Jahrhundert v. Chr. unter den Juden in Palästina zu den vermutlich grausigsten Massenselbstvernichtungen. Während die Judäer untereinander in einen Bürgerkrieg verwickelt waren, besetzten die Römer unter Pompejus Palästina und Jerusalem. Zum Bürgerkrieg hatte der unter sektiererischen Juden grassierende Glaube geführt, daß der Anbruch des Heils kurz bevorstehe und die Gottesherrschaft auf Erden sich demnächst entfalte. Fanatische Sektenführer lehnten sich gegen die römische Fremdherrschaft auf und verlangten einen eigenen Judenstaat, sozusagen als Privileg für die von Gott Auserwählten – ein selbstmörderisches Unterfangen, das am Ende 1,1 Millionen Tote und den Verlust der jüdischen Selbstverwaltung nach sich ziehen sollte.

Im Verlauf der Strafexpedition der Römer zur Niederschlagung des Aufstands kam es in vielen Städten Galiläas zu Massensuiziden. Der vermutlich größte Massenselbstmord der Geschichte ereignete sich, als die Römischen Legionäre die Stadt Gamala einnahmen: An die fünftausend Männer, Frauen und Kinder erklommen den steil aufragenden Felsgipfel hinter der Stadt und stürzten sich, einander an den Händen haltend, kopfüber in die Tiefe. So jedenfalls berichtete der jüdische, später zu den Römern übergelaufene Feldherr und Chronist des Krieges, Flavius Josephus.

Dem gleichen Chronisten verdanken wir den Bericht über den Fall der Felsenfestung Masada zwei Jahre später. Wohl aufgrund der guten Dokumentation hat man ihn zum berühmtesten Massensuizid gemacht. Vor der Festung Masada bauten die römischen Truppen eine riesige Belagerungsrampe, um die Zinnen zu stürmen. Als sie die Rampe fertiggestellt hatten und sich zum Sturm rüsteten, rief der Festungstyrann Eleazar seine Mitkämpfer zum Selbstmord auf: «Schon lange sind wir entschlossen, weder den Römern noch sonst jemanden untertan zu sein außer Gott», zitierte ihn Josephus. «Ich halte es für eine besondere Gnade Gottes, daß er uns in den Stand setzt, ehrenvoll als freie Menschen unterzugehen ... Ungeschändet sollen unsere Frauen sterben und unsere Kinder, ohne die Sklaverei zu kennen ... Nur die Nahrungsmittel wollen wir übriglassen, damit sie nach unserem Tod zum Zeugnis dienen, daß nicht der Hunger uns bezwang, sondern daß wir entschlossen waren, den Tod der Sklaverei vorzuziehen.» Als sich gleichwohl Zaudern breitmachte, fügte Eleazar – laut Josephus – «eine schwungvolle Rede über die Unsterblichkeit der Seele» an: Nicht der Tod, sondern das Leben sei das

Unglück des Menschen, denn der Frei-Tod gebe den Seelen die Freiheit. Und: «Hinterlassen wir den Römern das Staunen über unsere Kühnheit.»

Die Rede wirkte. Sogleich eilten die Männer in die Häuser und erschlugen ihre Frauen und Kinder. Zehn wurden ausgelost, die verbliebenen Männer zu töten; unter den zehn wurde einer bestimmt, um die restlichen neun zu töten, ehe er sich selbst umbrachte: rein technisch beging also nur einer Suizid, alle übrigen brachten sich wechselseitig um. Als die Festung am andern Tag eingenommen wurde, fanden die Eroberer mehr als tausend Tote in ihrem Blut liegend. Josephus: «Als sie die Menge der Gemordeten entdeckten, freuten sie sich nicht über den Untergang der Feinde, sondern bewunderten den edlen Entschluß und die unerschütterliche Todesverachtung so vieler bei der Tat beteiligter Menschen.»

Masada wurde später zum Heldenepos gehoben, in Romanen (wie: «Lorbeer für die Besiegten» von Ernest Gann) beschönigt und zum Ur-Trauma der von Feinden eingeschlossenen Juden mystifiziert. «Masada darf nie wieder fallen», heißt es heute in der Eidesformel der israelischen Rekruten. Wahrscheinlicher aber ist, daß die Masada-Besatzer brutale Sektierer sowie raub- und mordlustige Terroristen waren, aufgepeitscht vom Desperado und Führer Eleazar. Er hatte zuvor unbewaffnete Römer niedermetzeln, aber auch ein jüdisches Städtchen überfallen und mehr als 700 Frauen und Kinder ermorden lassen. Die Bewohner der Gegend lebten in Angst und Schrecken. Ungewöhnlich war auch der Zwang zum Suizid noch vor dem Kampf. In Anlehnung an Josephus schreibt Singer: «Die Gefolgschaft wird beim Tod des Tyrannen geopfert, ein archaisches Motiv ... Größenwahnsinnig hielt Eleazar bis zum bittren Ende durch ... Daß Masada in der Passahnacht stattfand, hat mehr als symbolische Bedeutung. Es ist Opfer und enttäuschte Heilserwartung zugleich.»

Eleazars Beweggründe scheinen von narzistischem Größenwahn durchsetzt gewesen zu sein: entweder als Genius verehrt zu werden – oder mit dem eigenen Untergang die Welt untergehen zu lassen. So ähneln die Vorgänge auf dem Felsen von Masada vor 2000 Jahren in verblüffender Weise der kollektiven Selbstvernichtung der Volkstempelsekte des ebenfalls größenwahnsinnigen Reverend Jim Jones am 18. November 1978 in Guayana.

Auf welcher Seite ist die Vernunft?

In den Städten der griechisch-römischen Antike kamen Gefolgschafts- und Massensuizide kaum vor. Unter den freien Bürgern galten solche Erscheinungen – bei allem Respekt vor der Todesverachtung der Täter – als barbarisch. Sie waren für Dichter und Philosophen kein Thema. In ihren Augen bedeutete die Selbsttötung ja gerade dann eine ruhmvolle Tat, wenn das Leben nicht von außen bedroht, sondern besonders wertvoll erschien, aber Schmach und Schande abzuwehren waren. Zu literarischer Berühmtheit gelangte die Sage von der Selbsttötung der Römerin Lucretia, der Frau des Tarquinius Collatinus, am Ende des sechsten Jahrhunderts v. Chr.: In der Folge der Vergewaltigung durch einen Sohn des Königs soll sie sich mit dem Dolch erstochen haben, worauf es zur Verschwörung des Brutus gegen den Herrscher und zum Sturz des Königtums gekommen sein soll. Seither verehrten die Römer ihre Lucretia fast wie eine Göttin.

Sklaven und Soldaten war der Suizid streng untersagt (der Selbstmordversuch eines Sklaven hätte die Schädigung seines Besitzers zur Folge, derjenige des Soldaten die Schwächung der Staatsgewalt), Selbsttötung aus schierem Lebensüberdruß, aus Feigheit, matter Entschlußlosigkeit oder aus Trübsinn – Umschreibungen für ein Verhalten, das dem ähnelt, was heute gemeinhin «depressiv» heißt – wurde verachtet. Bemerkenswert, daß die in den größeren Städten lebenden Staatsrechts-Philosophen in der Zeit nach Sokrates (und trotz Sokrates) zum Suizid eher skeptisch eingestellt waren: sie verstanden die Moralität als Ausdruck des Gemeinsinns, dem der einzelne sich einzufügen habe. Moralphilosophen wie Platon wandten sich gegen den verbreiteten Brauch, vor Entscheidungsschwierigkeiten in den Tod zu flüchten: der Freitod, so Platon, sei im Grunde eine gott- und naturwidrige Willkürhandlung und deshalb nur in ganz besonderen Ausnahmesituationen akzeptiert.

Ganz anderer Meinung waren die Naturphilosophen. Sie verwarfen, wie etwa Epikur, die Idee eines Lebens nach dem Tod; wichtig sei, ein sinnlich und ethisch wertvolles Leben zu führen; wem dies gelinge, der wisse selbst, wann er Schluß zu machen habe. Auch die um 300 v. Chr. von Zenon gegründete Philosophenschule der Stoa (nach dem Namen der Säulenhalle als Versammlungsort) verfocht die Ansicht, daß die mit kühlem Verstand vollzogene Selbsttötung die Chance der Verschmelzung mit dem Kosmos biete. Der trivial scheinende Satz: «Kein Tier, nur der Mensch kann sich selbst töten» war ein zunächst von den Platonikern gegen den Suizid als widernatürlich, von den Stoikern hingegen als Beweis menschlicher Autonomie verwendetes Argument.

Damit verkörperten, nebenbei, jene zwei Denkrichtungen bereits die gegensätzlichen Auffassungen über den «selbstbestimmten Suizid», die heute wieder, seit Jean Amérys provozierenden Thesen über den Freitod, die Gemüter bewegt. Einer der berühmtesten Stoiker, der Philosoph Hegesias (um 300 v. Chr.) trug den Beinamen «Peisithanatgos», der Zum-Tod-Überredende, weil sich zahllose seiner Zuhörer sogleich im Anschluß an seine Vorträge umbrachten. König Ptolomäus belegte ihn bald mit einem Lehrverbot.

Als Selbstmord zur Routine wurde

Im letzten Jahrhundert v. Chr. wurde die Denkweise der Stoiker im alten Hellas wie auch in Rom zur tonangebenden Mode-Philosophie – und damit zum Ausdruck eines in sich widersprüchlichen Zeitgeists, der pessimistisch über den Untergang aller Kultur und das mögliche Ende der Welt räsonnierte, gleichwohl aber auch an die übergreifende, alles lenkende Vernunft von Mensch und Natur glaubt: ein unserer Zeit nicht unähnliches Lebensgefühl. Es entsprach bald dem landläufigen Denken, das Leben für trostlos, den Tod indessen – oder das ihm folgende Nichts –, für «süß» zu halten. Der römische Intellektuelle Seneca und Kaiser Mark Aurel bekannten sich zur neu-stoischen Schule. Im alten Rom wurde damals der Suizid als Alternative zum langweiligen Tod im Bett geradezu Routine: Ehrenvoll in den Freitod zu gehen und der Nachwelt als «cooler» Stoiker unvergeßlich zu bleiben, galt als erstrebenswert. Kaiser und Cäsaren, Feldherrn und Konsuln mordeten sich hin, darunter Brutus, Cassius und Mark Anton. Die Suizid-Historiographin Yolande Grise hat unter den Herrschern und Führern des Römischen Reichs 315 Suizidenten gezählt. «Was für ein Schauspieler stirbt in mir», soll Nero mit theatralischer Miene gerufen haben, als er sich den Dolch in den Leib stieß.

Immer spektakulärere und grausamere Selbsttötungsrituale wurden ausgedacht, um wenigstens postum von der Öffentlichkeit beachtet und einen Tag lang im Stadtgespräch zu sein. Der französische Historiker Jean Bayet berichtet, daß von der römischen Rechtssprechung damals drei Arten des Selbstmords anerkannt und die Vermögen des Verstorbenen nicht gepfändet wurden: aufgrund philosophischer Überzeugung, etwa im Sinne der Stoiker, und bei Lebensüberduß (taedium vitae); bei unertäglichen Schmerzen (impatientia doloris) sowie im Falle unheilbarer Krankheit (valetudinis adversae impatientia). Der im Affekt begangene Selbstmord indessen (iactatio) wurde nicht anerkannt und die Besitztümer des Toten von Staates wegen verpfändet. Verschuldete Römer sollen zur Entlastung ihrer Familien einen Affekt-Suizid inszeniert und damit die Haftung der Nachkommen für ihre Schulden verhindert haben.

Mit Lust in den Märtyrer-Selbstmord

Die nachbiblische Moral des Frühchristentums hatte zwar die Werteordnung umgekehrt. Doch die Selbsttötung blieb als kühne Todesverachtung durchaus in Ehren: Für das jenseitige Seelenheil lohnte es sich, das irdische Martyrium zu erdulden.

Das Alte Testament hatte ohnehin Verständnis gezeigt für den Selbstmord (zum Beispiel König Saul, der sich nach der Niederlage vor den Leichen seiner gefallenen Söhne ins eigene Schwert stürzt); und das Neue Testament machte hierzu keine Aussagen, zur Ächtung bestand kein Grund.

Die im vorderen Orient, vor allem unter den Judäern verbreitete Tradition, gegen Feinde und Unterdrücker den eigenen Tod auch strategisch im Interesse der eigenen Sache (Solidarität, Gefolgschaft, Glaubensgewißheit) einzusetzen, schloß das Märtyrertum mit ein. So galt auch für viele Christen bis ans Ende des zweiten Jahrhunderts der Tod Jesu als eine Art Selbstmord («Christus ist es, der sich hingegeben hat.»). Und folgerichtig haben die Nachfolger Christi den Suizid im Martyrium (oder auch das Martyrium durch die Art des Suizids) gesucht: so seine Jünger Petrus, Johannes, Jakobus und Paulus.

Der Kirchenvater Tertullian machte diesen Märtyrer-Suizid geradezu zur Pflicht und verkündete im Jahr 207: «Ist Gott etwa nach dem Blute des Menschen begierig? Ich möchte es wagen, ja zu sagen, für den Fall, daß auch der Mensch das Reich Gottes, ... die Sicherheit seines Heils, ... die zweite Wiedergeburt begehrt.» Die Selbstopferung junger Christen schon bei der Androhung irgendeiner vergleichsweise harmlosen Sanktion wurde zu einem für die römischen Statthalter irritierenden Problem. Die Massen folgten singend und betend wie in Trance dem Leitspruch Tertullians: «Wir, die wir uns so gern töten lassen.» Fünf Jahre später setzte Tertullian die Selbstopferung seiner Gläubigen als taktisches Mittel ein, indem er dem römischen Prokonsul mit einem Massenmartyrium für den Fall drohte, daß die Verfolgungen in Nordafrika nicht eingestellt würden: «Falls es uns einfiele, was würdest Du anfangen, wenn so viele tausend Menschen, Männer und Frauen, ... sich Dir darbieten würden? Wie viele Scheiterhaufen, welche Menge an Schwertern würdest Du nötig haben?»

Bis ins vierte Jahrhundert vagabundierten viele verschiedene frühchristliche Gruppen und Trupps in Nordafrika; sie verhielten sich zunehmend sektiererisch und verfeindeten sich untereinander. Die mit der Märtyrer-Ideologie verbundene Verachtung der Todesangst hatte sie allerdings zu gefürchteten Räubern und Plünderern werden lassen. Manche nannten sich «Agonistae», Apostel des Todes, und zogen im Namen der Armen und

Kranken brandschatzend durchs Land. Die Androhung der Todesstrafe beeindruckte sie nicht, im Gegenteil, ihre Furchtlosigkeit verängstigte die Gegner.

Die Attraktion des Märtyrer-Selbstmords weitete sich epidemisch aus. Tausende stürzten sich bei religiösen Anlässen von Felsen und Abhängen in die Tiefe. Immer wieder loderten Scheiterhaufen, von den Opfern selbst entfacht.

Die große Wende des Augustinus

Am Hang zum Selbstmord könnte das Christentum noch zugrunde gehen, befürchtete der junge Bischof von Hippo, Augustinus (354 bis 430), als er Nordafrika bereiste. Der Kirchenmann war früher Stoiker gewesen, dann Neuplatoniker geworden. Bis zu seiner Taufe galt er aber auch als Kenner und Genießer der Sinnenfreude. Nun aber kämpfte er erbittert gegen die (sexuell als freizügig bekannten) nordafrikanischen Schismatiker und ihren Selbstmordkult. Zunächst sorgte er für die Aberkennung ihres Märtyrer-Status, dann diagnostizierte er bei ihnen schweren Wahnsinn (tanta dementia) und Irrsein (sententia insana). Zur Therapie bot er zwei neue, dem Platonismus entlehnte Deutungen der Bibel an. Erstens: Christus habe der Versuchung des Teufels widerstanden, sich vom Berg herabzustürzen; alle Christen, die sich in Zukunft in den Abgrund stürzen, seien keine Märtyrer, sondern vom Teufel besessen. Zweitens: Christus habe sein Leben hingegeben, Judas aber habe Selbstmord begangen; alle Christen, die in Zukunft Selbstmord begehen, folgen nicht der Tat Christi, sondern dem schlimmen Verräter Judas.

Dies bedeutete: Mit der Figur des Judas wurden nun Gottesverrat, Hölle und Selbstmord verknüpft. Diese zunächst wohl sozialhygienisch motivierten Lehren beeindruckten die Sektierer nicht, worauf sie «mit Feuer und Schwert» durchgesetzt und die Schismatiker schließlich mit aller Brutalität ausgerottet wurden. So ging das fanatisierte frühchristliche Märtyrertum im Martyrium der eigenen Kirche zugrunde.

Der Selbstmörder – ein Doppelmörder

Augustinus sorgte für die Kanonisierung seines absoluten Suizidverbots. In seinem Buch «Der Gottesstaat» (De civitate Dei) legte er dar, daß der Einzelne dem Staat, letztlich Gott gehöre. Der damit verbundenen Verpflichtung dürfe er sich nicht entziehen, schon gar nicht auf die «feige» Art der Selbsttötung. Er verlangte unerbittlich, daß der Selbstmörder noch schwerer bestraft werde als ein Mörder. Der «normale» Mörder töte nämlich nur den Leib des anderen, lasse aber dessen Seele unversehrt; der Selbstmörder indessen gehe bewußt und freiwillig aus dem Leben, er verrate damit auch noch seine Seele, indem er sich zum Richter über Leben und Tod erhebe. Auch die den Römern bis dahin besonders ruhmeswürdige Tat der Lucretia gilt von nun an als verwerflich: Christinnen, die vergewaltigt werden, bleiben in ihrer Seele vor Gott keusch und rein; sie haben keinen Grund, ihre Ehre wiederherzustellen, weil diese nicht verletzt worden sei. Lucretia sei demgegenüber als Heidin an einen äußerlichen Ehrbegriff gebunden gewesen.

Das Zweite Konzil von Braga legte dann anno 563 fest, daß Selbstmördern das kirchliche Begräbnis und die Fürbitte zu verweigern seien. Weitere hundert Jahre später wurde auch der Suizidversuch unter Strafe gestellt. So beschloß die 16. Synode von Toledo im Jahre 693, daß «jene, die einen solchen Versuch gemacht, aber dem Tode entgangen (sind), zwei Monate lang sowohl aus der Gemeinschaft der Gläubigen als auch vom Empfang des Leibes und des Blutes des Herrn ausgeschlossen» seien. Die Synode von Nîmes bekräftigt 1284, daß nicht einmal Geisteskranke, die sich im Wahn zu Tode brachten, bestattet werden dürften. Die Kirche hatte nun mit der Macht über das Leben auch die Herrschaft über ihre Gläubigen ins Absolute gesteigert.

Die weltlichen Regenten zogen mit entsprechenden Rechtssätzen nach: Die Frankenkönige untersagten Totenmessen für Selbstmörder, gestatteten aber, den Hinterbliebenen Almosen zu spenden, da der Besitz der Toten – Reminiszenz des alten Römischen Rechts – von Staates wegen konfisziert werden durfte.

In den kommunalen Landrechten wurde der Tote «nachträglich» vor Gericht gestellt und das Urteil gegen ihn anhand seines Leichnams vollzogen: In der einen Gegend mußte er aufgeknüpft, in der anderen ins Wasser geworfen, verbrannt oder vor die Tore der Stadt geschleift werden. Das Landrecht von Lille zum Beispiel sah vor, männliche Selbstmörder wie einen zum Tod verurteilten Verbrecher nachträglich nochmals hinzurichten und Selbstmörderinnen zu verbrennen. In Paris war es üblich, den Körper mit dem Gesicht nach unten über das Kopfsteinpflaster zum Richtplatz zu schleifen und an den Füßen aufzuhängen. In vielen lokalen Gesetzen des deutschsprachigen Raums tauchte die Bestimmung auf, der Leichnam sei so aus dem Haus zu schaffen, daß die Heiligkeit der Schwelle nicht verletzt werden. Um Unheil zu bannen, wurden hin und wieder die Häuser von Selbstmördern nachträglich verbrannt und die Hinterbliebenen vertrieben. Der zwanghafte Charakter der bigotten Zürcher kam in der Bestimmung zur Geltung, daß der Leichnam des Suizidenten durch das zu bestrafen sei, womit er gesündigt hatte: War der Selbstmord zum Beispiel mit einem Dolch verübt worden, «so treibt man der Leiche ein Stück Holz in den Schädel».

Die Juden, diese Selbstmörder

In der kirchlichen Dichtung des elften Jahrhunderts wird nun Judas zum gemeinen Räuber, dann zum Vatermörder und Blutschänder, überhaupt zum Inbegriff des Bösen und Ur-Typ des Verbrechers. Kirchenbilder werden gemalt, auf denen die Teufel mit dem Knüpfen des Stricks beschäftigt sind, so als handele es sich beim Suizid um eine Strafaktion der Höllenchargen. Auf anderen Bildern sieht man Judas mit aufgerissenem Bauch, aus dem das Gedärm herausquillt: ekelerregende Darstellungen zum Zweck der abschreckenden Wirkung – aber auch mit antisemitischen Effekten. So spricht vieles dafür, daß der seit dem Hochmittelalter zyklisch aufbrandende Judenhaß erstmals in der Folge der Verteufelung des Selbstmörders als jüdischer Gottesverräter um sich griff.

Es kam damals zu Judenpogromen in Frankreich, aber auch in Mainz, Köln, Speyer und Worms, angeblich, um Rache zu nehmen an den Mördern des Herrn, in Wahrheit aber, um Beute zu machen. Allein in Mainz, so berichten Chroniken, starben am 27. Mai 1096 weit über eintausend Juden: wenige wurden von rasenden Kreuzzüglern umgebracht, fast alle kamen durch eigene Hand um, nachdem die Christen sie vor die Alternative gestellt hatten: «Tod oder Taufe». In Polikovs «Geschichte des Antisemitismus» wird über die Wormser Juden berichtet, die sich nicht bekehren lassen wollten: «Sie erfüllten das Wort des Propheten: Die Mütter sind ausgestreckt über ihre Kinder und der Vater fiel über seine Söhne.

Dieser tötete seinen Bruder, jener seine Eltern, seine Frau und seine Kinder – die Verlobten brachten sich gegenseitig um.» Innerhalb von zwei Tgen töteten sich 800 Juden. Und über Mainz: «Als die Juden sahen, wie die Christen sich als Feinde gegen sie bewaffneten, richteten sie ihrerseits die Waffen gegen sich selbst und brachten sich gegenseitig um.»

In England wütete der klerikal abgesegnete Judenhaß besonders heftig. 1190 kam es nach der Krönung Richards I. zu einem Judenpogrom durch die verarmte Bauernbevölkerung. Gegen 600 Juden mit Frauen und Kindern flüchteten in die Festung von York, wo ihnen eröffnet wurde: «Taufe oder Auslieferung an den Mob.» Da griffen sie zu ihren Waffen und töteten sich gegenseitig; nur der letzte beging Selbstmord – wie schon ein Jahrtausend zuvor in der Festung Masada.

Unter Frankreichs Philipp V. war zu Beginn des 14. Jahrhunderts das Spiel «Judenverhaftung» beliebt: Mit der Anklage, Christen vergiftet zu haben, wurden vor allem wohlhabende Juden festgesetzt, die sich dann freikaufen und so die Staatskasse aufbessern sollten. Wiederholt kam es aber zum Ärger des Königs zu kollektiven Selbsttötungen der Inhaftierten. Die Abkehr von ihren Grundsätzen wäre ein Eingeständnis der Unterlegenheit gewesen, während der Gang durch den Tod die Macht des wahren Glaubens zeigen und so den eigenen Wert wieder herstellen sollte. «Sie starben tanzend und singend, ebenso lustig, wie wenn sie zu einer Hochzeit gingen», heißt es in einer zeitgenössischen Chronik über einen jüdischen Massenselbstmord, wobei die Bereitschaft zum Suizid auch noch als Bestätigung der Augustinischen Lehre vom teuflischen Judas gedeutet wurde, der sich der Strafe und Bekehrung durch Selbstmord entzieht.

Mit dem Kreuzzug in den Tod

In der Volksdichtung des Mittelalters trat der christliche Selbstmörder nicht mehr als Märtyrer, aber auch nicht als Teufel, sondern als Wanderer zwischen den Welten auf, ein Gespenst, das im Grab keine Ruhe und im Himmel keinen Frieden findet. Das unglückliche Individuum, das sich aus Verzweiflung mordet, galt nun im Volksglauben als abschreckendes Exempel für den Zweifel am rechten Glauben, der ins Unglück und Verhängnis führt: ein deutliches Zeichen geglückter Tabuisierung.

Indessen läßt sich die Suizidalität der Menschen «nicht einfach erlauben oder verbieten», schreibt Udo Felix Singer, im Mittelalter sei der Hang zum Selbstmord in anderer Form, zum Beispiel «in Gestalt der Kreuzzüge» ausgelebt worden, denn: «Wie alles Tabuisierte findet er seine Durchsetzung, und sei er auch bis zur Unkenntlichkeit entstellt.»

Für den Lohn eines besonders schönen Platzes im Paradies rief Papst Urban II. im Jahr 1095 zum Kreuzzug zur Befreiung des Heiligen Landes auf. Die gegen die Heiden gerichteten Rache-Züge waren meist reine Selbstmord-Expeditionen, die für die meisten mit dem Tod endeten, noch ehe die Schiffe das gelobte Land erreichten. Oft richteten sich die Aggressionen der sieglosen Kreuzzügler gegen alle Andersgläubigen zu Hause: gegen die Juden zuallererst, dann gegen Sektierer wie die Albigenser und Katharer in Südfrankreich. Jene Christen glaubten an die Askese und das Martyrium zur Überwindung der mit dem Körper verhafteten Sünde. Das Reinheitsideal, Kern ihres Glaubens, wurde jedoch vom Vatikan als Rückfall in die suizidale Zeit vor Augustinus beurteilt und verboten. Allein im Jahre 1218 sollen etwa 5000 Albigenser angesichts ihrer Verfolgung durch die Inquisition den Märtyrer-Suizid gewählt haben. Der französische Sozio-Ethnologe Le Roi Ladurie beschreibt das Schicksal der Albigenser am Beispiel des Pyrenäendorfes Montaillou: Urchristlicher Glaube an die Reinigung durch Askese und an die Befreiung durch den selbstbestimmten Tod, fast tausend Jahre nach der Kirchengründung. «Das Christentum trägt in seinem Innersten die Wahrheit, daß das Leid (Kreuz) der eigentliche Zweck des Lebens ist, daher verwirft es, als diesem entgegenstehend, den Selbstmord», umriß 500 Jahre später Arthur Schopenhauer die maßgebliche Ideologie der katholischen Kirche, ohne zu sehen, daß die Idee des Leids sehr wohl zur Anerkennung des selbstbestimmten Todes führen kann.

«Eine hart zu heilende Schwermuth»

Die mit der radikalen Tabuisierung des Suizids verdrängten Fragen nach dem Wert des Lebens und der Freiheit des Menschen brachen nicht nur, wie Singer beschreibt, im Hang zu massensuizidalen Exzessen auf. Sie traten vor allem in den Themen der Kunst und Dichtung mächtig hervor. So hat die kunstschaffende Kultur ihr Anliegen, die Widersprüchlichkeit des Lebens sichtbar zu machen, wenn irgendwo, dann gerade mit der fortgesetzten Thematisierung des Suizids eingelöst.

Es begann mit der Rückwendung zur Antike und deren Niederschlag in der Kunst der Renaissance: Der fromme florentinische Maler Botticelli zeichnet um 1490 auf einer Cassone-Tafel die von Augustinus verdammte Lucretia in den Episoden Bedrohung, Selbstmord und Leichenschau. Im Zentrum des Bildes liegt sie aufgebahrt, den Dolch noch in der Brust, während hinter ihr auf dem Sockel einer Säule Brutus sein Schwert zum Schwurzeichen hebt. Ihr Selbstmord ist hier das Fanal für den Aufstand, sie selbst nicht Opfer ihres Schicksals, sondern Märtyrerin.

Zwei Jahrzehnte später gestalten Joos van Cleve und Lukas Cranach das Lucretia-Thema auf ihren Gemälden durchaus unterschwellig erotisierend im Kontrast zwischen dem kalten Stahl und der entblößten Brust; auf die Heroisierung wird verzichtet. Dann, wenige Jahrzehnte später, zeigt Rembrandt auf seinem Lucretia-Gemälde von 1666 die Selbstmörderin Augenblicke nach dem tödlichen Stoß, den blutverschmierten Dolch in der Rechten; ihre Linke faßt eine Kordel, im Gesicht stehen Schmerz, Erwartung und Abschied – und Entschlossenheit: Erstmals wird der Selbstmord als eine vom Menschen gewollte, in der menschlichen Existenz begründete Tat im Augenblick des Zusammenfalls von Freiheit und Tod gezeigt.

Im 17. Jahrhundert machen die englischen Humanisten die Enttabuisierung des Suizids zu ihrem Thema, nun freilich unter einer ganz neuen Sicht: Der Selbstmörder wird als seelisch notleidend geschildert, dessen Zustand nicht böse, vielmehr bemitleidenswert sei. 1621 schrieb Robert Burton den Bestseller «Anatomy of Melancholy», mit dem er ans Mitgefühl für das schlimme Leben des Selbstmörders appellierte. Man entdeckte damals die Suizidalität der Menschen, nannte sie «Todeskrankheit» oder, quasi fachsprachlich, den «Biothanatos» oder, umgangssprachlich, die «Melancholie». Sie wurde zur Modekrankheit der Elisabethaner; ihre Symptomatik ähnelte dem, was man seit sieben Jahrzehnten «depressiv» nennt.

Nun endlich interessierten sich mehr Ärzte als Pfarrer und Pastoren für diesen Gemütszustand. Denn jetzt war es nicht mehr der Teufel, sondern eine Krankheit mit der Möglichkeit der Linderung oder gar Heilung. Die neue Sicht setzte sich auch unter den Intellektuellen durch.

Denkschriften und Abhandlungen mit der Absicht der Belehrung des Gesetzgebers wurden verfaßt. Eine unter zahllosen ist die «zu Dessau 1793 vorgelegte» Schrift des Leopold Auenbrugger, des «Arzneygelehrthen Doctor sowie der medicinischen Fakultaet in Wien Mitgliede», mit dem Titel: «Von der stillen Wuth oder dem Triebe zum Selbstmorde als einer wirklichen Krankheit».

Seine mit sieben Fallschilderungen üppig belegte Symptomatik beginnt so: «Das Angesicht ist anfangs blaß, eingefallen, vielmals gelb, kränklich und traurig; um die Mitte nach den Grade der quälenden Eindrücke in der Farbe beständig der Veränderung unterworfen, da selbes bald rot und erhitzt, bald blaß und eingefallen bemerkt wird; am Ende ist es aufgedunsen, meistens bleifarbig und mit Angstschweiß überrunnen.» Kern der Krankheit seien – ausgelöst durch äußere Ereignisse, falsche Ernährung oder Giftstoffe in Blut und Körper – eine «Überreitzung der Nerven», und zwar just im Bereich des ohnehin «sehr reitzbaren Nervensystems». Für die Therapie seien «alle Blutlässe und reitzbaren Arzneyen» auszuschließen, da sonst der «Wuthsinnige in eine hart zu heilende Schwermuth» oder gar in eine «incurable Sinnenlosigkeit» zu fallen drohe. Der Arzt sei gehalten, die Ursachen der Erkrankung festzustellen und zu beseitigen, heißt es im Kommentar, der weitsichtiger räsoniert als so mancher moderne Psychiater mit Kugelschreiber und Rezeptblock.

In manchen Ländern wurden in der Folge der Aufklärung die Strafbestimmungen gemildert. Bereits 1670 unterzeichnete Ludwig XIV. eine neue, damals aufregend progressive Gerichtsordnung, derzufolge die im Wahn oder aus Krankheit erfolgten Selbsttötungen nicht mehr strafbar waren. Wenn allerdings der Nachweis der Krankheit mißlang, der Suizid also aus freien Stücken erfolgt schien, wurde weiterhin bestraft, wenn auch weniger grausam als früher. Die Verurteilungen – wie diese aus dem Jahre 1723 in Bergues-Saint-Windoc – lauteten dann so: «Den verstorbenen Pierre le Grand verurteilen wir, daß sein Andenken für immer ausgelöscht, sein Leichnam vom Gerichtsvollstrecker mit dem Kopf nach unten und dem Gesicht zur Erde auf ein Reisbrett gebunden zum Richtplatz geschleift und dort aufgehängt werde, mit dem Kopf an einem Galgen ... und verurteilen ihn zu allen Kosten.»

Mit dem neuen, naturwissenschaftlich orientierten Realismus verband sich bald auch die Idee der Aufklärung, daß jedes Individuum die Befähigung zur Vernunft habe und darum selbstverantwortlich handeln dürfe. Vor allem Montesquieu und Voltaire kämpften für das Recht des Menschen auf seinen Tod, also auch auf den Selbstmord. Es ist weitgehend dem Einfluß Voltaires auf Friedrich den Großen zuzuschreiben, daß der Preußenkönig als erster Regent Europas die seit dem Mittelalter geltende Bestimmung der Strafbarkeit des Suizids und Suizidversuchs 1751 tilgte. In Frankreich wurde sie im Zuge der Revolution 1790 aufgehoben, in England erst im Jahre 1961. Die von den Konfessionskirchen gehütete Lebensmoral erfuhr zwar eine gewisse Aufweichung. Doch ihren Machtanspruch auf Leben und Tod mochten die Kirchen nicht aufgeben. Das Leid des Lebens soll ertragen werden im Sinne der Losung: der Herr hat es gegeben, nur der Herr darf es wieder nehmen. Der Suizid ist und bleibt für die Kirchen moralisch tabu.

Der theatralische Selbstmord

Auch in der Literatur und auf dem Theater wird mit dem Beginn der Neuzeit der Selbstmord zum großen Faszinosum und Brennpunkt der menschlichen Existenz, die auf dem Weg ihres Scheiterns, zwischen Nichtigkeit und Erhabenheit pendelnd, von Freiheit träumt. Mit und seit Shakespeares antiken Helden-Epen und der Dramatisierung zeitgeschichtlicher Geschehnisse zeigt das Bühnen-Trauerspiel Suizidalität als Prozeß der unaufhaltsamen Selbstvernichtung des Individuums. Die griechischen Dramen des Ödipus und der Antigone zeigten Suizidalität als dramatischen Höhepunkt im Vollzug des eigenen Untergangs: jene Helden waren – in unserer heutigen Terminologie – keineswegs schizophren, endogen oder exogen depressiv, sonden voll handlungsfähige Individuen, nur: sie blieben verstrickt im Verhängnis des Daseins. Nun aber wird aus dem Schicksalsverhängnis die persönliche Erfahrung eigener Unzulänglichkeit, des Scheiterns im Dasein, über die nur hinwegzukommen wäre im Glauben an einen übergreifenden Sinn.

Doch dieser Glaube schwindet. Der in Zürich lehrende Literaturwissenschaftler Peter von Matt schreibt über das Suizidthema auf dem Theater: «Gipfeln nicht so viele, wahrscheinlich die Mehrheit aller Trauerspiele im Selbstmord, weil dieser Akt den Grundvorgang des Tragischen ganz elementar verdichtet? ... Es stimmt, der Selbstmord ist im Trauerspiel so gehäuft und so konstant – und zwar ganz unabhängig von der offiziellen Bewertung in der jeweiligen Epoche –, daß er als die einfachste Signatur der Tragödie überhaupt gelten kann.» Den übergreifenden Sinn hatte das antike Theater in der mit Heldenmut verdienten Unsterblichkeit des Ruhms erblickt. Das Christentum gestattet solche Perspektiven nicht. Da steht jetzt das selbstbewußt agierende Subjekt auf der Bühne und mit ihm die ganz andere Rhetorik der Selbsttötung als Einsicht ins Scheitern der eigenen Existenz. Die sterbenden Helden – Shakespeares «Othello» etwa oder Kleists «Penthesilea» – sind im Selbstmord ganz auf sich zurückgeworfen im tödlichen Dilemma zwischen der Einsicht in die Unzulänglichkeit des Menschen, durch die er schuldig wird – und der Idee seiner Autonomie als höchstem Gut, die vielleicht im Suizid noch gerettet werden kann. Galt dies vielleicht auch für Kleist selbst? Die Philosophen der Aufklärung, allen voran Immanuel Kant, retteten sich in den Glauben an die übergreifende, versöhnende Kraft der Vernunft, die das Leben aus prinzipiellen Gründen will. Für die Kunst war dieser Glaube nicht glaubhaft genug, sie hielt sich, wenn schon, dann eher an Ideale.

Im Bewußtsein der Frühromantiker gewinnt das alte antike Ideal der All- Verbundenheit mit der Natur erneut Gestalt. Diese Sehnsucht nach der übergreifenden Einheit der Welt war ja unter den antiken Naturphilosophen ein häufiges Suizidmotiv. Empedokles, rund 400 Jahre v. Chr. sizilianischer Arzt, stürzte sich, um mit der Natur wieder eins sein zu können, in den feuerspeienden Ätna. Nun taucht diese Sehnsucht als romantisches Gefühl unsäglichen Weltschmerzes auf. Goethes «Leiden des jungen Werther» etwa gab dieser Stimmung Sprache, die von zahllosen Jugendlichen so gut verstanden wurde, daß sie den Selbstmord des Werther nachahmten. Und Empedokles gelang in Hölderlins Dichtung abermals die Verschmelzung mit der vulkanischen Naturgewalt: eine schöne Erinnerung an unwiederbringlich verlorene Verbundenheitsgefühle. In der erstarkenden bürgerlichen Gesellschaft richten sich die Ideale auf die soziale und politische Ordnung, um diese moralisch zu begründen.

«Das Leben ist der Güter höchstes nicht. Der Übel größtes aber ist die Schuld», läßt der Moralist Friedrich Schiller seinen Helden Don Cesar in der «Braut von Messina» den Freitod rechtfertigen: der Suizid wird nun wieder begründungsbedürftig.

Im Fortgang des 19. Jahrhundert, mit dem Übergang zu Industriegesellschaft und der Technisierung der

Lebenswelt, schwindet das Interesse an der im Bühnen-Selbstmord zur Darstellung gebrachten Überhöhung der Existenz. Der Bühnensuizid wird vielmehr selbst existenziell, nämlich sprachlos, anonym, alltäglich: Das Jedermannleben kippt in ein schwarzes Loch und verschwindet – Spiegel des Lebensgefühls entfremdeter, auf Funktionalität reduzierter Menschen. 1890 sorgt Henrik Ibsen mit seinem Theaterstück «Hedda Gabler» für einen Skandal: Eine vor lauter Langeweile bösartig gewordene Frau treibt ihren Ex-Geliebten dazu, sich zu töten, um so an die Größe der menschlichen Existenz zu erinnern, die gegen die dumpfe Bürgerlichkeit der Zeit das selbstbestimmte Leben zu setzen vermag. Doch der Suizid mißrät zur peinlichen, zufällig glückenden Selbsttötung eines geifernden Betrunkenen; der Mann stirbt nicht würdig, sondern krepiert qualvoll. Dies wiederum erträgt die Frau nicht; auch sie tötet sich und stirbt wortlos: Aus dem heroischen Selbstmord ist das lächerliche Klischee einer im bürgerlichen Bildungsmief erstickten Kultur geworden. Ibsen zeigte damit noch etwas anderes: Aus dem Selbstmord als hervorragende und einmalige Tat wird die schleichende Suizidalität, der Hang zur Lebenszerstörung, lange bevor die Tat konkret geplant wird. Damit ist das Thema unserer Zeit geboren.

Ganz ähnlich verändert sich das Suizid-Thema in der Malerei: Eduard Manet zeigt 1881 auf dem Bild «Le suicid» einen namenlosen Mann, einen anonymen Fall. Solche Darstellungen sind Illustrationen der «fait divers» aus der Presse. Felix Vallotton zeigt in seinem Holzschnitt «Le suicide» 1894 eine im Wasser treibende Frau, nachdem sie sich von der Brücke gestürzt hat. Otto Dix führt 1922 auf seiner Radierung den «Selbstmörder» (in der Reihe «Tod und Auferstehung») vor: Vordergründig ist es ein älterer Mann, der am Seil hängt, mit heraushängender Zunge, hervorquellenden Augen und verkrampften Fingern, unter sich den umgeworfenen Stuhl – und im Hintergrund sitzt auf einem zweiten Stuhl sein Selbst als lichtdurchfluteter Geist von aller Sorge befreit, so als hätte Dix schon damals die Sterbeberichte der Elisabeth Kübler-Ross gekannt.

«Man hat mich suizidiert»

Auch das ist neu und gehört ganz in unsere Zeit: In der Kunst wird der Suizid nicht mehr nur als eine beobachtete Tat, als ein markantes Objekt dargestellt. Es verbinden sich nun Kunst und Künstler, Gegenstand und Darstellung. Zuerst ist es van Gogh, der sich mit seiner Krankheit malt, diese mit der Kunst verwebt und mit ihr in den Selbstmord geht. Sein letztes Bild zeigt ein vom Wind bewegtes Kornfeld: Es sei «ein sturmgepeitschtes Meer», da habe der Mensch keinen Halt mehr, schrieb der Dichter, Regisseur und Zeichner Antonin Artaud später in seinem Buch über van Gogh, das den Titel «Le Suicide de la Société» trug: Van Gogh als Opfer der Gesellschaft, von ihr in den Tod getrieben. Auch Artaut, am Ende krank, süchtig und verzweifelt, verstand sich selbst als Opfer der kranken Zeit. «Ganz sicher bin ich schon seit langem tot, ich habe mich bereits suizidiert», schrieb der 28jährige 1924 als Antwort auf eine (zum Thema: «Bedeutet Selbstmord eine Lösung?») unter Künstlern durchgeführte Umfrage, «oder richtiger: man hat mich suizidiert». Von geradezu krankmachender Stumpfheit war das Gutachten zweier französischer Psychiater, die bei Artaut eine fortgeschrittene Schizophrenie diagnostizierten als Erklärung für seinen Wahn, als ob die Medizin die Empfindungskraft des Künstlers zu widerlegen hätte.

Im gleichen Jahr des Gutachtens, 1938. kam es in

Deutschland wieder zu Massensuiziden als letztem Fluchtpunkt vor den unerträglich gewordenen Verhältnissen. Die Nazi-Exzesse gegen jüdische Bürger, deren vorläufiger Höhepunkt die Reichskristallnacht mit der Zerstörung der Synagogen war, trieb viele hundert (manche vermuten: mehr als tausend) jüdische Familien in den Selbstmord, wortlos, ohne Protest, ohne Klagen, ohne den Versuch des Widerstands – der Vorhof der Hölle, die Auschwitz und Treblinka hieß.

Für die Greuel, die sich seither ereignet haben, ist der Begriff «Massensuizid» viel zu nüchtern und zu klein, weil er die Häufung vieler einzelner Suizide meint und den ungeheuren Zerstörungsprozeß nicht abzubilden vermag. Eines freilich entspricht dem Krieg: Töten, Töten auf Verlangen (das heißt delegierter Suizid) und Selbsttöten sind wie bei den Massensuiziden von Masada bis Jonestown ein einziges furchtbares Geschehen, die Grenzen verschwinden unter der Gewalt der Vernichtungswut. Henri Barbusse beschrieb in seinem großen Kriegs-Epos «Le Feu» den Ersten Weltkrieg als Völkersuizidversuch: «Zwei Armeen im Kampf, das ist wie eine einzige große Armee, die Selbstmord begeht.» Solches wurde auch schon wiederholt über den Zweiten Weltkrieg gesagt, in dessen Verlauf Hitler ganze Armeen «geopfert» hat, indem sich die Deutschen selbst geopfert haben: «Volk ohne Raum» wurde da zur Methapher für das von Erwin Ringel erkannte präsuizidale Syndrom der Einengung, deren Sprengung die Vernichtung ist.

Wie der Zeitgenosse sich erkennt

Die inzwischen zum gesellschaftlichen, vielleicht menschheitlichen Problem gewordene Gefahr der Selbstzerstörung fällt zurück auf den Einzelnen, exemplarisch erfahrbar in der Arbeit der Kunst. Denn da zeigt sich der Künstler schon längst als das Objekt allgemeiner Suizidalität. Es gibt zahlreiche Belege, nicht nur den renommierten amerikanischen Maler Jackson Pollock, der 1953 «Ocean grayness» malte, ein Bild, das Versinken und Untergang zeigt. 1955 kam Pollock, wie später auch Albert Camus, bei einem Autounfall ums Leben. Prägnanter sein Kollege Mark Rothko: Er malte 1969 nur mehr schwarze, von einer dünnen Linie zum Weiß abgegrenzte Flächen, die wie Mauern wirken und dem Betrachter den Zutritt verwehren. Wenige Monate später schnitt sich Rothko die Pulsadern auf. «In der grenzenlosen Verlassenheit, von der Rothkos Werke nach 1969 eine Ahnung vermitteln, kann der Tod als einzige Möglichkeit, gewissermaßen als letzte Lebensmöglichkeit erscheinen», so der Kunstexperte Franz Meyer, früher Direktor des Basler Kunstmuseums, dieses Bild.

Mitte der sechziger Jahre gründete der Schweizer Künstler Daniel Spoerri in Frankfurt ein «Gemeinnütziges Institut für Selbstentleibung», das verschiedene Möglichkeiten zum Suizid anbot. 1971 führte er unter dem Titel «serie homicide» Großphotos von Getöteten zusammen mit ihren Mordinstrumenten vor, so zum Beispiel eine Selbsterdrosselung und -erhängung. Der Zuschauer sah sich zum Mitmachen eingeladen.

In der «body-art» der Wiener Aktionisten Ende der sechziger Jahre geschah die Selbstzerstörung als sinnlich erfahrbares Happening: Künstler schnitten sich mit Rasierklingen, veranstalteten rituelle Tierschlachtungen, badeten in Blut und Urin. Der Wiener Künstler Rudolf Schwarzkogler ließ sich fesseln, würgte und verletzte sich im Durchgang einer Performance. Solche Selbstbeschädigungsexzesse führten 1969 zu seinem Tod: die Selbstzerstörung unter Einschluß des Selbstmords ist Bestandteil der künstlerischen Aktion geworden.

Vielleicht zeigt sich hier der uns vertraute jüdisch-christliche Märtyrer-Suizid in einer neuen, unserer Zeit gemäßen Form: der Künstler schreitet zur Selbstopferung, weil er sich anders als mit dieser radikalen Mahnung dem lebenszerstörischen Stil der Zeit nicht entziehen kann. Ein Tryptichon des jungen Amerikaners Richard Bosman von 1981, zu sehen im New Yorker Metropolitan Museum of Art, erzählt im ersten Bild die Geschichte einer Verhaftung. Doch der Verhaftete wird, so das zweite Bild, zum Selbstmord getrieben. Das dritte Bild zeigt den Gefangenen, wie er, auf dem Rand der Pritsche sitzend, sich das Messer in den Bauch stößt. «Bosman gelang es, ein Sinnbild zu schaffen», kommentiert Franz Meyer, «sein Gefangener, in die Enge getrieben von der brutalen Macht, ... das ist, in allem Grausen, das uns packt, eine Figur, in der der Zeitgenosse sich erkennt.»

Die Gesellschaft oder wen therapieren?

Die in der Kunst vorweggenommene Erfahrung gesellschaftlicher Suizidalität hat unseren Alltag noch nicht erreicht. Tatsächlich ist die Alltagswelt noch ganz mit der Ent-Tabuisierung und rechtlichen Liberalisierung des Suizid-Geschehens beschäftigt. Selbstmörder dürfen inzwischen zwar auch auf katholischem Gottesacker bestattet werden, doch sie sind, wenn sie ihren Versuch überleben, noch immer Aussätzige der funktionstüchtigen Leistungsgesellschaft.

Die für die Gesundheit, also für das Leben zuständigen Institutionen – zuvorderst die Ärzte und Therapeuten – haben die interaktive Dynamik zwischen den gesellschaftlichen und den individuellen Gegebenheiten noch nicht wahrgenommen, die über die Suizidalität zur Vernichtung führen. Den Hauptgrund liefert just das Argument, das einst zur Befreiung des Suizids aus dem Bann der Kirche führte: seine Identifikation als Seelenkrankheit.

Zweifellos hat die moderne Psychologie mit ihrem auf Sigmund Freud zurückgehenden Modell der exogenen oder reaktiven (also nicht durch Anlage, sondern durch die Umwelt bedingten) Depression überhaupt erst die Voraussetzungen für die Therapierung depressiv Erkrankter geschaffen, zu deren Krankheitsbild ja die Suizidalität gehört. Die Erfahrung der Ärzte und Therapeuten mit suizidgefährdeten Depressiven verleitete sie aber zum Umkehrschluß, daß es Suizidalität ohne Depression nicht gebe. Also ist jeder Selbstmörder krank. An die Stelle der kirchenmoralischen Bevormundung tritt die medizinmoralische Vereinnahmung.

Mit Blick auf den gesellschaftlichen Zusammenhang unserer Kultur wirkt indessen die Depressionsthese als Ablenkung von der übergreifenden Frage: Wie gehen wir mit den Verhältnissen um, die uns krank machen? Wo muß angesetzt werden, um die Bedingungen für ein gelingendes Leben zu schaffen?

Einsteigen und Aussteigen

In Frage steht heute Suizidalität nicht als Krankheit, sondern als Existenz: unser Ausgeliefertsein an die uns eigentümlich innewohnende Neigung zur Selbstzerstörung.

Als die 912 Volkstempler am 18. November 1978 im Urwald von Guayana die Zyankali-Limonade tranken, waren sie schon längst außer sich geraten, ein im Gefolgschaftswahn vollzogener, von Jim Jones angeordneter Massensuizid. Solche Extremsituationen, für abgekapselte Sekten kennzeichnend, sind uns fremd und wirken exotisch. Die masochistische Hingabe an einen narzistisch schwer gestörten Führer und der Glaube an die Befreiung durch den Tod erinnern zunächst mehr an die vom Anführer Eleazar in den Tod getriebenen Masada-Besatzer als an unsere schöne neue Welt.

Aber das Spektakel Jonestown ging heute über die Bühne, gespielt von Menschen, die ausgerechnet vor der Suizidalität verbreitenden Gewalt unserer westlichen Gesellschaft in den Urwald geflohen waren – und doch unsere Zeitgenossen bleiben, deren Situation darum vielleicht fremd, aber nicht unbegreiflich sein kann.

Eine Deutung versuchte der Psychiater Tobias Brocher, Institutsleiter bei der Menninger Foundation im US-Staat Kansas: «Unsere Gesellschaft verführt sozusagen ständig dazu, etwas Besonderes sein zu müssen. Daher sind die Menschen, die dieses Ziel nicht erreichen können, verführbar durch jeden, der ihnen verspricht, sie aus ihrem Durchschnittsdasein zu erlösen.» Und als Lehre zog er daraus: «Wenn unsere Gesellschaft, einschließlich Regierung und Industrie, den Größenwahn aufgeben würde, daß Menschen alles vollbringen können, dann wäre vielleicht etwas geholfen. Wir müssen die Allmacht-Phantasien aufgeben.»

Warum denn? Da schütteln wir doch den Kopf, zünden uns eine Marlboro an, nehmen fünf Schluck Whisky und spannen den Walkman über den Kopf, ehe wir mit dem schnellen Wagen über die Autobahn rasen, um rechtzeitig zur Eröffnung einer Freiluft-Kunstausstellung zu komciluft-Kunstausstellung zu kommen.

Eines ihrer Glanzstücke ist die vom Amerikaner Walter de Maria schon vor 20 Jahren erbaute übermannshohe Kabine in der Form eines Bergs, die den Namen «Suicide Box» trägt. Wir dürfen eintreten und sehen auf Augenhöhe eine Metallspiegelfläche, in der wir unser eigenes Gesicht erkennen. Auf der Spiegelfläche und so auch auf unserem Gesicht steht das Wort «Suicide»: bring Dich um. Als wir wieder aussteigen, drängeln sich draußen schon viele andere Besucher und wünschen, ebenfalls einsteigen zu dürfen.

Die Frage nach dem Lebenswert taucht wieder auf, wenn die Langeweile, die heute das Leben unter der Decke der Eintönigkeit zugedeckt hält, an irgendeiner Ecke aufbricht. Ob dann aber die Antwort schon gleich Lebenslust bedeutet, ist zweifelhaft. Es scheint jedenfalls, als stoße unter der passiv machenden Konsumhaltung immer wieder die Gegensucht hervor, die Sucht nach Leben. Sie äußert sich im oft besinnungslosem Hang zum Risiko, das allein den aufgestauten Erfahrungshunger zu stillen scheint. Da sehen wir im Rückspiegel das grelle Licht der schweren Kawasaki; schrrrrruuii, schon flitzt sie vorbei, die Fahrergestalt in schwarzer Montur wie einer der Todesengel aus Jean Cocteaus «Orphé», natürlich kurz vor der scharfen Kurve und bei Gegenverkehr; ein starker Schlenker, das Hinterrad tanzt, dann ist alles vorbei.

Motorradfahrer haben die meisten aller schweren Kopfverletzungen, die in die Notfallstationen der Neurochirugie eingeliefert werden. Der Hunger nach Leben wird durch dessen Verwechslung mit dem Erlebnis oft selbstmörderisch.

Die Paradoxie dieser Sucht besteht darin, daß der allgemeine Rückzug aus dem Leben, Ausdruck schleichender Suizidalität, in eine Lebenswut umschlägt, die ihrerseits zerstörerisch ist, mit dem Unterschied, daß sie gewollt wird und damit reizvoll erscheint. Ob sich die Decke der Eintönigkeit so zerreißen läßt? Es spricht eigentlich nichts dafür. Denn das Leben war schon immer nur dort zu finden, wo andere Menschen sind.

II
Die Innenwelt

Suizidanfälligkeit – Suizidgefahren – Krankheitsbilder

Die Tendenz zur Selbstzerstörung – die Suizidalität – ist meist durch die Umwelt verursacht und von gesellschaftlichen Risikofaktoren abhängig. Nicht jeder aber reagiert auf den äußeren Druck mit dem Hang, seinen Körper und sein Leben zu zerstören. Woran liegt es, daß derzeit immer mehr Menschen so tief in Verzweiflung, Angst und Ausweglosigkeit geraten, daß sie sich selbst vernichten wollen?

Erwin Ringel, der in den vergangenen Jahrzehnten die Grundlagen der heutigen Suizidtherapie geschaffen hat, erläutert, wie Menschen schuldlos suizidale Situationen schaffen und andere in eine selbstzerstörerische Lebenshaltung treiben können. Er beschreibt den Prozeß der seelischen Erkrankung, der zur Suizidalität führen und in die Selbsttötung münden kann. Er deutet die zunehmende Anfälligkeit der Betroffenen und die Gefährdungen verschiedener Bevölkerungsgruppen unter den veränderten Lebensbedingungen der späten achziger Jahre (Kapitel 4).

Die in unserer heutigen Gesellschaft häufigste Krankheit ist die durch Umwelteinflüsse hervorgerufene, sogenannte exogene Depression. Der Erfahrungsbericht eines Betroffenen führt uns die damit verbundene Suizidanfälligkeit beispielhaft vor Augen; er macht auch deutlich, in welchem Maß die Umwelt für immer neue Suizidgefährdungen sorgt (Kapitel 5).

4

Erwin Ringel

Manche sind anfällig – viele sind gefährdet

Die Suizidalität aus der Sicht des Psychotherapeuten

Professor Dr. med. Erwin Ringel ist Direktor des Instituts für medizinische Psychologie an der medizinischen Fakultät und Leiter der psychosomatischen Abteilung des Allgemeinen Krankenhauses in Wien. Suizidforscher Ringel war Gründer der Internationalen Vereinigung für Selbstmordverhütung und ist Vorsitzender der «Österreichischen Individualpsychologen» (Richtung Alfred Adler).

Eine der Schwierigkeiten, Suizidalität zu begreifen, rührt daher, daß in derselben Situation sich die einen zu Selbstmordhandlungen getrieben sehen, die anderen aber nicht. Was ist es, das sie treibt? Und wann eigentlich ist eine Situation so, daß Selbstzerstörung dem Betroffenen als einziger Ausweg erscheint?

Man kann unterscheiden zwischen Menschen, die für den Selbstmord *anfällig* und solchen, die einer Selbstmordgefahr *ausgesetzt* sind. Diese zwei Betrachtungsweisen entsprechen sehr unterschiedenen Lebenssituationen. Die eine bezieht sich auf die Lebensgeschichte des betroffenen Menschen und seine Persönlichkeitsentwicklung, die zur Anfälligkeit führt. Die andere fragt nach den umweltbedingten Gefährdungen, denen sich verschiedene Bevölkerungsgruppen im Sinne eines erhöhten Suizidrisikos ausgesetzt sehen. Diese zwei Betrachtungsweisen sollen in zwei getrennten Abschnitten nachfolgend erörtert werden.

Über die Suizid-Anfälligkeit

Die Anfälligkeit eines Menschen für den Selbstmord ist fast immer Resultat einer psychischen Störung, welche die seelische Verfassung eines Menschen in die Richtung der Suizidinklination (das heißt die Neigung, sich zu töten) beeinflußt. Es gibt viele solche psychische Störungen, von denen hier nur die beiden wichtigsten besprochen werden können, nämlich die endogene Depression und die Neurose.

Selbstmordneigung und endogene Depression

Die endogene Depression oder Melancholie, bekanntlich eine der beiden möglichen Manifestationen des manisch-depressiven Krankheitsgeschehens, verläuft in Phasen, die Wochen, Monate, aber auch länger andauern können. Nach Beendigung der Phasen ist der Mensch wieder völlig gesund.

Diese endogene Depression unterscheidet sich in ihren Symptomen ganz wesentlich von jeder anderen Depressionsform, insbesondere der sogenannt exogenen Depression (die mit der Trauer nach einem Schicksalsschlag gleichgesetzt werden kann), aber auch jeder neurotischen Depression. Die melancholischen Symptome sind im wesentlichen: primäre innere Trauer mit Verlust des Interesses an der Umgebung; Hemmung und Verlangsamung, so daß man sich zu jeder Leistung wie gegen einen starken Widerstand zwingen muß; Entscheidungsunfähigkeit; unerklärliche Angst; ständiges Grübeln, wobei man von finsteren pessimistischen Gedanken nicht loskommt und überhaupt die ganze Zukunft in düsterem Lichte sieht; Selbstvorwürfe, wonach man das und jenes falsch gemacht hat, ein schlechter Mensch ist und dergleichen; hypochondrische Ideen (man glaubt sich zum Beispiel unheilbar krank); und schließlich die quälenden körperlichen Beschwerden wie Schlaflosigkeit – keine Einschlafstörung, aber frühzeitiges Erwachen –, Appetitlosigkeit, Verstopfung, Abmagerung, Trockenheit im Mund, bei Frauen Sistieren der Menses. Charakteristisch ist ferner für die endogene Depression, daß sie in den frühen Morgenstunden ihren Höhepunkt erreicht (zu dieser Zeit erfolgen auch die meisten Selbstmordhandlungen), während in den Nachmittags- und Abendstunden eine deutliche Erleichterung eintritt.

Daß ein intensiver Konnex zwischen endogener Depression und Selbstmord besteht, erscheint verständlich, wenn man bedenkt, daß eigentlich jedes der aufgezählten Symptome zum Selbstmord drängt, jedes, mit Ausnahme vielleicht der Hemmung, auf die man sich aber unter keinen Umständen verlassen kann. Es ist allgemein bekannt, daß sich das in der Theorie so klar beschriebene Bild der Melancholie in der Praxis infolge vielfacher «Maskierungen» verwischen kann. Übereinstimmend wurde außerdem in vielen Ländern festgestellt, daß die Zunahme der endogenen Depression in unserer Zeit vor allem auf das Konto jener Fälle geht, die eigentlich nur ein abgeschwächtes endogen-depressives Syndrom bieten und daher als «Melancholia mitis» bezeichnet werden.

Auf der einen Seite ist es oft sehr schwer, solche «Formes Frustes» als Melancholie zu entlarven, auf der anderen Seite wird oft verhängnisvollerweise angenommen, bei solchen «milden» Manifestationen sei auch die Selbstmordgefahr herabgesetzt. Das Gegenteil ist oft richtig, weil bei diesen Fällen gerade die Hemmung und damit der wichtigste Gegenspieler der Selbstmordtendenz fehlt. Gelegentlich kommt es im Rahmen der Melancholie, vor allem bei Frauen, zum sogenannten erweiterten Selbstmord, das heißt Familienangehörige, besonders die Kinder, werden in den Selbstmord mitgenommen. Gerade die endogene Depression entwickelt oft eine so intensive Selbstmordtendenz, daß alle Bindungen, die unter Umständen eine solche Handlung verhindern könnten (Familie, Religion), versagen.

In vielen (keineswegs allen) Fällen ist die endogene Depression eine erbliche Erkrankung; da kann es vorkommen, daß in mehreren Generationen eine Selbstmordtendenz auftritt. Dieses Faktum darf aber nicht dahingehend mißinterpretiert werden, daß es eine isoliert vererbbare Selbstmordneigung gäbe. Der Selbstmord ist ein viel zu komplexes Problem, als daß er gleichsam als Eigenschaft weitergereicht werden könnte.

Selbstmordneigung und Neurose

Obwohl sich Neurose-Erkrankungen in unserer überzivilisierten Welt immer mehr verbreiten, so daß sie zu recht vom psychologischen Standpunkt aus als das Gesundheitsproblem Nummer Eins bezeichnet werden können, ist es erschütternd zu sehen, wie man ihnen in weiten Kreisen mit Gleichgültigkeit und Unwissenheit begegnet. Wahrlich, wir leben so, als hätten die Entdecker der Neurose, Sigmund Freud und Alfred Adler, nie gelebt und nie in unserer Mitte gelehrt. Unter diesen erschwerenden Bedingungen will ich dennoch versuchen, ein klares und verständliches Bild der Neurose zu zeichnen.

Sie entsteht in den ersten sechs Lebensjahren durch falsches Verhalten der Eltern gegenüber ihren Kindern. Die Kinder sind davon abhängig, daß sie «Ja» zu ihren Eltern sagen wollen. Jedes elterliche Verhalten ist falsch, das auf einer Nichtrespektierung des Kindes als echtem menschlichen Partner beruht. Durch falsches Verhalten der Eltern können ihre Kinder in ein Nein gegen die Eltern hineingetrieben werden. Dieses Nein muß im Unbewußten gehalten werden (Verdrängung), weil das Kind sonst nicht lebensfähig wäre. Das Wesen der kindlichen Neurotisierung besteht also darin, daß nun im Kind zwischen bewußten und unbewußten Gefühlen ein Zwiespalt entsteht: Im Bewußten herrscht Zustimmung, im Unbewußten Ablehnung. Diesen Zustand bezeichnen wir als Ambivalenz, sie ist eher das Symptom der Neurose.

Ambivalenz

Die Einheit der Gefühlssphäre gegenüber den wichtigsten Personen des kindlichen Lebens ist in dieser Ambivalenz zerstört. Ein Riß geht gleichsam durch die kindliche Seele. Man könnte bereits von zwei einander entgegengesetzten Kräften in ihm sprechen, die miteinander im Krieg liegen. Der im Unbewußten gehaltene Haß droht immer stärker zu werden, und er kann dann plötzlich zu einer Handlung führen, durch die er sich verrät. Diese Handlung kann nicht nur für den Kranken selbst, sondern auch für seine Umgebung zu schlimmen Folgen führen. Schlimm ist auch, daß der Neurotiker später diese Ambivalenz, die er in der frühen Kindheit erworben hat, auf andere Personen überträgt, und zwar nach dem Grundsatz: Je wichtiger die Person, desto wahrscheinlicher erfolgt die Übertragung.

Bei dieser Regel spielt natürlich das Geschlecht eine wesentliche Rolle. Ist die Ambivalenz zum Beispiel vorwiegend gegenüber der Mutter entstanden, so wird sie eher auf weibliche als auf männliche Personen übertragen werden. Man kann gedanklich leicht nachvollziehen, daß durch diese Wiederholung des in der Kindheit erlernten Verhaltensmusters spätere Beziehungen mit hoher Wahrscheinlichkeit zu scheitern drohen. Heute ist die Zahl der in der Kindheit in die Ambivalenz hineingetriebenen Menschen so groß, daß es schon als Glück bezeichnet werden kann, einen Partner zu finden, der nicht von diesem Phänomen befallen ist. Aus der Ambivalenz ergeben sich dann die weiteren Symptome der Neurose.

Die neurotische Angst

Die Erlebnisse, die ins Unbewußte beziehungsweise ins Vorbewußte abgeschoben werden, wie es beim Kinde der Fall ist, entwickeln verständlicherweise die Tendenz, ins Bewußtsein zurückkehren zu wollen. Da ja immer nur unangenehmes, peinliches, verbotenes verdrängt wird, bedroht diese Tendenz die Intaktheit der Person und wird mit einer panikartigen Angst beantwortet. Die unreife Persönlichkeit des Kindes ist diesem Vorgang wehrlos ausgesetzt, erlebt ihn dadurch noch schlimmer als der Erwachsene.

Das neurotische Minderwertigkeitsgefühl

Das Kind, das sich nicht geliebt fühlt, kann sich selbst nicht lieben, gemäß dem wunderbaren Satz von Rückert: «Daß du mich liebst, macht mich mir wert.» Für das ungeliebte Kind verwandelt sich dieser Satz etwa so: «Da du mich nicht liebst, kann ich mich nicht akzeptieren.» Es ist aber eine Lebensnotwendigkeit, daß wir lernen, uns selbst zu achten, zu uns selbst eine positive Beziehung zu haben.

Alfred Adler hat jenen Zustand, der uns nicht ermöglicht, an uns selbst zu glauben, als Minderwertigkeitskomplex bezeichnet. Dieser Ausdruck ist heute zu einem Allgemeinbegriff geworden, ganz losgelöst von seinem Schöpfer. Die Heilige Schrift sagt uns: «Liebe deinen Nächsten wie dich selbst.» In einer klareren Form kann nicht gezeigt werden, daß Selbstbejahung Voraussetzung der Nächstenliebe ist, oder, um es in der Negation auszudrücken, daß, wer sich selbst nicht bejaht, auch andere nicht lieben kann. In der Öffentlichkeit sind gerade über diesen Punkt falsche Ansichten verbreitet, etwa, daß die Selbstbejahung der Nächstenliebe im Wege stünde.

Man darf also die Selbstbejahung nicht mit Selbstliebe verwechseln. Wer eine gute, natürliche, gesunde Beziehung zum eigenen Ich hat, der wird imstande sein, zum Partner eine Beziehung von Subjekt zu Subjekt aufzubauen, denn er braucht den anderen nicht, um sich selbst zu bestätigen. Er ruht gewissermaßen in sich selbst. Wo es jedoch zu einer Verunsicherung des eigenen Ichs, etwa zum Minderwertigkeitskomplex gekommen ist, dort wird der andere benötigt, um auf dessen Kosten das ramponierte Selbstgefühl wiederherzustellen. Hier entsteht also nicht eine Beziehung zwischen zwei Subjekten, sondern der andere wird zum Objekt, ein Mittel zum Zweck.

Eine weitere Folge muß erwähnt werden: wer sich minderwertig fühlt, fühlt sich schlecht, wer sich schlecht fühlt, zieht sich entweder in die Einsamkeit und Isolation zurück, oder aber er entwickelt die Charakterzüge der Verbitterung wie zum Beispiel Neid, Haß, Tendenz zur Gewaltanwendung und zur Machtgier. Das ungeliebte Kind wird oft bösartig und liefert damit den Eltern tragischerweise das Alibi dafür, «daß man ja einen solchen Menschen nicht liebhaben könne». Dabei läuft die wahre Kausalität genau anders.

Wer sich minderwertig fühlt, kann nicht lieben. Jüngst hat Herbert Pietschmann gesagt: «Es gibt zwar unendlich viele Definitionen, worin der Sinn des Lebens bestehen oder gefunden werden könne, dies alles erübrigt sich aber vor dem einfachen Satz: Der Sinn des Lebens ist, zu lieben.»

Wenn man diese Zusammenhänge, die auch ganz meinem jahrzehntelangen therapeutischen Umgang mit Selbstmordgefährdeten entsprechen, nachvollzieht, wird man verstehen, warum das Minderwertigkeitsgefühl so oft in das Gefühl der Sinnlosigkeit der eigenen Existenz mündet.

Das neurotische Schuldgefühl

Wer damals begonnen hat, seine Eltern aufgrund ihres Verhaltens zu hassen und gezwungen war, diese Gefühle zu unterdrücken, bei dem entwickelt sich ein Schuldgefühl, das ebenso unbewußt bleibt wie seine Quelle – die Aggression. In dieser Feststellung, die ungezählte Male wissenschaftlich belegt wurde, verbirgt sich eine doppelte Tragödie. Fürs erste muß bedacht werden, daß ein Kind ja nichts dafür kann, wenn Aggressionen als Reaktion auf das falsche Verhalten der Eltern in ihm entstehen. Leider ist aber das Kind noch nicht imstande, dieses zu erfassen und zu analysieren, selbst wenn ihm die Aggressionen bewußt wären.

Zum Zweiten kann es ja bei diesem Prozess vorerst zu keiner schuldhaften Handlung des Kindes kommen. Dennoch genügt die Tatsache, daß der unbewußte Hintergrund des Kindes von Haß gegen die Eltern besetzt ist, um ein Schuldgefühl zu erzeugen: Es sollte ja «eigentlich» die Eltern lieben. So kommt es, daß es sich schuldig fühlt, ohne im geringsten schuldig, ja überhaupt schuldfähig zu sein.

In der Regel nimmt das Geschehen folgenden Ablauf: Auf der einen Seite stehen die Eltern, die das Kind in die Aggression und Neurose hineintreiben, die aber dabei überzeugt sind, entweder nur das Beste für das Kind zu wollen, oder aber von ihrem Recht gebrauch zu machen; sie sind jedenfalls weit von jedem Schuldgefühl entfernt. Freilich muß hinzugefügt werden, daß viele Eltern insofern schuldlos ihre Kinder neurotisieren, als ihnen die gleiche Behandlung in der Kindheit zuteil geworden ist: Das ist die tragische Stafette der Neurosenweitergabe von Generation zu Generation. Auf der anderen Seite stehen die Kinder, die in den Haß gegen die Eltern hineingetrieben werden und bei denen sich nun aufgrund ihres unbewußten Schuldgefühls eine unaufhaltsame Selbstbestrafungstendenz entwickelt. Man kann das nicht oft genug sagen: Hier wird der Mensch unbewußt zu seinem allerschlimmsten Feind.

Karl Stern drückt es so aus: «Es ist nun eine Tatsache, daß unter uns Tausende und Tausende von Menschen leben, die in einer höchst merkwürdigen Weise entweder selbst leiden oder Menschen in ihrer Umgebung leiden machen. Sie leben in Todesängsten, oder sie haben alle Fähigkeit zu hoffen verloren, oder sie sind in geheimnisvollen Haß verstrickt. Sie sind darauf aus, das zu zerstören, was ihnen Glück bringen würde, sie sind nicht imstande, anderen zu trauen, oder sie sind überwältigt von etwas, das man am besten unersättliche Reue nennen kann. Sie bilden ein Riesenheer von Leiden, Unzufriedenheit, Enttäuschung und Hemmung.» Alfred Adler hat von Menschen gesprochen, die ständig ihren eigenen Ohrfeigen nachlaufen.

Baudelaire hat diesen Masochismus, der sich auf das gesamte menschliche Verhalten bezieht, in erschütternde Verse zusammengefaßt:

Ich bin das Messer und die Wunde,
Ich bin die Wange und der Streich,
Gerädert Glied und Rad zugleich.
Ich bin der Henker und sein Kunde.

So entstehen Lebensläufe, durch die wie ein roter Faden von Anbeginn bis zum Ende die unbewußte Tendenz der Selbstbestrafung festzustellen ist, wobei man natürlich dem Grade nach zwischen Selbstbeschädigung, Selbstzerstörung und Selbstvernichtung unterscheiden kann. So schrecklich dieser Tatbestand ist – vielleicht noch schlimmer ist das Ausmaß der Gleichgültigkeit, welches die Welt diesen unzähligen Prozessen gegenüber zeigt. Wir leben in einer Zeit, in der gleichsam das einzelne Leben nichts mehr wert zu sein scheint und gegenüber dem Schicksal der anderen vollständige Unbetroffenheit vorherrscht. Vergessen ist das Wort von Heinrich Heine, daß unter jedem Grabstein gleichsam eine Weltgeschichte verborgen ist, weil in jedem Menschen die ganze Welt lebt und mit diesem auch wieder zugrunde geht.

Das Bedürfnis, die neurotische Konfliktsituation durch immer neue Symptome symbolisch darzustellen

Die Neurose entsteht im Kind aus einem Konflikt zwischen Triebtendenzen, nämlich Aggressionen gegen die Eltern, und der Tatsache, daß diese Triebtendenzen verboten sind. Die Verdrängung, die den Konflikt lösen soll (die Zurückhaltung der Aggressionen im Vorbewußten), führt zu einer Pseudolösung. Denn weder die Triebwünsche noch die Gewissensforderungen können befriedigt werden: Es kommt ja weder zu einem Ausleben der Aggressionen noch zu einer Überwindung der verbotenen Triebwünsche. (Beim Kind könnte es zu einer solchen Überwindung nicht einmal auf der bewußten Ebene kommen, weil das Ich des Kindes ja noch nicht reif genug dazu ist.) Es entsteht das Bedürfnis, durch immer neue neurotische Symptome die innere Konfliktsituation symbolisch darzustellen und die beiden Kräfte, deren Aufeinanderprallen die Neurose bedingt haben, zu befriedigen.

In jedem neurotischen Symptom findet man dementsprechend eine aggressive Tendenz (zum Beispiel im Bettnässen die Auflehnung, die Verunreinigung) und gleichzeitig auch eine Befriedigung des Gewissens, eben in der Form der erwähnten Selbstbestrafungstendenz (es ist kein Vergnügen, im nassen Bett zu liegen; außerdem erhöhen die Erwachsenen gewöhnlich die Selbstbeschädigung, indem sie das Kind für das Nässen bestrafen). Ich nenne dies den Januskopf jedes neurotischen Symptoms, nämlich gleichzeitig den Ausdruck der Aggression und die für diese Aggression erfolgende Selbstbestrafung. Entsprechend diesem Dualismus fügt der Mensch, der ein neurotisches Symptom entwickelt, zwar anderen Leid zu, leidet aber unter diesen Symptomen ebenfalls, da sie ja auch Ausdruck und Mittel der Selbstbestrafung sind.

Hierin zeigt sich die negative Symptomatik: Im Grunde ist jedes neurotische Symptom ein Schrei um Hilfe, der Wunsch, auf sich aufmerksam zu machen, eben im Sinne der Bitte: Liebt mich von nun ab mehr und liebt mich besser als bisher. Die Tragik aber ist, daß in der Regel der Neurotiker das Gegenteil erreicht, nämlich einen zusätzlichen Liebesentzug; das «schwierige Kind» wird abgelehnt. Um bei dem Beispiel des Bettnässens zu bleiben: Wenn die Umwelt wütend wird und den Neurotiker noch zusätzlich bestraft – schon die Herabsetzung und Bloßstellung ist eine fürchterliche Strafe –, so kann dies vom Kind nur als ein neuer Liebesentzug erlebt werden, was zu einer Intensivierung seiner neurotischen

Symptomatik führt. Wir sollten in diesem Zusammenhang die Maxime von Alfred Adler nie vergessen: «Wer Schwierigkeiten macht, hat welche.»

Im beschriebenen Zusammenhang stehen die wichtigsten Formen der neurotischen Selbstaggression unserer Zeit, man wird dabei immer erkennen, daß sie in Wirklichkeit eine Aggression gegen die Umwelt, gegen die Gesellschaft, gegen Gott, darstellen, die aber gleichzeitig zu einer Selbstzerstörung der eigenen Person führt. Denn der neurotische Protest unterscheidet sich von einem gesunden Protest immer dadurch, daß zwei Fliegen auf einen Schlag getroffen werden: Andere Menschen und die eigene Person zugleich.

Psychosomatische Erkrankungen

Sie kommen immer dadurch zustande, daß man protestieren möchte, aber nicht die Kraft aufbringt, es zu tun. Statt dessen unterdrückt man die eigene Erbitterung, schluckt alles hinunter, «frißt es in sich hinein», wie die Patienten sagen, und erkrankt daran. Meisterhaft drückt diesen Zusammenhang der Wiener Bühnenautor Peter Turrini aus:

> Das Nein,
> das Ich endlich sagen will,
> ist hundertmal gedacht,
> still formuliert,
> nie ausgesprochen.
> Es brennt im Magen,
> nimmt mir den Atem,
> wird zwischen meinen Zähnen zermalmt
> und verläßt
> als freundliches Ja
> meinen Mund.

Die frühe Kindheit ist die Geburtsstunde der psychosomatischen Erkrankungen, weil das Kind noch nicht sprechen kann und seine negativen Gefühle mit den Organen ausdrücken muß (Organsprache).

Alle Formen der Sucht: Jede Sucht ist ein Versuch, aus unserer Welt auszubrechen, der aber infolge der gleichzeitigen Selbstbestrafung zu einer Zerstörung des Körpers, der Seele und der sozialen Position führt.

Eßgewohnheiten: Sowohl im Hinblick auf eine krankhafte Nahrungsreduktion als auch auf eine Freßsucht sind diese ebenfalls Ausdruck eines Protestes, welche in beiden Fällen zu einer massiven Schädigung des eigenen Körpers führt. Nicht umsonst spricht man in diesem Zusammenhang von «Selbstmord mit Messer und Gabel».

Kriminalität: Fast jedes Verbrechen ist ein «Gebrechen», hinter dem eine krankhafte Aggression steht, die aber im Unbewußten nach einer Entdeckung und Bestrafung verlangt. Kriminalität ist leider immer wieder mit sozialem Tod gekoppelt.

Spielleidenschaft: Wir wissen heute, daß der klassische Spieler zwar bewußt natürlich gewinnen, unbewußt aber verlieren will, weswegen er nicht rastet und ruht, bis er dieses Ziel erreicht hat.

Provokation von Unfällen, vor allem im Straßenverkehr: Viele Menschen haben einen Fahrstil, der eine ebenso große Bedrohung der anderen Verkehrsteilnehmer wie der eigenen Person heraufbeschwört. Dahinter steht sehr häufig ein unbewußter Wunsch, andere und sich selbst zu vernichten. Man spricht in diesem Zusammenhang auch davon, daß man ein «Gottesurteil über Leben und Tod» provoziert, gleichsam unter dem Motto: Geht es gut, ist es gut. Geht es schlecht aus, ist es auch gut.

Kriegsbereitschaft: Sehr oft zieht man in den Kampf, um andere zu vernichten, übersieht aber dabei geflissentlich, wie sehr man auch selbst bedroht ist. Die Erklärung für dieses Phänomen ist darin zu finden, daß der eigene Selbstvernichtungswunsch im Unbewußten verborgen gehalten wird. Gerade an den beiden Weltkriegen dieses Jahrhunderts – schon bei Wilhelm II., ganz besonders aber bei Hitler – läßt sich dieses Phänomen der «Lust am Untergang» deutlich nachweisen, welches auch bei all jenen Gültigkeit hatte, die ihnen freudig folgten. Der Krieg kann ja prinzipiell als Massenselbstmord bezeichnet werden, durch die Atomwaffe droht sogar der Selbstmord der ganzen Menschheit.

Der direkte Selbstmord: Auch hier ist die Selbstvernichtung immer verbunden mit einem Racheakt, und der Schlag, der den Täter trifft, ist immer auch ein Schlag gegen andere, die unter der Tatsache, daß sich ein von ihnen geliebter Mensch das Leben genommen hat, oft ein Leben lang leiden müssen.

Vor einiger Zeit behandelte ich ein Mädchen nach einem Selbstmordversuch, wobei sich herausstellte, daß bereits eine ihrer vier Schwestern Selbstmord begangen hatte. In einer der ersten Unterredungen fragte ich das Mädchen, wie die Eltern weiter hätten existieren sollen, wenn sie jetzt hätten erleben müssen, ein zweites Kind durch Selbstmord sterben zu sehen? Die Antwort kam blitzschnell: «So viele Kinder, wie meine Eltern verdienen würden, durch Selbstmord zu verlieren, soviel können sie im ganzen Leben nicht zeugen.» Deutlicher und tragischer kann die Rolle der Aggression im Selbstmord nicht dargestellt werden: Weil der direkte Weg nicht möglich ist, wird über den eigenen Tod der indirekte gewählt, die Aggression auszudrücken.

Ich möchte nun beschreiben, wie sich der spätere

Lebensweg eines Menschen, der in der Kindheit neurotisiert worden ist, entwickelt. Es kommt dabei Schritt für Schritt zu einer Verengung der Lebensmöglichkeiten, zu einer Lebensverunstaltung, die auf dem Zusammenwirken folgender Faktoren beruht:

- ▷ Minderwertigkeitsgefühl;
- ▷ Entmutigung;
- ▷ Ambivalenz, die entscheidenden menschlichen Beziehungen drohen zu scheitern;
- ▷ Rückzug von wichtigen Lebensgebieten, Passivität;
- ▷ Wiederholung der gleichen Verhaltensmuster, wodurch immer wieder dieselben Mißerfolge auftreten;
- ▷ Selbstbestrafungstendenz.

Je intensiver die neurotische Lebensverunstaltung sich entwickelt, desto eher wird es dabei zu einer neurotischen Depression und Verzweiflung kommen, wodurch die enorme Bezogenheit der Neurose zum Selbstmord klar wird. Der Neurotiker hat, wie Karl Kraus schrieb, das Gefühl, «nicht einmal zu leben».

Seine Möglichkeiten nicht realisieren zu können, am Leben vorbeizugehen und ein Stiefkind des Glücks zu sein, im Zuge dieses Prozesses konstituiert sich immer mehr eine seelische Befindlichkeit, die ich als «präsuizidales Syndrom» bezeichnet habe und die man heute als den gemeinsamen Nenner aller jener Erkrankungen ansehen kann, welche eine Selbstmordanfälligkeit heraufbeschwören. Mit anderen Worten: das präsuizidale Syndrom können wir als ein wesentliches Kennzeichen und Alarmsignal für bestehende Selbstmordgefahr definieren.

Das präsuizidale Syndrom

Die drei entscheidenden Elemente des präsuizidalen Syndroms sind: Einengung, gehemmte und dann gegen die eigene Person gerichtete Aggressionen sowie Selbstmordphantasien. Die *Einengung* wirkt sich in vier Gebieten besonders aus:

Die situative Einengung: Sie ist durch einen Verlust der Balance zwischen Lebensumständen und dem Gefühl der eigenen Möglichkeiten gekennzeichnet. Die Situation wird als bedrohlich, unheimlich, grenzenlos, unüberschaubar, unbeeinflußbar, unüberwindbar und erdrückend erlebt, während die eigene Person als klein, hilflos und ohnmächtig empfunden wird. Auf diese Weise herrscht der Eindruck, von allen Seiten behindert und umzingelt zu sein, in einen immer engeren Raum, in eine Röhre hineingepreßt zu werden, die das Licht wegnimmt, aber auch die Luft zum Atmen. Jüngst sagte eine Patientin, es sei, «als würde man in einen Schacht geraten, in dem man bis auf das Ende der Erde herunterfällt». Diese situative Einengung kann von einer wirklich bedrohlichen Situation (Schicksalsschlag) ausgehen, sie kann aber auch das Resultat eigenen Fehlverhaltens sein oder aber auch auf einer bloßen Einbildung beruhen (man sieht Gefahren, die gar nicht existieren). Sie kann auch dadurch zustande kommen, daß man eine Situation im Moment oder auch über längere Zeit als viel schlimmer und hoffnungsloser bewertet, als sie tatsächlich ist. Diese Fehleinschätzungen kommen sehr häufig im Rahmen von Depressionen vor.

Die dynamische Einengung: Im normalen Seelenleben setzen beim Aufkommen negativer Empfindungen Gegenregulationsmechanismen ein, die Beruhigung herstellen. Im präsuzidialen Status versagen sie und die negativen Aspekte werden immer mächtiger. Tendenziöse Betrachtungsweisen («schwarze Brille») verstärken diese Einseitigkeit, so daß sich Angst, Verzweiflung und Panik steigern. Ihr Höhepunkt wird im Moment des Selbstmordes erreicht: Jetzt ist man diesem unheimlich zusammengeballten Antrieb ausgeliefert; der Vergleich mit der Gewalt einer Rakete, die imstande ist, die Kapsel aus der Anziehungskraft der Erde hinauszuschleudern, scheint durchaus berechtigt. Da diese dynamische Einengung faktisch einen ungeheuren Druck, ja Zwang ausübt, wird klar, daß das Wort «Freitod» eine Verharmlosung von Zwängen darstellt. Die ungeheure Dynamik des Selbstmordaktes geht in der überwiegenden Mehrzahl auf destruktive Gefühle zurück, die erst in jenen Momenten voll wirksam werden, wo es zum Zusammenbruch der Persönlichkeit kommt.

Alles spricht dafür, daß diese dynamische Einengung im Zentrum des Selbstmordgeschehens steht und somit den innersten Kern des präsuizidalen Syndroms ausmacht, wobei freilich zu betonen ist, daß sie eben aus den anderen Bausteinen des Syndroms wesentliche Nahrung erhält.

Die Einengung der zwischenmenschlichen Beziehungen: Sie kann man sich als totale Isolation (tragischstes Beispiel: alte, vereinsamte Menschen) vorstellen, als Reduktion noch bestehender Verbindungen, bis man sich schließlich an eine einzige Person anklammert, von der dann im wahrsten Sinne des Wortes Leben und Tod abhängig werden. Aber auch mitten in einer Unzahl scheinbar funktionierender Bezogenheiten kann man sich in Wirklichkeit völlig unverstanden und einsam fühlen.

In unserer Zeit hat gerade die letzte Gruppe in einem äußerst beunruhigenden Ausmaß zugenommen. Man kann in diesem Zusammenhang in Anlehnung an das Gedicht «Im Nebel» von Hermann Hesse von einer «Vernebelung» der menschlichen Beziehungen sprechen.

Die Einengung der Wertwelt: Sie beginnt mit der Verringerung des Selbstwertgefühls. Daß in der Kindheit die Entscheidung zwischen lustvoller Durchdringung des Lebensraumes und ängstlichem Sich-Zurückziehen fällt, wurde bereits betont. Heinz Henseler hat sehr eindrucksvoll gezeigt, daß fast jeder Selbstmord (sogar noch bis hinauf ins hohe Alter) mit einer Krise dieses Selbstwertgefühls verbunden ist.

Aus einer Verringerung des Selbstwertgefühls resultieren oft mangelnde Beziehungen zu Werten und Entwertung vieler Lebensgebiete. Aus Entmutigung und Unsicherheit gibt man vieles auf, aber das Aufgegebene fehlt dann: Ziel, Erfüllung, Lustgewinn. Schließlich resultiert aus einer solchen Entwicklung die Unfähigkeit zu praktischer Wertverwirklichung, man wird und bleibt kraftlos. Mit Nachdruck möchte ich betonen: Nur durch Wertverwirklichung erhalten und steigern wir unser Selbstwertgefühl. Wo sie nicht stattfindet, ist man statt voll der Werte, also wertvoll, ohne Werte, also wertlos – und dieses Empfinden ist ein wesentlicher Schritt hin zum Selbstmord.

In unserer Zeit gibt es auch einen Vorgang, der paradoxerweise durch ein Überangebot an «Werten» zur Entwertung führt. Gemeint ist damit das Überangebot an materiellen Werten, oft gerade an junge Menschen als Ersatz für echte Werte und Liebe. Dieses einseitige Überangebot führt zu einem Überdruß, zu innerer Leere und Interesselosigkeit, die sich dann konsequenterweise zum Lebensüberdruß verdichtet. Aus diesem Vorgang resultieren besonders jene Selbstmorde von Jugendlichen, die nach Auffassung oberflächlicher Beobachter «eigentlich alles gehabt haben» und die daher, natürlich völlig falsch, als unverständlicher «Übermut» abqualifiziert werden.

Eine besonders gefährliche Form der Einengung der Wertwelt ist dann gegeben, wenn subjektive Wertvorstellungen, die mit denen der Allgemeinheit nicht mehr in Übereinstimmung stehen, bei einem Menschen überhandnehmen. Man müßte mit unendlicher Geduld versuchen, solche Personen (die Andersdenkenden) wieder in die Gemeinschaft zurückzuführen und sie damit aus der angstmachenden Isolierung zu befreien. Leider geschieht in der Wirklichkeit, wie gerade unsere Zeit beweißt, oft genug das genaue Gegenteil, indem man solche Außenseiter durch Verdammung in eine noch mehr bedrohte Position bringt, die häufig im Selbstmord endet.

Die gehemmte und gegen die eigene Person gerichtete Aggressionen

Die Psyche des Selbstmordgefährdeten gleicht einem Becken, das aus doppelten Gründen überläuft: einmal besteht ein zu großer Zufluß an Aggression, weil er durch lange Zeit aus den verschiedensten Ursachen, etwa durch mißglückte Eltern-Kind-Beziehunge, durch gescheiterte zwischenmenschliche Kontakte, frustriert worden ist. Sodann muß aber auch der Abfluß behindert sein. Dies kann durch Hemmungen zustande kommen, die in der Person gelegen sind, etwa durch eine zu strenge Gewissensstruktur. Aber auch äußere Umstände können dies bewirken, zum Beispiel unsere zunehmende Zivilisation, besser gesagt, fortschreitende Domestizierung, die immer mehr die Unterdrückung von Gefühlen verlangt, dadurch eine Bewußtseinserweiterung verhindert,

Verdrängungen fördert, harmlose Aggressionsentladungen immer schwieriger macht und somit destruktive Entladungen provoziert. Die schlimmste destruktive Entladung ist der Suizid. Er wird von den Amerikanern auch als «Implosion» bezeichnet, als eine Explosion, die sich aber mangels anderer Möglichkeiten nach innen entlädt.

Selbstmordphantasien

Wer hat nicht schon einmal in seinem Leben mit der Möglichkeit, Selbstmord zu begehen, gedanklich gespielt? Bürger-Prinz meint, daß wir alle tot wären, wenn wir an unserem Körper eine Vorrichtung besäßen, die wir, ähnlich einem Lichtschalter, ohne Mühe auf «Aus» stellen könnten. Dennoch führen solche gelegentlichen Ideen nicht zum Selbstmord; auch sind sie noch nicht als krankhaft zu bewerten,

Grundsätzlich anders ist aber jene intensive Beschäftigung mit dem Selbstmord, welche den präsuizidalen Status kennzeichnet. Die Rolle der Phantasie an und für sich als einer weltbewegenden Kraft kann nicht hoch genug eingeschätzt werden, handelt es sich doch bei ihr um ein «neuformendes Denken»: Es gibt kaum ein menschliches Ziel, das nicht in der Phantasie vorweggenommen worden wäre. Wenn aber im Fortgang der präsuizidalen Einengung der Denkvorgang in die Richtung düsterer, pessimistischer Gedanken verwiesen wird, dann werden bald solche Gedanken auch von entsprechenden Selbstmordphantasien begleitet. Dabei muß man unterscheiden zwischen den anfänglichen willentlich intendierten Vorstellungen und späteren passiven, die sich ohne Absicht oft in Form von Zwangsgedanken aufdrängen und immer beherrschender werden: Vom Standpunkt der Selbstmordgefahr sind die letzteren besonders alarmierend.

In diesem Sinne gibt es Verläufe, bei denen die präsuizidalen Phantasien scheinbar harmlos anfangen, etwa mit der Vorstellung, daß man «es ja tun könne», wenn einem dieses oder jenes mißlänge. So meint Nietzsche, daß einem der Gedanke, Selbstmord begehen zu können, über manche schwere Nacht hinweghelfen kann, und Hesse läßt im «Steppenwolf» seinen Helden die Kraft zur Überstehung kritischer Jahre dadurch gewinnen, daß sich dieser immer wieder vorstellt, er habe ja die Möglichkeit, sich an seinem fünfzigsten Geburtstag umzubringen.

Was aber im Anfang fast wie ein Entlastungsmechanismus aussieht, kann später eine schwere Bedrohung des Lebens werden, dann nämlich, wenn sich solche Phantasien gleichsam selbstständig machen: Dieser Vorgang ist fatal dem im «Zauberlehrling» geschilderten vergleichbar, der die Geister, die er rief, nicht mehr loswerden kann.

Jede wunscherfüllende Phantasie, auch die Vorstellung, tot zu sein, ist eine Flucht aus der Wirklichkeit. Je mehr man sich etwas vorstellt, was zur Realität konträr ist, desto schwerer fällt dann die Rückkehr in die bittere Wirklichkeit und desto mehr bleibt man dementsprechend von der Phantasie abhängig.

Was den Inhalt der Selbstmordphantasien betrifft, kann man zumindest drei Stufen unterscheiden, die die Verstärkung der Gefahr von einem initialen Ansatz bis zur höchsten Alarmstufe symbolisieren:

Die Vorstellung, tot zu sein: Hier wird noch nicht der Selbstmord phantasiert, sondern nur sein Resultat, das Totsein. Das wirklich unangenehme, das Sterben, wird in solchen Phantasien übersprungen. Auch als Toter bleibt man in ihnen insofern am Leben, als man den «Lustgewinn» des Selbstmordes (wie sich alle kränken und bedauern werden, so schlecht zu dem Betreffenden gewesen zu sein) auskosten kann; der Tod lässt sich dabei jederzeit zurücknehmen, ähnlich wie in den Phantasien der Kinder.

Die Vorstellung, Hand an sich zu legen: Die Phantasie beschäftigt sich mit der Tat, ohne daß es noch zu konkreten Plänen über die konkrete Durchführung des Selbstmordes kommt.

Eine bestimmte Methode der Durchführung des Selbstmordes: Sie wird oft bis in die kleinsten Einzelheiten fixiert. Aus zahlreichen Beispielen ist bekannt, wie sehr solche Detailphantasien die Durchführung des Selbstmordes fördern.

Im vorigen Jahrhundert hinterließ ein Suizidant ein Gedicht, unmittelbar vor seinem Selbstmord verfaßt, gleichsam als Abschiedsbrief. Man kann in diesen Zeilen mühelos das präsuizidale Syndrom in seiner klassischen Form vorweggenommen finden:

Immer enger wird mein Denken,
Immer blinder wird mein Blick.
Mehr und mehr erfüllt sich täglich
mein entsetzliches Geschick.

Kraftlos schlepp ich mich durchs Leben,
aller Lebenslust beraubt,
Habe keinen, der die Größe
meines Elends kennt und glaubt.

Doch mein Tod wird euch beweisen,
daß ich Jahre, jahrelang
an des Grabes Rand gewandelt,
bis es jählings mich verschlang.

Über die Selbstmordgefahr

Für den Selbstmord anfällig ist man infolge der inneren seelischen Verfassung. Einer besonderen Selbstmordgefahr ausgesetzt ist man im Gegensatz dazu, wie das Wort schon sagt, infolge ungünstiger Umstände, die von außen auf den Betreffenden einwirken. Besonders kritisch wird die Situation natürlich dann, wenn sich beides koppelt, also ein für den Selbstmord anfälliger Mensch einer großen Selbstmordgefahr ausgesetzt ist. Ein Beispiel dafür wäre etwa ein Mensch, der schon einen Selbstmordversuch durchgeführt hat (also zum Selbstmord inkliniert), aber wegen seines Versuchs verspottet («alles nur Theater, sonst wäre er ja tot») oder verachtet («ein Schwächling, der dem Leben nicht gewachsen ist») wird und durch dieses Unverständnis neuerdings einer Selbstmordgefahr ausgesetzt erscheint. Die Folge einer solchen Konstellation ist oft, daß die Selbstmordhandlung wiederholt wird, aber diesmal mit tödlichem Ausgang.

Den Epidemiologen ist es gelungen, statistisch Gruppen eines erhöhten Suizidrisikos herauszuarbeiten (Näheres siehe Kapitel 2). Sie beinhalten jene Menschen, die einer erhöhten Selbstmordgefahr ausgesetzt sind. Natürlich können diese Gruppen von Kulturkreis zu Kulturkreis verschieden sein, außerdem können sie sich im Laufe der Zeit verändern, das heißt, es können sich immer wieder neue Gruppen mit erhöhter Selbstmordgefahr konstituieren. Im gegenwärtigen Moment sind folgende anzuführen:

An die Spitze dieser Gruppen muß man die alten Menschen stellen, besonders wenn sie arm, chronisch krank und vereinsamt sind, wenn sie quälende Schmerzen haben, wenn ihr Leiden sich ständig verschlechtert und keine Hoffnung mehr auf Besserung zuläßt.

Dann sind die Süchtigen zu nennen (Alkoholismus und andere Formen der Drogenabhängigkeit). Die Sucht kann als «Selbstmord auf Raten» bezeichnet werden. Am Ende steht oft der Tod durch Selbstmord. Er ist zum Beispiel die zweithäufigste Todesursache von Alkoholikern. Beim Selbstmord Jugendlicher spielt die Drogenabhängigkeit eine immer größere Rolle.

An die dritte Stelle möchte man setzen: Menschen, die aus politischen, rassischen oder religiösen Gründen verfolgt werden. Es darf daran erinnert werden, wie sehr jede Verfolgung, ja, sogar schon jede Abgrenzung gegenüber Andersdenkenden die Isolierung und damit die Entstehung des präsuizidalen Syndroms fördert. In unserer Welt gibt es ungezählte Formen direkter, aber auch indirekter Verfolgung und Verfemung, die immer wieder erhöhte Selbstmordgefahr mit sich bringen.

Weitere Gruppen eines erhöhten Selbstmordrisikos: Flüchtlinge, Entwurzelte, die nirgends Boden fassen können, überall fremd bleiben. Die Welt ist leider heute wiederum überschwemmt von Flüchtlingsströmen. Auch an eine andere Form des Flüchtlings muß gedacht werden: an Landflüchtlinge, die vom Land in die Stadt ziehen. Ihr Selbstmord ist oft ein Tod in Isolation und Anonymität.

Eine weitere Gruppe sind die Kriminellen: Der Kriminelle ist schon an und für sich in der Regel ein psychisch gefährdeter Mensch. Wenn wir nun diesen Kriminellen, der schon in seinem Inneren Züge der Selbstmordgefährdung aufweist, noch zusätzlich von außen durch die Art der Bestrafung mit Bedingungen konfrontieren, die das Leben fast unerträglich machen, die einem Gesunden kaum zuzumuten sind, viel weniger einem Kranken, so kommen von außen und von innen Faktoren zusammen, die ein präsuizidales Syndrom und damit den Selbstmord fördern, mitunter sogar provozieren.

Das ist der rechte Moment, daran zu erinnern, daß vor der Suizidprophylaxe jeder Mensch gleich viel wert ist. Hier geht es um die Erhaltung jedes Lebens, gleichgültig, ob es sich um einen Kaiser, Präsidenten oder um einen Verbrecher handelt. Wenn in einem Gefängnis Selbstmorde passieren, so ist es ein schlimmes Zeichen, Symptom einer schlechten Behandlung und auch mangelnden Verantwortungsgefühls. Dieser Zusammenhang wird auch oft bestätigt durch unmenschliche Reaktionen (wie: «Um die ist es nicht schade.»)

Eine weitere Gruppe sind Menschen in schweren emotionalen Krisen. Hans Maier hat mit Recht gesagt, daß man «erst im Zusammenbruch der Persönlichkeit Selbstmord begeht, besonders dann, wenn man von Gefühlen überschwemmt wird». Wenn wir nun bedenken, daß gerade Partnerschaftsprobleme, Verlust (Tod, Scheidung), Eifersucht, sexuelle Konflikte (Zusammenhang zwischen Selbstmord und sexueller Frustration) einen solchen Gefühlssturm hervorrufen können, werden wir verstehen, daß es dabei zu einer erhöhten Selbstmordgefahr kommen wird.

Es gibt noch eine Gruppe erhöhten Suizidrisikos, die wir auch heute nicht übersehen dürfen. Sie wird formiert von Menschen in finanzieller Not. Sicherlich hat sich die materielle Situation der Menschen im Durchschnitt gebessert, es gibt aber immer noch mehr Notleidende, als man sich gemeinhin vorstellt. Vor allem gibt es immer wieder Menschen, die plötzlich vor das Nichts gestellt werden, wenn sie ihren Posten und damit Sicherheit und Ansehen verlieren. Die Wertigkeit eines solchen Schlages ist auf der «Kummerskala» enorm hoch einzuschätzen.

Erhöhtes Suizidrisiko kennzeichnet heute auch junge Menschen. Es ist erschütternd, feststellen zu müssen, daß die Zahl der Selbstmorde Jugendlicher deutlich zunimmt und der Suizid in dieser Altersgruppe nach den Unfällen – die auch oft getarnte oder unbewußt herbeigeführte Selbstmorde sind – bereits die zweithäufigste Todesursache darstellt.

Ich habe schon mehrfach darauf hingewiesen, daß die Kindheit eine entscheidende Weichenstellung für Lebensfreude oder Lebensüberdruß eröffnet. Man muß nun folgenden Grundsatz aufstellen: Je intensiver die Schädigung des Kindes, desto früher wird die Selbstmordtendenz in Erscheinung treten. Je intensiver die Schädigung des Selbstwertgefühls, desto geringere Faktoren sind erforderlich, um das seelische Gleichgewicht zu zerstören und das Gefühl der Verzweiflung und Ohnmacht hervorzurufen.

Eine letzte Gruppe des erhöhten Suizidrisikos – sie hat sich erst in den letzten Jahrzehnten formiert – betrifft Menschen, die in einen Autounfall verwickelt werden. Bei vielen hat das eigene Fahrzeug einen solch abnormen Stellenwert erreicht, daß sie selbst einen bloßen Blechschaden oder aber den vorübergehenden Verlust des Führerscheins nicht ertragen können: Sie geraten in Panik, sondern sich ab, geben niemandem mehr Gelegenheit zu einem klärenden Gespräch und suchen den Tod. Diese Gruppe gäbe erneuten Anlaß, darauf hinzuweisen, wie verhängnisvoll sich Wertverschiebungen auswirken können (Autos erscheinen wichtiger als Menschen).

Man darf die Liste nicht abschließen, ohne einen bedeutsamen gemeinsamen Nenner all dieser Gruppen mit erhöhtem Selbstmordrisiko herauszuarbeiten: Er liegt darin, daß die meisten von ihnen zu Minderheiten, Abgelehnten, Abgesonderten, Außenseitern und Diskreditierten gehören. So ist das besondere Ausgesetztsein einer Selbstmordgefahr auch ein Problem der Gesellschaft. Es kann nicht übersehen werden, daß unsere Gesellschaft nach wie vor viele Verhaltensweisen enthält, die zur Erzeugung eines präsuizidalen Syndroms einen wesentlichen Beitrag leisten.

Am Schluß möchte ich versuchen, knapp anzudeuten, welche Verhaltensweisen zur Erzeugung eines antisuizidalen Klimas in einer Gesellschaft nötig wären.

Jeder Einzelne müßte versuchen, sich persönlich mit dem Selbstmordproblem auseinanderzusetzen. Niemand sollte sagen, er sei dagegen absolut gefeit und es ginge ihn daher nichts an.

Wichtig ist eine gründliche und sachliche Information über das Selbstmordproblem. Es sind noch immer unglaublich viele falsche Vorstellungen darüber verbreitet, etwa: Die es sagen, tun es nicht und die es tun, sagen es nicht. Beides ist grundlegend falsch.

Nicht weniger wichtig ist, die richtige Einstellung zum Selbstmord zu finden: Ihn weder zu tabuisieren noch zu verdammen, noch zu verherrlichen, sondern als Symptom menschlicher Not zu erkennen.

Auch eine Revision der Einstellung zum Selbstmordversuch ist notwendig. Ob man ihn als Hilfeschrei oder als Appell bezeichnet, in beiden Fällen müßte eine positive Antwort im Sinne der Hinwendung erfolgen.

Die Not des Mitmenschen müßte angenommen werden. Nur dort, wo ein Recht besteht, sein eigenes Unglück zu zeigen, wo Unglücklichsein weder eine Schande noch eine Stigmatisierung oder eine unerwünschte Störung bedeutet, werden es Menschen wagen, dieses Unglücklichsein auch zu bekennen und damit anderen die Möglichkeit geben, alles zu tun, um ihr Scheitern zu verhindern.

Es muß allgemeines Wissensgut werden, daß in jedem Menschen, der sich hin zum Selbstmord entwickelt, ein heftiger Kampf stattfindet zwischen Leben und Sterbenwollen. Es ist Ausdruck dieses Kampfes, daß dann die betroffenen Menschen über ihre Absichten zu sprechen beginnen, nicht zuletzt in der Hoffnung, vom «letzten schweren Schritt» zurückgehalten zu werden.

Ein antisuizidales Klima bedingt gute zwischenmenschliche Beziehungen, die durch Betroffenheit, Verbundenheit, Verbindlichkeit und Verantwortungsgefühl füreinander gekennzeichnet sind.

Ein ganz wesentliches Kennzeichen eines solchen Verantwortungsbewußtseins ist die Bereitschaft zur Intensivierung des mitmenschlichen Gespräches. Man kann aus Erfahrung sagen: Jedem Selbstmord geht ein mißglücktes oder nicht stattgehabtes Gespräch voraus. Umgekehrt können unbedachte Worte für einen anderen der letzte Anlaß sein, Selbstmord zu begehen (dies gehört zur Verantwortung auch der Journalisten).

Im Geiste eines antisuizidalen Klimas läßt man den Gefährdeten nicht allein, sondern steht ihm bei im doppelten Sinn des Wortes. Man weiß dann auch, wo die Institutionen sind, die dem Bedrohten helfen können; man ringt um die Bereitschaft des Bedrohten, sich helfen zu lassen.

Es ist Kennzeichen eines guten antisuizidalen Klimas, wenn die Institutionen, die im Dienste der Selbstmordverhütung stehen (etwa Kriseninterventionszentren) materiell, aber auch ideell von der Gesellschaft unterstützt werden. Kein solches Zentrum kann funktionieren ohne die Hilfe der Bevölkerung.

Vielleicht einer der wichtigsten Beiträge zu einem antisuizidalen Klima ist die Bemühung um eine neue Erziehung in Elternhaus und Schule, die das Aufwachsen lebensfroher Menschen, die den Sinn ihres Lebens finden können, ermöglicht. In diesem Sinne möchte ich mit einem leicht variierten Zitat von Marie von Ebner-Eschenbach schließen: «Die Gesellschaft, die gut genug war für uns, ist nicht gut genug für unsere Kinder.»

5

* * *

Die Suizidgefahr ist meine Krankheit

Erfahrungsbericht eines Betroffenen

Der für mein weiteres Leben so folgenreiche Abend ereignete sich vor 16 Jahren. Damals war ich als 30jähriger endlich wieder in meine Heimatstadt Basel zurückgekehrt und hatte erst noch das Glück, dort tätig zu sein, wo ich es seit Jahren sein wollte: in einer großen Tageszeitung. Auf die Freude bei der Anstellung folgte die kalte Dusche. Ich wurde innerhalb des Lokalressorts als Dienstredakteur eingesetzt und hatte alle drei Wochen Frühdienst zu leisten. Für mich, der ich an Schlafstörungen litt und gewohnt war, um Mitternacht ins Bett zu gehen, war das eine Katastrophe. Wie sollte ich das bewerkstelligen: Um 19 Uhr ins Bett zu gehen, um dann um drei Uhr aufstehen zu können?

Die Frühaufsteherei machte mir sehr zu schaffen. Sie brachte ja auch einen Verzicht auf das abendliche gesellschaftliche Geschehen und auf Einladungen mit sich. Ich war zusehends verzweifelt und wußte überhaupt keinen Ausweg. Eines Abends kam es dann zu einer spontanen, vorher nicht geplanten oder erwogenen Affekthandlung. Wie immer begab ich mich um 19 Uhr zu Bett und mußte deshalb Schlaftabletten nehmen. Etwa um 20 Uhr klingelte ein Nachbar an unserer Wohnungstür. Ich wurde hellwach und konnte nicht mehr einschlafen.

Eine namenlose, ohnmächtige Wut packte mich. Ich wollte endlich in Ruhe schlafen, ich wollte nichts als Ruhe. Innerhalb von zehn Minuten schluckte ich alle erreichbaren Schlafmittel, Tranquilizer und sonstigen Psychopharmaka mit Mineralwasser hinunter. Meine Frau wurde durch das seltsame Benehmen unserer Hündin aufmerksam. Wegen der vielen herumliegenden Dosen und Schachteln begriff sie, was geschehen war und benachrichtigte sofort die Notfallstation des Basler Kantonspitals, wo mir der Magen ausgepumpt wurde.

Wenn man den bisherigen Bericht liest, wird man sich sagen: Das sind doch keine Gründe, um sich das Leben zu nehmen! Dieser Überlegung stimme ich zu. Es ist immer das gleiche: Man fragt bei mißlungenen wie auch bei gelungenen Suizidversuchen nach Motiven und schüttelt dann den Kopf, weil man keinen ausreichenden Grund erkennt.

Doch solche Motivsucherei ist grundfalsch. Der Hang zur Selbsttötung, die Suizidalität, kann nur aus der ganzen Lebensgeschichte eines Menschen verstanden werden.

Ein paar Fakten aus meiner Biographie mögen zeigen, wann und wie seelische Schäden entstanden sind, die mich viel später zum Selbstmordversuch geführt haben.

Die vermutlich größte Katastrophe meines Lebens scheint sich zwischen meiner Geburt und dem ersten Lebensjahr abgespielt zu haben. Ich weiß davon natürlich nur aus den Schilderungen anderer Menschen. Meine Mutter brachte mich unehelich zur Welt. Und da sie an Tuberkulose litt, mußte sie oft in Sanatorien zur Kur. Sie gab mich bis zum ersten Lebensjahr in eine Kinderkrippe, wo ich vermutlich keine feste Bezugsperson besaß. Vielleicht datiert aus jener Zeit meine manisch-depressive Erkrankung. Von dieser Krankheit sagen die einen Forscher, sie sei stoffwechselbedingt, also organischen Ursprungs, während andere behaupten, sie sei rein psychischer Natur. Im Laufe der Jahre habe ich oft Depressionen erlebt, bei denen ich keinen äußeren Anlaß namhaft machen konnte.

Vom ersten bis zum neunten Lebensjahr ging es mir bei meinen Pflegeeltern und Pflegegeschwistern in Zürich sehr gut. In dieser Zeit erfuhr ich Liebe, Zuneigung und Geborgenheit. Als dann meine Pflegemutter an Krebs erkrankte, kam ich nach Basel in ein katholisches Waisenhaus. Das war die zweite Katastrophe in meinem Leben. Eine einzelne Schwester hatte dort rund 15 Knaben zu betreuen. Daß sie sich bei dieser Riesenarbeit nicht mit jedem einzelnen Kind beschäftigen konnte, ist verständlich. Der Unterschied zwischen der Pflegefamilie und dem Waisenhaus war unerträglich. Meine ganze Freude bestand darin, auf die Ferien zu warten, die ich bei meiner ältesten Pflegeschwester verbringen durfte. Ich muß staunen, daß ich in der ganzen Schulzeit und auch später während des Studiums keinerlei Schwierigkeiten hatte. Aber einigen meiner Kameraden fielen meine starken Stimmungswechsel auf.

Als ich in meinem 21. Lebensjahr erstmals eine eigene Wohnung hatte, machten sich plötzlich psychische Störungen bemerkbar. Es begann mit den Einschlafstörungen. Der erste Arzt, den ich aufsuchte, war ein Neurologe. Von Gehirntumor bis zu Schilddrüsenfunktionsstörungen wurde alles untersucht, aber ich hatte nichts von alledem.

Ein großes Glück für mich war dann die Heirat nach nur einem halben Jahr Bekanntschaft mit einer Frau, die mir alles wieder gab, was ich seit dem neunten Lebensjahr entbehrt hatte: Liebe, Zuneigung und Geborgenheit. Aber die Schäden aus der Kindheit waren zu groß, als daß sie allein mit all ihrer Liebe meine depressiven

Zustände hätte verhindern können. Nach fast 19jähriger Ehe verlangte sie die Trennung und dann die Scheidung. Gewisse Auswirkungen meiner manisch-depressiven Erkrankung schienen ihr nicht mehr zumutbar. Ich sah mich wieder als das kleine einsame Kind mit der schmerzhaften Erfahrung, daß auf Menschen letztlich kein Verlaß ist. Die Trennung liegt nur vier Jahre zurück. Seither befand ich mich öfters in einem präsuizidalen Zustand, das heißt: Ich hatte von allem genug, wollte von niemand mehr etwas wissen, wollte nur meine Ruhe, meine ungetrübte Ruhe haben, ganz so wie damals, als ich die Unmenge Pillen schluckte. So sehr ich aber dachte, sterben wäre jetzt das Beste, so sehr war ich unfähig, irgendetwas gegen mich selbst zu tun. Ich hatte inzwischen eine tiefgehende Wandlung vollzogen.

Im Jahre 1982 verlor ich die Geborgenheit der Ehe – und fand Geborgenheit, indem ich zum Glauben meiner Kinder- und Jugendzeit zurückkehrte. Die katholische Kirche bezeichnet diese Hinwendung zu Recht als Rückkehr zur Mutter Kirche.

Den Verlust meiner Frau empfand ich als den grausamsten meines Lebens. Als Kind hatte ich Pflegemutter und Mutter durch den Tod verloren. Aber beide Male hatte ich diese Ereignisse lange vorausgeahnt, da meine beiden Mütter vorher lange krank waren. Die Trennung von meiner Frau hingegen hatte ich niemals erwartet, obwohl sie mich auch schon gewarnt hatte. Zu oft hatte sie während unserer 19 Jahre von uns beiden als einer Einheit gesprochen. Wenn ich zuweilen ans Alter dachte, hoffte ich immer, daß ich vor meiner Frau sterben würde, weil ich wußte, wie verloren ich ohne sie sein müßte, während ich ihr zutraute, daß sie sich nötigenfalls allein durchbringen könnte.

Nun zog ich in eine eigene Wohnung, und anfänglich bildete ich mir ein, daß dieses Junggesellenleben auch seine Vorzüge habe, umso mehr, als ich zunächst recht häufig von Freunden eingeladen wurde.

Doch die alten Schatten kehrten wieder. Immer häufiger und immer intensiver verfiel ich unerträglichen Depressionen, die ihren Höhepunkt erreichten, als ich während zwei Monaten täglich zwanzig und mehr (!) Stunden schlief. Dieser Schlaf war einerseits physisch gesehen Ausdruck einer körperlichen Erschöpfung, psychisch gesehen Ausdruck einer Flucht und einer Verweigerung.

In solchen Zeiten, aber auch schon vorher und dann wieder später, hatte ich den innigen Wunsch zu sterben. Immer wieder erwog ich ernsthaft, ob ich mir nicht das Leben nehmen solle. Doch diese Gedanken hatten nichts Befreiendes an sich, denn im Grunde dachte ich, es müßte doch auch mir ein menschenwürdiges Dasein ohne diese quälenden Depressionen vergönnt sein. Ich sagte mir, wenn ich nur wieder eine feste Anstellung und eine feste Bindung zu einer gütigen und zärtlichen Frau hätte, dann müßte ich es doch schaffen.

Nachdem ich zweimal infolge von depressiven Erkrankungen Stellen verloren hatte, gestaltete sich die berufliche und damit zum Teil auch gesellschaftliche Reintegration zum Teufelskreis. Sofern ich bei Stellenbewerbungen überhaupt Gründe für die Ablehnung erfuhr, so hieß es entweder, ich sei überqualifiziert oder – meist in verschleierten Formulierungen – man fürchte sich vor gesundheitlichen Rückschlägen. In einem besonders krassen Fall nutzte selbst ein Attest meines Arztes, wonach ich bei befriedigender Arbeit voll arbeitsfähig sei, nichts.

Der berufliche Abstieg war begleitet von der Distanzierung einiger Freunde, die allesamt großen beruflichen Erfolg hatten. Der Depressive bezahlt einen sehr hohen Preis für seine Krankheit.

Mein Hauptargument gegen den Suizid ist aber religiöser Art. Als Christ war ich überzeugt, daß nicht ich, sondern nur Gott allein über mein Leben zu entscheiden hat.

So verwarf ich also die Gedanken an den Freitod und handelte mir dafür ein dauerndes Auf und Ab an Stimmungen ein. War ich depressiv, so gab ich mir die größte Mühe, dies nach außen zu verbergen, denn schon längst war mir klar geworden, daß kein Mensch diese Krankheit versteht, wenn er sie nicht schon selber durchgemacht hat.

Der Suizidalität – verstanden als Hang zum Freitod – liegt meiner Erfahrung zufolge immer eine depressive Veranlagung zugrunde, so sehr dem Suizid oder dem Suizidversuch Lebensbilanzprobleme im sozialen Umfeld, narzißtische Krisen oder hysterische Zustände überlagert zu sein scheinen.

In meiner Lebensgeschichte jedenfalls ist die Suizidalität nie außerhalb einer Depression akut geworden. Es ist aber keineswegs so, daß jede Depressivität zu Suizidalität führen müßte. Besonders in der Tiefe der Depression ist ohnehin kein Suizid möglich, weil jede Handlungsfähigkeit fehlt. Für mich war die Suizidgefahr am größten, wenn die Depression nachließ und Handlungen, auch selbstzerstörerische, möglich wurden.

Suizidalität ist erkennbar und somit oft vermeidbar. Der Suizidale gibt nämlich immer Zeichen von sich, sei es durch das Sprechen über seine Freitodabsicht, sei es durch sein Verhalten, das von Anklagen bis zum Jammern gehen kann. Unmittelbar vor der Tat allerdings verstellt sich der Suizidale sehr geschickt und täuscht seine Umwelt. Hinterher heißt es dann: Merkwürdig, er hat doch an diesem Fest noch tüchtig mitgemacht! Oder ähnlich. Dann ist es eben zu spät.

Wenn es auch schon unzählige Male gesagt worden

ist, darf ich mich hier wegen der Ernsthaftigkeit des Themas wiederholen: Alle Menschen, die mit dem Gedanken an Freitod spielen, sagen dies ihren nächsten Freunden und Verwandten, und ihr Ruf, mag er noch so larmoyant oder theatralisch erscheinen, muß unbedingt ernst genommen werden. Es sollte sofort ein professioneller Helfer, etwa ein Psychiater informiert, vielleicht auch die Einweisung in eine psychiatrische Klinik ins Auge gefaßt werden. Aber ein Klinikaufenthalt bedeutet nicht Therapie, sondern bestenfalls Krisenintervention. Damit wird deutlich, daß die liebevolle Zuwendung von Ehepartnern, Verwandten und guten Freunden von größter Wichtigkeit ist.

Romano Guardini äußerte in seiner Schrift «Vom Sinn der Schwermut» vier Jahre nach dem Zweiten Weltkrieg: «Das aber bringt uns an das Wertzentrum der Schwermut heran: In ihrem letzten Wesen ist sie Sehnsucht nach Liebe. Nach Liebe in all ihren Formen und in all ihren Stufen; von der elementarsten Sinnlichkeit bis zur höchsten Liebe des Geistes. Die Herzkraft der Schwermut ist der Eros; das Verlangen nach Liebe und nach Schönheit.» In Anlehnung an Guardini würde ich die Depression als einen Mangel an zuwendender Liebe definieren und folglich die Suizidalität als das Stadium, in dem dieser Mangel nicht mehr verkraftet werden kann.

Die Schwierigkeit, die der Suizidale ungewollt seiner Umwelt bereitet, ist die, daß er sich nur mit einer absoluten Liebe zufrieden gibt. Wer aber vermag eine solche Liebe zu geben, ohne sich selbst aufzugeben? Ein feinfühliger Mensch kann da selbst in einen Konflikt und sogar in eine Krise geraten, die von einer Depression kaum mehr zu unterscheiden ist.

Es gibt im übrigen auch versteckte Formen der Suizidalität, einer Selbstzerstörung in Raten wie zum Beispiel den Alkoholismus, die Drogensucht und die Arbeitswut. Es ist bekannt, daß Depressive zuweilen ihre Gefühle von Langeweile und Leere mit einer hastigen Arbeitswut zu meistern suchen, womit sie sich zunächst das Lob der Gesellschaft verdienen, langfristig aber doch an der Selbstüberforderung Schaden nehmen. Der Herzinfarkt ist eine der möglichen Folgen.

Was kann nun der an Suizidalität leidende Mensch tun? Jeder Mensch, auch der suizidale, möchte ja am liebsten ein erfülltes Leben führen. In der suizidalen Stimmung erscheint nun das Leben als leer und aussichtslos. Aber zwischendurch flackert doch der Lebenswille auf und sei es nur als Erinnerung an eine bessere, erfüllte Vergangenheit.

Zwei Möglichkeiten, so scheint mir, bieten sich an, suizidale Stimmungen zu bekämpfen: der Rückhalt im Glauben und die Integration in die mitmenschliche Umwelt, also die Gesellschaft.

Wenn ich zunächst vom Rückhalt im Glauben spreche, so tue ich dies im vollen Bewußtsein, daß heute viele Menschen ungläubig sind oder doch nur verwaschene religiöse Vorstellungen haben. Die nachfolgenden Ausführungen mögen ihnen vielleicht trotz allem bedenkenswert erscheinen.

Ein Grundgedanke des christlichen Glaubens ist die Nachfolge Christi, das heißt die Annahme des Leidens als wesentlich zum Leben gehörig und als Weg zu Gott. Dem alttestamentlichen Lebensüberdruß Hiobs steht die neutestamentliche Forderung Christi entgegen: «Wer mein Jünger sein will, der nehme sein Kreuz auf sich und folge mir nach.» Der suizidale Mensch, der an diese Aussage denkt, kann sich nun wie Hiob aufbäumen gegen sein Leid und fragen: Warum gerade ich? Der suizidale Mensch sollte zur Einsicht gelangen, daß er eine verengte Sehweise hat. Als Glaubendem mag ihm der Gedanke helfen, daß Gott keinem Menschen eine zu schwere Last auferlegt. Ich mag mich erinnern, wie nach meinem gescheiterten Suizidversuch reiche Jahre des erfüllten Lebens folgten, wie ich sie mir nie erträumt hätte. Die Suizidalität stellt eine höchst gefährliche Lebenskrise dar. Wer sie einmal überwunden hat, kann die Welt anders sehen, sich selbst anders sehen, bescheidener und innerlich ruhiger werden.

In einem uns kaum verständlichen Sinn wird im Buddhismus das Leiden als grundlegende Befindlichkeit des Lebens gesehen, so sehr, daß gläubige Buddhisten dem Leiden gegenüber eine geradezu fatalistische Haltung einnehmen. Anders als der Buddhist glaubt der Christ, daß er durch das Leiden, daß ihm Jesus Christus als Sohn Gottes vorgelebt hat, dem Schöpfer-Gott, den er Vater nennen darf, näher kommt.

Als zweite, wohl jedermann zugängliche Möglichkeit, suizidale Stimmungen zu überwinden, nannte ich die soziale Integration. Der suizidale Mensch braucht unbedingt Hilfe. Den Weg zu Menschen, die vielleicht helfen können, muß er aber selber gehen. Und gerade darin liegt die Schwierigkeit: In der Tiefe der suizidalen Stimmung mag man nichts mehr unternehmen, niemanden mehr sehen, weil man von nichts und niemand mehr Hilfe erwartet. Und doch kommt immer wieder der Augenblick, da der Leidensdruck so groß ist, daß man zwar an den Freitod denkt, aber doch auch noch die Frage aufwirft, ob denn niemand mehr imstande ist, Hilfe zu bringen. Es bieten sich dafür Psychiater und Psychotherapeuten, Seelsorger oder vielleicht auch die anonyme Person von der Telefonseelsorge an.

Unter Umständen mögen Freunde oder Verwandte als Rettungsanker in Frage kommen, wobei zu bedenken ist, daß diese bei allem Wohlwollen oft unsinnige Ratschläge erteilen, weil sie nicht verstehen können, daß der suizidale Freund oder Verwandte nur noch über geringe Lebenskraft verfügt. Von größter Wichtigkeit aber ist es, wenn einmal ein erster Schritt zum Arzt, zum Seelsorger oder in die Klinik getan ist, daß man von sich aus die alten Bekanntschaften und Freundschaften wieder pflegt. Die meisten Leute haben nämlich vor Suizidgefährdeten Angst. Und besonders einem mißglückten Suizidversuch stehen sie verständnislos gegenüber. Der Suizident, der einigermaßen über den Berg ist, muß sich deshalb ein Herz fassen und von sich aus auf die Mitmenschen zugehen.

Wichtig zu wissen ist auch, daß Suizidalität einer Sucht gleicht, in die man immer wieder zurückfallen kann. Nur ist es im Wiederholungsfall so, daß man die ersten Anzeichen besser kennt und somit auch besser dagegen ankämpfen kann.

In all den Fällen von geglückten Suiziden habe ich mich gefragt, ob wohl die Mitwelt alle möglichen Hilfestellungen geleistet hat. Ich will damit nicht einfach den Tätern die Schuld nehmen, sofern da überhaupt von Schuld die Rede sein kann. Es gibt schließlich auch Fälle von Freitod, bei denen das Geheimnis dieser Tat mit ins Grab genommen wird und niemals eine Auflösung findet. Davor kann ich mich nur in tiefem Respekt verneigen oder, besser noch, ich kann beten.

III
Kann Selbsttötung auch Befreiung sein?
Die Diskussion um Freitod und Sterbehilfe

Der Selbstmord ist nicht die Endstation einer Krankheit, sondern ein Grundrecht jedes Menschen, seinen Tod selbst zu bestimmen: Mit dieser These begann Mitte der siebziger Jahre die Diskussion um Freitod und Sterbehilfe. Für die Psychiater war bis dahin jeder Selbstmordgefährdete ein seelisch Kranker; umgekehrt bedeutete den Freitod-Verfechtern das Suizid-Tabu ein Machtmittel von Kirche, Staat und Medizin, um über Leben und Tod zu bestimmen. Im Brennpunkt der Diskussion stand und steht die Frage der Sterbehilfe als «delegierter Suizid»: Zwar wird die Selbsttötung in fast allen Ländern vom Gesetz toleriert, doch aktive Hilfe ist verboten.

Im Verlauf der Diskussionen sind aus radikalen Gegensätzen diskutable Positionen geworden: Die Verfechter auch der aktiven Sterbehilfe wissen sehr wohl, daß der Suizid nicht immer ein Freitod, sondern oft das Ende eines Krankheitsprozesses ist. Ihre Thesen zur Rechtfertigung der Sterbehilfe sind prägnant, aber realistisch (Kapitel 6).

Eine grundlegend andere Sicht haben diejenigen, die tagtäglich Suizidgefährdete beraten: da überwiegt die Erfahrung, daß Suizidalität nicht so sehr Todeswunsch, sondern Lebensmüdigkeit heißt (Kapitel 7).

Die in der Gesellschaft für Selbstmordverhütung

zusammengeschlossenen Fachärzte haben erkannt, daß im Suizid immer auch die persönliche Freiheit des Betreffenden zum Ausdruck kommt und daß sie zu respektieren ist. Wieweit der von den Medizinern verwendete Krankheitsbegriff neu zu fassen ist, bleibt indessen noch offen (Kapitel 8).

Schließlich berührt die Frage nach Freitod und Sterbehilfe nicht nur die Mediziner und Gesetzgeber, sondern auch grundlegend die menschliche Existenz: Mit dem Freitod ist der Sinn des Daseins radikal in Frage gestellt. In fünf stichwortartig zusammengefaßten Thesen soll aus kulturanthropologischer Sicht über die Einstellung zu Leben und Tod gesprochen werden (Kapitel 9).

6

Hans Hennig Atrott

Über mein Leben will ich selbst bestimmen

Mit der Sterbehilfe muß auch der Freitod gestattet sein

Hans Henning Atrott ist Präsident der «Deutschen Gesellschaft für Humanes Sterben» (DGHS) in Augsburg. Sie verlangt die Priorität des Selbstbestimmungsrechts – auch über den eigenen Tod – gegenüber der ärztlichen Therapiefreiheit.

Die Leser der *Lübecker Nachrichten* konnten Ende Mai 1986 folgende Todesanzeige zur Kenntnis nehmen: «Es war ihr (der Verstorbenen) nicht gegönnt, ihre allerletzten Tage in Ruhe zu verbringen und in Würde zu sterben. Wir danken dem Tod, daß er sie aus ihrer Sorge befreit hat. Wir als Angehörige halten es an der Zeit, daß Patienten nicht mehr hilflos ärztlichen Entscheidungen in Allmacht und Selbstherrlichkeit ausgeliefert sind. Unabhängige Einrichtungen sollten ärztliche Tätigkeiten und Entscheidungen überwachen und den Betroffenen oder im Einzelfall seine Angehörigen in die Lage versetzen, eigenverantwortlich über sein Schicksal zu entscheiden.»

Diese Offenheit, die uns betroffen macht und anteilnehmen läßt, ist eine Seltenheit: Der Tod, uns als Inbegriff von Sünde und Hölle bekannt, wird in dieser Todesanzeige als Freund, als Erlöser gepriesen. Dem Tod, nicht den Ärzten oder Priestern wird gedankt. Als Feind der Menschen wird hier weniger Sünde und Hölle gesehen, sondern die Unmenschlichkeit, die sich ganz konkret in Krankenhäusern ereignen kann. Den Mut zu solchen Todesanzeigen finden zwar nur wenige Angehörige, doch sind Sterbetorturen in unseren Krankenhäusern keineswegs Seltenheit.

Hinter fast allen der über 12 000 Mitglieder der «Deutschen Gesellschaft für Humanes Sterben» (DGHS), die 1980 gegründet wurde, stehen ein oder mehrere Fälle grausamen Sterbens im Angehörigenkreis. Aufgrund solcher Sterbeerlebnisse haben sich viele erst in der DGHS engagiert. Der Verfasser erinnert sich eines Gespräches mit einem deutschen Minister, der ihm sagte: «Für die DGHS spricht, daß es in fast jeder Familie einen solchen Sterbefall gibt, an dem man die Richtigkeit der DGHS-Forderungen überprüfen kann.»

Bei der Sterbehilfe unterscheidet man gewöhnlich eine aktive und passive Form. Als passive Sterbehilfe wird das Unterlassen oder der Abbruch lebensunterstützender Maßnahmen im Sterbeprozeß nebst einer zureichenden Schmerzbekämpfung verstanden. Unter der aktiven Sterbehilfe begreift man den unmittelbaren Eingriff zu einer Lebensbeendigung.

Schon bei der Schmerzbekämpfung zeigt sich die Willkürlichkeit dieser Definition. Sind bei einem Sterbenden Herz- und Kreislauf-Funktion und/oder die Atemfähigkeit geschwächt – Nebenwirkungen, die mit vielen Erkrankungen einhergehen –, dann werden durch die schmerzstillende Medikation diese Körperfunktionen noch mehr belastet, so daß der Tod beschleunigt herbeigeführt, wenn nicht sogar verursacht wird. Vergegenwärtigt man sich ferner, daß ein Patient je nach Gewöhnung ein Vielfaches der anfänglichen Dosis Morphium vertragen kann, dann wird deutlich, wie schwer man eine schmerzstillende Medikation von einer Erlösungsinjektion unterscheiden kann. Was ist unter solchen Voraussetzungen zulässige, ja gebotene Sterbehilfe und was verbotene aktive Sterbehilfe? Gerade beim Begriff der passiven Sterbehilfe zeigt sich, wie sehr die Unnatur der Technik uns zur Natur geworden ist: Das Unterlassen, der Abbruch, das Nichtstun – nicht also die Tat – wird als eine Hilfe verstanden. Dieser Begriff verrät über jene automatisierten Handlungsweisen in Krankenhäusern mehr, als mit seiner Schöpfung beabsichtigt wurde.

Ob nun passive oder aktive Sterbehilfe – die Schwierigkeiten mit der Sterbehilfe sind im Grunde genommen die Schwierigkeiten der Gesellschaft mit dem Suizid, dem Freitod. Denn jede Form der Sterbehilfe ist eine Form des Freitods.

Vergegenwärtigen wir uns einmal die Situation eines Menschen, der eine Patienten-Verfügung trifft. Derartige Verfügungen, die beispielsweise die DGHS an ihre Mitglieder ausgibt, sind schriftliche Voraus-Erklärungen für eine passive Sterbehilfe. Der Betroffene bekundet damit im voraus, daß keine lebensunterstützenden Maßnahmen an ihm ergriffen werden dürfen, ihm aber eine zureichende Schmerzbekämpfung gewährt werden soll, sobald ihn der Sterbeprozeß ereilt.

Häufig wird eingewandt, man könne eine solche Verfügung nicht im voraus treffen, weil man im Sterben seine Meinung ändern könne. Dieses Argument ist durch die Wirklichkeit längst widerlegt. In fast allen Bundesstaaten der USA gibt es sogar Patientenverfügungsgesetze, die sich bewährt haben.

Solch eine Erklärung für passive Sterbehilfe unter den genannten Umständen ist im Grunde genommen eine Erklärung für den Freitod unter gewissen Bedingungen. Man erklärt ja in solchen Verfügungen, daß man sterben wolle, wenn der Tod sich unabwendbar angekündigt hat. Dieses Sterben-Wollen ist jedoch ein freiwilliges Aufsichnehmen des Todes, ein Freitod. Wenn wir an die Verdrängung und religiöse Feindschaft des Todes erinnern, dann wird deutlich, daß schon der Wille zur passiven Sterbehilfe eine Bejahung des Todes unter bestimmten Voraussetzungen bedeutet: Der Tod wird hier als Erlöser verstanden. Die Gewährung und Inanspruchnahme der passiven Sterbehilfe setzt demnach ein revolutionäres Umdenken über den Tod voraus. Doch solange der Freitod geächtet ist, bleibt auch der Tod tabuisiert.

Unstrittig trägt die christliche Religion in unserem Kulturkreis die Schuld an der Tabuisierung des Freitodes. Interessant werden hier nun die gedanklichen «Wendungen» zur passiven Sterbehilfe, die vom Freitodgedanken nicht getrennt werden können. Im Mai 1980 erklärte der Vatikan in seiner Kongretation für Glaubenslehre zur Euthanasie: «Nach christlicher Lehre erhält der Schmerz jedoch, zumal in der Sterbestunde, eine besondere Bedeutung im Heilsplan Gottes. Er gibt Anteil am Leiden Christi und verbindet mit dem erlösenden Opfer, das Christus im Gehorsam gegen den Willen des Vaters dargebracht hat. Es darf deshalb nicht verwundern, wenn einzelne Christen schmerzstillende Mittel nur mäßig anwenden wollen, um wenigstens einen Teil ihrer Schmerzen freiwillig auf sich zu nehmen und sich so bewußt mit den Schmerzen des gekreuzigten Christus vereinigen zu können ... Doch widerspricht es der Klugheit, eine heroische Haltung als allgemeine Norm zu fordern.»

Es ist also nicht ratsam, von jedem Menschen die heroische Haltung zu verlangen, wie Jesus alle Schmerzen auf sich zu nehmen. Zweifelsfrei ist jedoch das Heroische das eigentlich Erstrebenswerte. Auch die vielzitierten Äußerungen von Pius XII. aus dem Jahre 1956 können nur in diesem Sinne verstanden werden. Und dies verdeutlichte auch ein Ausspruch des Papstes aus der Enzyklika «Dominium et Vivicantum»: «Ein Brauch greift um sich – mancherorts droht er schon zur Institution zu werden –, dem Menschen das Leben zu nehmen, bevor er geboren ist oder den natürlichen Zeitpunkt des Todes erreicht hat.» Hier wird pauschal auch gegen die passive Sterbehilfe das Wort geredet.

Auch die aktive Sterbehilfe ist als Freitod durch einverständliche fremde Hand zu verstehen. Jemand, der sterben will, jedoch aus welchen Gründen auch immer daran gehindert ist, den Suizid selbst durchzuführen, läßt sich von einer anderen Person erlösen. Im deutschen Strafrecht wird die aktive Sterbehilfe als «Tötung auf Verlangen» bezeichnet.

Grenzen der Selbstbestimmung

Der Begriff Suizid ist wohl exakter als der des Freitodes. Suizid bedeutet «bewußtes Sterben». Der Freitod ist eigentlich der ideale Fall des Suizides, denn nicht jeder Suizid erfolgt aus «freiem Willen»: Ein junger Mensch, der sich aus Liebeskummer vor den Zug wirft, ist ebensowenig frei wie ein Mensch, der in schwerer Depression beschließt, Hand an sich zu legen. Die Betroffenen sind einer Gemütsstimmung unterworfen, die ihr Handeln beherrscht und nicht mehr gemeistert werden kann. Gleichwohl sind beide Suizidenten.

Dagegen würde ich als Freitod auch den Selbsttod eines Depressiven bezeichnen, der zwischen seinen Krankheitsschüben zu dem Urteil kommt, daß er ein Leben voll solcher psychischer Torturen nicht leben will. Zum Freitod gehört die Zurechnungsfähigkeit und die Willensfähigkeit.

Die Deutsche Gesellschaft für Humanes Sterben

unterstützt derartige Formen des Suizides nicht. Grundsätzlich lehnt sie die Unterstützung eines Suizides aus psychischen Gründen ab. Auch bei dem letztgenannten Beispiel, wonach der Suizid zwischen Depressionsschüben zurechnungsfähig gewollt und durchgeführt wurde, besteht ja die Schwierigkeit, daß dies zum einen für Außenstehende schwer nachweisbar ist, zum anderen die Heilungschancen psychisch Kranker bisweilen sehr unbestimmt, aber nicht unmöglich sind.

Weiß jedoch ein Patient aufgrund der Art und Schwere seiner Erkrankung um seinen nicht mehr abwendbaren Tod, und weiß er, daß dieser qualvoll sein wird und lange noch auf sich warten lassen kann, dann erachten wir es als sein Menschenrecht auf den würdigen Tod, wenn er seinen Sterbeprozeß durch Freitod beherrschen, also auch verkürzen will.

Hier ist der Freitod ein freier Tod, weil er durch Vernunft bestimmt wird. Man kann sich darum fragen, ob es den Todkranken, die Marterungen und Torturen eines Sterbeprozesses auf sich nehmen, nicht an der Freiheit der Vernunft mangelt. Spinoza sagte über die Angst vor dem Tod: «Der Kranke schluckt hinunter, was er verabscheut, aus Angst vor dem Tode; der Gesunde dagegen erfreut sich an der Speise und genießt sein Leben besser, als wenn er sich vor dem Tode ängstigte und ihn unmittelbar zu meiden begehrte.» Christiaan Barnard brachte dies auf die etwas simple Formel «Good Life – Good Death». Zu einem glücklichen Leben gehört ein würdiger Tod.

Die Aussage Spinozas gilt nicht nur für den körperlich Kranken, sondern auch für den geistig Kranken. Ein psychisch ausgeglichener Mensch, der zu leben weiß, wird weniger den Tod im Nacken fürchten. Derjenige, der aus irgendwelchen Gründen verhindert ist, das Leben wahrhaft zu leben, also fürchtet, etwas zu versäumen oder versäumt zu haben, der fürchtet darum den Tod am meisten.

Der Verfasser hat in seiner DGHS-Tätigkeit mit unterschiedlichen Personen Gespräche über den Tod führen können und viele auch in den letzten Stunden ihres Lebens erlebt. Ihn hat immer wieder die Gelassenheit beeindruckt, mit der Personen, die menschlich zu bewundern waren, dem Tod ins Angesicht schauten: «Ich habe ein erfülltes Leben gehabt, meine Zeit ist gekommen, ich will nun sterben.» Diese und ähnliche Sätze kündigten häufig ein friedliches Ende an.

Den Zeitpunkt, wann das Leben als nicht mehr lebenswert empfunden wird, bestimmt jeder Mensch für sich – und anders als die andern. Jemand, der sein Leben in einem Kloster verbracht hat, wird hier ganz anders denken als ein erfolgreicher Geschäftsmann. Ein Mensch, der keine Ansprüche an die Qualität seines Lebens stellt, stellt auch keine Ansprüche an die Qualität seines Sterbens. Einem Menschen vorzuschreiben, daß sein Leben nicht mehr lebenswert sei, wie Adolf Hitler es tat, ist schlimmer als Sklaverei. Als verwerflich sollten aber auch die Versuche gewertet werden, anderen ein Leben um jeden Preis aufzuzwingen.

Gegen die Diktatur der einen wie der anderen Überzeugung wenden sich Bürgerrechtsbewegungen wie die DGHS, die die Auffassung vertritt, daß nach dem Selbstbestimmungsrecht der Betroffenen verfahren werden soll. Nur derjenige, um dessen Leben oder Sterben es geht, darf entscheiden, was er für sich als lebenswert erachtet und was nicht. Dabei darf es keine allgemein verbindlichen Definitionen des Lebenswerten geben. Die Wahrheit, was «lebenswert» sei, liegt in der Subjektivität der eigenen Auffassung über das eigene Leben. Erfahrungsgemäß kann derjenige, der das Leben verachtet, auch nicht einsehen, daß das Sterben human sein soll. Dennoch hat niemand das Recht, für andere die Umstände des Sterbens vorzuschreiben.

Die Anmaßung der Ärzte

Eine dem Tod geweihte, stationär versorgte Patientin klagte: «Ich hätte die letzte Operation nicht mehr machen sollen. Den Tod hat diese Operation nicht mehr abwenden können, das wußten alle. Nun fühle ich mich meiner körperlichen Kräfte beraubt, schwach, von Übelkeit geplagt, und die nächste Operation steht in drei Wochen vor der Tür. Auch diese kann den Tod nicht abwenden. Ich stolpere von Operation zu Operation in den Tod. Ich bin gar nicht mehr ich selbst, sondern nur ein Teil der vielen Maschinen hier. Bevor ich aber als Anhängsel von Apparaturen verende, will ich lieber den Freitod wählen. Nur so kann ich noch als Mensch sterben.»

Niemand will unterstellen, daß ein Arzt gar noch dem Sterbenden Böses will. Aber in der Arzt-Patient-Beziehung hält sich der Arzt – ausgesprochen oder stillschweigend – zunächst einmal für den Überlegenen. Er hat die Fähigkeit, eine Diagnose zu stellen und eine Therapie durchzuführen. Der Patient hat diesem auf Fachwissen begründeten Willen zu folgen. Fügt sich der Patient nicht, setzt er sich der Vermutung der Unzurechnungsfähigkeit, oder, wie Ärzte es vorsichtiger formulieren, der Nicht-Willensfähigkeit aus. Beide Begriffe ziehen letztendlich die gleichen Konsequenzen nach sich. Doch hierbei handelt es sich um einen freilich weit verbreiteten Denkfehler: Fachliches Wissen kann eigentlich zu keinem Imperativ als Handlungsanweisung führen. Der Mensch ist schließlich keine Maschine. Das bedeutet, daß eine rein funktionale Autorität (Fachwissen der Medizin) mit der ethisch zu rechtfertigenden Macht über Menschen verwechselt wird.

Die Arzt-Patient-Beziehung ist heute einzig durch die vom Arzt repräsentierte medizinische Vernunft als Fachwissen geprägt. Ihr steht mit dem Patientenwillen die jedem Selbstbestimmungsrecht zugrundeliegende individuelle Vernunft entgegen.

Vergegenwärtigen wir uns noch einmal jene Todkranke im Krankenhaus, die im Sterben von Operation zu Operation «stolpern» sollte. Vom Standpunkt der medizinischen Vernunft mag es sinnvoll erscheinen, daß sie alles mit sich machen läßt. An einem Sterbenden kann nichts mehr «verdorben» werden. Das Interesse der medizinischen Vernunft ist auch auf medizinische Forschung gerichtet. Dem setzt nun die Patientin ihre individuelle Vernunft entgegen, nicht als Objekt, als Anhängsel von Apparaturen zu verenden, sondern zu sterben in einer Phase, in der sie sich noch als selbstbestimmender Mensch wiedererkennt.

Dieses Geltendmachen der individuellen Vernunft gegenüber fachlichen Autoritäten ist unser Anliegen. Die Männer und Frauen, die sich in unserer Gesellschaft sammeln, verlangen, daß im Falle ihres Sterbens das geschieht, was sie wollen und nicht, was die Ärzte meinen, ihnen antun zu müssen. Sie verlangen die Priorität des Selbstbestimmungsrechtes gegenüber der ärztlichen Therapiefreiheit. Sie wollen auch im Sterbeprozeß individuell über ihr Leben verfügen, denn sie leben, solange sie sterben.

Der Freitod kann zum Lebenshelfer werden

Die Unmenschlichkeit in den Krankenhäusern, die vielen Sterbenden widerfährt, scheint mir in erster Linie auf das kaum vorhandene Bewußtsein des Unterschiedes zwischen medizinischer Zuständigkeit und individueller Vernunft zurückzugehen. Der Arzt hat nicht Machthaber, sondern Helfer des Patienten zu sein. Da aber in unserer Gesellschaft der Irrtum vorherrscht, fachliches Können sei eine ethisch gerechtfertigte Überlegenheit, wird sich dieses Mißverhältnis nicht so leicht aus der Welt schaffen lassen.

Abwegig ist der Verweis auf den Hippokratischen Eid. Dieser Eid wird schon lange nicht mehr von Medizinern geschworen. Er ist allenfalls das private Glaubensbekenntnis eines Arztes, obendrein noch ein sehr unglaubwürdiges. Streng genommen untersagt der Eid den Medizinern die Chirurgie als Disziplin; alle Chirurgen müßten demnach einen Meineid schwören. Gegner der Sterbehilfe wählten sinnentstellte Passagen aus, die dann in andere Zusammenhänge gestellt wurden. Es ist zwar richtig, daß sich der Arzt mit diesem Eid verpflichtet, den Patienten kein Gift zu geben, denn Hippokrates forderte tatsächlich, einem Patienten niemals Gift zu geben. Doch er wandte sich damit nicht gegen Sterbehilfe, sondern dagegen, einen Patienten umzubringen. Wer mehr als den Hippokratischen Eid gelesen hat, weiß, daß Hippokrates die Behandlung von Patienten als unmoralisch ablehnte, denen nicht mehr geholfen werden konnte.

Es ist im übrigen keineswegs gesagt, daß der Verzicht auf medizinische Maßnahmen, mitunter sogar ein Freitod, immer lebensverkürzend sein muß. Beispiel: Ärzte stellten bei einem 35jährigen Patienten inoperablen Knochenkrebs fest. Nach statistischen Erfahrungswerten teilte man ihm mit, daß kein Fall bekannt sei, in dem ein Patient eine Krankheit dieses Stadiums mehr als anderthalb Jahre überlebt habe. Dieser junge todgeweihte Mann tat nun nicht das, was von ihm erwartet wurde und vielleicht die meisten anderen getan hätten: sich in die «Mühle» der Medizin zu begeben. Er wollte sein restliches Leben so gut wie möglich genießen. Der Patient überlebte jedoch jene «äußerste Frist» von ein-

einhalb Jahren um nochmals anderthalb Jahre. Nach drei Jahren wurden ihm die Schmerzen unerträglich. Er starb schließlich in eigener Verantwortung mittels einer Überdosis an Medikamenten. Im Krankenhaus wäre dieser junge Mann mit Sicherheit durch die seinen Organismus belastenden Therapien, der statistischen Erfahrung entsprechend, nach einigen Monaten verstorben.

Dieses Schicksal veranschaulicht, daß es Situationen im Leben geben kann, in denen der Freitod sogar zum «Lebenshelfer» wird. Der Tod kann auch bei Krebsoperationen beschleunigt werden, wenn Metastasen in den Blutkreislauf geraten, die die Verkrebsung des Körpers vorantreiben. Mitunter genügt auch der Kontakt mit Sauerstoff, um das Wuchern des Krebses «anzustacheln». Zu den hier angeführten Beispielen ist anzumerken, daß sie nichts beweisen, vielmehr gewisse Sachverhalte veranschaulichen sollen.

Man sollte sich abgewöhnen, besser wissen zu wollen, was für andere gut ist, als es die willensfähigen Betroffenen selbst wissen. Schließlich haben die Folgen der Entscheidung die Betroffenen zu tragen. Natürlich wird immer ein Restrisiko einer Entscheidung offen bleiben, aber es ist humaner, wenn es derjenige trägt, um dessen Tod oder Leben es geht. Die Bevormundung, die Degradierung vom Subjekt zum Objekt ist es, was die Menschenunwürdigkeit kennzeichnet: Wer andere nur als Objekte zu sehen vermag, wird kaum mit ihnen Schmerzen, Qualen und seelische Not fühlen. Er kann seine Arbeit nach dem Motto verrichten: Fremdes Leid geht nicht ans Herz.

Aber da gibt es ja noch das religiös motivierte Sprüchlein, daß der Mensch, weil er sich sein Leben nicht gegeben habe, es sich auch nicht nehmen dürfe. Wer hätte nun diesem krebskranken jungen Mann das Leben genommen, wenn er in Obhut von Medizinern und Krankenhauspfarrern nach einigen Monaten gestorben wäre? Oder wer hat diesem Patienten die zusätzliche Lebenszeit gegeben: Die Kirche, die Ärzte oder er selbst? Auch der religiöse Mensch, der in diesem Fall Gott als Ursache der Lebensverlängerung betrachtet, müßte eingestehen, daß Gott diesmal nicht bei den Hirten oder anderen Autoritäten, sondern beim Schaf war.

Mediziner machen häufig geltend, daß sie ohne Einwilligung des Patienten keine Behandlung, also auch keine lebensverlängernde, durchführen dürfen. Diese Rechtsstellung des Patienten steht jedoch nur auf dem Papier. In der Praxis sieht es ganz anders aus. Wohl ist der Arzt rechtlich gehalten, für alle Maßnahmen die Zustimmung des Patienten einzuholen, da die Heilbehandlung durch die Rechtssprechung als eine Körperverletzung definiert ist, die nur deshalb nicht strafbar ist, weil sie mit Einwilligung des Verletzten erfolgt. Die Einwilligung des Patienten hebt also formal den strafbaren Charakter einer Körperverletzung (Heilbehandlung) auf. Nur liegt es in der Macht der Mediziner zu entscheiden, wann dieses Gesetz gilt und wann nicht. Gibt es Meinungsverschiedenheiten zwischen Arzt und Patient, dann kann der Mediziner leicht mit der Behauptung angeblicher Nichtwillensfähigkeit des Patienten seinen Standpunkt durchsetzen. Der Begriff der Willensfähigkeit steht in der Medizin für den der Zurechnungsfähigkeit.

Wie aber kann ein Patient gegen eine medizinische Autorität geltend machen, daß er zurechnungsfähig ist? Die Rechtssituation für den Patienten ist deshalb unerträglich, weil derjenige, gegen den er seine Recht notfalls durchsetzen muß, bestimmt, wann das Recht anzuwenden ist und wann nicht. Aus diesem Grunde hat die DGHS die erwähnten Patientenverfügungen geschaffen, in denen die Betreffenden in zweifelsfrei zurechnungsfähigem Zustand erklären können, wie in einem Sterbeprozeß mit ihnen verfahren werden soll.

Die Schwierigkeiten des Staates mit der Sterbehilfe

Das Interesse des Staates, die Sterbehilfe, insbesondere den Freitod, zu verhindern, entspricht seinem überkommenen Anspruch auf Verfügungsgewalt über das Leben seiner Bürger.

Bekanntlich ist der Staat ursprünglich aus Kampfverbänden hervorgegangen. Diese konnten nur existieren, wenn der Anführer absolut über das Leben seiner Mitstreiter verfügte. Wie bekannt, ließen sich weder früher noch heute Raubzüge oder Kriege ohne die Verfügung über menschliches Leben führen. In der Monarchie sprach man noch von Untertanen, bis ins 19. Jahrhundert hinein sogar von Leibeigenen. Und untertan war die Person auch mit ihrem Leben. Dies fand in der Todesstrafe einen besonders drastischen Ausdruck. Schon die Existenz einer solchen Strafe lehrt, daß der Staat Herr über das Leben ist und unter gewissen, von ihm gesetzten Gegebenheiten dieses Leben nimmt. Besonders deutlich wird der Anspruch des Staates als Eigentümer des Lebens seiner Untertanenbürger, wenn er einerseits die Todesstrafe verhängen kann, andererseits aber dem Freitod und die Beihilfe zum Freitod strafrechtlich verfolgt. Die Todesstrafe ist daher mit jedem Staat unvereinbar, der die Menschenrechte achtet.

Über das Leben anderer kann man nur verfügen, wenn ihnen die eigene Verfügungsgewalt über ihr Leben und damit auch die Möglichkeit zu einer Selbsterlösung genommen ist. Der Fahnenflüchtige wird im Krieg gehängt und der bei einem Freitod gescheiterte Krieger wegen Selbstverstümmelung bestraft. Über den Freitod eines Menschen wird Abscheu geäußert. Obwohl der Freitod keine Straftat darstellt, ja noch nicht einmal die Beihilfe zum Freitod strafbar ist, werden hierzulande mißlungene Freitodversuche in den Polizeicomputern gespeichert.

Verläßt sich ein Bürger auf die Straffreiheit der Beihilfe zum Freitod, so muß er damit rechnen, daß die Staatsanwälte seine Beihilfe zum Freitod in «Totschlag», in «unterlassene Hilfeleistung» oder «unterlassene Garantenpflicht» umfunktionieren. Ein derartiges Beispiel erlebten wir 1986 im oberbayerischen Traunstein. Dort wurden Bürger angeklagt, die einer an einem äußerst schmerzhaften Gesichtskrebs leidenden Frau Zyankali zur Selbsterlösung reichten.

Diese Hilfe stellt juristisch eine Beihilfe zum Freitod dar. Doch mehr als zwei Jahre lang fabulierte ein Staatsanwalt von «Tötung auf Verlangen». Auch hier wird deutlich, wie unvereinbar der Freitod mit dem Interesse des Staates ist, über seine Untertanenbürger zu verfügen.

Der britische Schriftsteller Brian Clark nennt sein Buch, in dem es um die Sterbehilfe geht «Whose Life is it Anyway?» – um wessen Leben geht es überhaupt?

7

Christoph Angermann/Hans Doll

Die Idee des Freitods ist irrational

Auch Selbstmörder suchen das Leben

Der Psychologe Christoph Angermann und der Sozialpädagoge Hans Doll sind Mitarbeiter der «Arche – Zentrale für Selbstmordverhütung und Lebenshilfe» in München.

Wer, wenn er nach seiner beruflichen Arbeit gefragt ist, von Selbstmordverhütung spricht, dem kann es leicht geschehen, daß sein Gegenüber irritiert reagiert. Das Thema Selbstmord ist für viele Menschen offensichtlich auch heute noch mit dem Ruch des Skandalösen verbunden. Alte Tabus wirken noch immer fort, wenn auch in gemilderter oder zumindest verdeckter Form.

Selbst wenn höflich Zustimmung geäußert wird, spürt man oft verhohlenes Unverständnis. Weniger Aufgeklärte, zumal wenn sie zu den Offenherzigen gehören, äußern vielfach spontan Ablehnung, manchmal nicht nur gegen den Selbstmörder, sondern auch gegen den, der sich mit ihm abgibt.

Man irrt wohl nicht, wenn man annimmt, daß dieses Thema bei vielen Menschen tief verdrängte, chaotische Bilder und eine entsprechend archaische Angst wachruft und das eigene psychische Gleichgewicht bedroht. Sofort werden Gegenkräfte der Abwehr und Unterdrückung mobilisiert. Wir erfahren also bei einer solchen Gelegenheit, wie schwer uns eine unvoreingenommene Begegnung mit dem Phänomen der Suizidalität fällt, wie nahe auch uns noch immer die Abwehr liegt. Oder anders gesehen: Wir erfahren, wie sehr uns die Frage berührt und einer klärenden Durchdringung unbedingt bedürftig ist. Selbstmordverhütung kann also in eine Art Rechtfertigungszwang geraten gegenüber der Angst vor einem katastrophalen Lebensverlauf. Doch wenn die Selbstmordverhütung genötigt ist, sich selbst erst einmal zu legitimieren, so hat dies immerhin den Vorteil, daß sie die Mitmenschen zur Auseinandersetzung mit ihrer aktuellen Position zwingt.

Sinn und Berechtigung der Selbstmordverhütung sind noch von einer ganz anderen Seite her in Zweifel gezogen worden. Die «Freitod»-Diskussion, angeheizt durch den Publizisten Jean Améry, hat zwar weniger Unheil angerichtet als zu befürchten stand, aber immerhin in den Köpfen selbst mancher Selbstmordverhüter nicht geringe Unruhe und Verwirrung gestiftet.

Wir müssen natürlich eingestehen, daß sich die «Freitod»-Thesen auf eine altehrwürdige rationalistisch-aufklärerische Tradition berufen können. Aber eben wegen dieser Blickrichtung verfehlen sie ihr Ziel: über Leben und Tod entscheidet der Gefährdete nicht rational, sondern irrational aus der Tiefe seines Inneren. Und das gilt ohne Zweifel auch dort, wo – wie bei Améry – im Grunde irrationale Antriebe in der (freilich oft recht fadenscheinigen) Maske cartesianischer Rationalität auftreten, wo sich die eigene Selbstmordgefährdung am Ende selbst zu einer Art von heroisierendem Freiheitspathos hochstilisiert.

Es verwundert, daß Améry an der fehlenden Schlüssigkeit seiner Argumentation offenbar keinen Anstoß genommen hat; daß er sie kritiklos vor einer unkritischen Öffentlichkeit ausgebreitet hat. Es ist hier nicht der Ort, eine Erklärung zu suchen. Daß er hingegen die im Kern irrationale Basis seiner Position nicht mehr wahrzunehmen imstande war, das stellt ihn in die Reihe all derer, die sich dem Teufelskreis einer suizidalen Entwicklung nicht mehr entziehen können, die keine Alternative mehr sehen, weil der innere Prozeß bereits die Grundlage ihrer Entscheidung, ihr Bewußtsein und seine Zuflüsse im Unbewußten verändert hat. Hier hat Améry natürlich den gleichen Anspruch auf menschliches und persönliches Verständnis wie alle anderen Suizidgefährdeten. Aber sein Denken, auch sein Schicksal werden gleichzeitig zu einem klaren Beispiel für eben jenen Sachverhalt, den er bestreitet: die Unfreiheit der eigenen Entscheidung über Leben und Tod.

Diese aber ist das entscheidende Argument *für* eine Selbstmordverhütung. Jedenfalls für uns. Unser Verständnis von Suizidalität und die daraus erwachsenden Aufgaben basieren nicht auf abstrakten Vorentscheidungen, sondern auf praktischen Erfahrungen. Sie erneuern und bestätigen sich in der täglichen Arbeit immer wieder, so daß man an ihnen schlechterdings nicht vorbeikommt. Wie sehen diese Erfahrungen aus?

An erster Stelle ist festzuhalten, daß viele Menschen, die einen Selbstmordversuch überleben, schon wenn sie wieder zu sich kommen oder wenn die akute Gefahr vorüber ist, froh sind, «daß es nicht geklappt hat». Und ein großer Teil derer, die es nicht gleich so sehen können, kommt früher oder später zu dieser Einstellung.

Daraus ergibt sich unzweifelhaft die Einsicht, daß ein Selbstmordversuch, beziehungsweise die ihm vorausgehende Selbstmordgefährdung, ja selbst ein vollzogener Selbstmord nicht ohne weiteres bedeuten, daß der Mensch tatsächlich sterben, also nicht mehr leben will. Und diese Feststellung muß auch dann ihre Geltung behalten, wenn der Lebensmüde ausdrücklich das Gegenteil erklärt und im Augenblick subjektiv überzeugt ist, sterben zu wollen. Offensichtlich ist die Selbsttötungsabsicht nur vorübergehend, was sich aber nur feststellen läßt, wenn sie nicht zum Tod geführt hat.

Die Lage ist paradox: Ein Mensch will sterben, dieser Gedanke, die Überzeugung, nicht mehr leben zu wollen, füllt sein Bewußtsein aus, und zwar so weit, daß es zu einem Entschluß mit nachfolgenden Handlungen kommen kann. Aber das, was er von sich «weiß», ist nicht die ganze Wahrheit. Er will andererseits auch weiterleben, aber offenbar kann er das in einer bestimmten Verfassung nicht sehen und verstehen. So haben wir gute Gründe, von einem Selbstmißverständnis zu sprechen.

Es ist eine entscheidende Aufgabe der Krisenintervention und der Betreuung, dieses Selbstmißverständnis aufzulösen, noch ehe es zu einer Selbstmordhandlung kommt. In den meisten Fällen stellt sich heraus, daß der Betreffende an sich durchaus leben wollte, nur eben nicht so. Das heißt, er fühlt, daß das Leben, das er lebt, eigentlich nicht sein Leben ist, und er sieht keine Möglichkeit, das ihm gemäße Leben zu verwirklichen. Dieses befremdende Gefühl der Aussichts- und Hoffnungslosigkeit breitet sich aus und kann schließlich ein handlungsauslösendes Übergewicht gewinnen.

Hinzu kommt, daß nur wenige Menschen eine klare Vorstellung davon haben, was es heißt, zu sterben und dann tot zu sein. Es gibt kein klares Bewußtsein der Unwiderruflichkeit, und es wird oft phantasiert, daß «dort drüben» so etwas wie ein anderes, besseres Leben weitergehe.

Wir müssen unter solchen Umständen annehmen, daß viele, wenn nicht die meisten Menschen, die sich das Leben genommen haben, eigentlich gar nicht wirklich sterben wollten und daß sie daher nicht hätten sterben müssen, wenn sie rechtzeitig Hilfe zur Selbsthilfe erhalten hätten.

Es ist eine Grundeinsicht der praktischen Selbstmordverhütung, daß Menschen, die in eine ernsthafte suizidale Krise geraten, kaum je in der Lage sind, sich selbst wieder aus ihr zu lösen. Und wenn sie vielleicht zu Anfang noch Versuche dazu unternommen haben, so wird es doch für sie immer schwerer, Hilfe von außen zu suchen oder auch nur anzunehmen. Man spricht dann von der Entwicklung eines «präsuizidalen Syndroms», dessen Symptome sind:

- ▷ Einengung, das heißt Rückzug in die Isolation, Kreisen um bestimmte Probleme, das Gefühl der Ausweglosigkeit, der Wertlosigkeit und der Überflüssigkeit;
- ▷ Aggressionshemmung und -umkehr auf die eigene Person;
- ▷ ein Flucht aus der Realität, der Wunsch, tot zu sein, sowie konkrete Selbstmordphantasien.

Die Dynamik dieses Syndroms verselbständigt sich und intensiviert sich. Es muß deshalb von einem Teufelskreis gesprochen werden, der zunehmend die Urteils- und Entscheidungsfähigkeit trübt und der (fast) nur noch mit fremder Hilfe durchbrochen werden kann.

Auslösende Momente einer suizidalen Entwicklung sind fast immer Ereignisse, die einen wunden Punkt in der Persönlichkeit berühren, die unbewältigte Konflikte in der Vergangenheit eines Menschen aufbrechen lassen. Die meisten suizidalen Krisen haben freilich weit in die vergangene Lebensgeschichte zurückreichende Wurzeln, die im Verlauf einer Therapie verfolgt und aufgedeckt werden müssen, damit eine Lösung möglich wird.

Wir wissen, daß wir nicht allen Menschen helfen können, daß Selbstmordverhütung dort ihren Sinn und ihre Berechtigung verliert, wo das bewahrte Leben demjenigen, der es zu leben hat, nicht mehr als lebenswert erscheint. Wir maßen uns kein Recht an, einen Menschen am Leben zu erhalten, wenn dieses Leben für ihn unabänderlich zu einer Last ohne Sinn und Wert geworden ist. Die letzte Entscheidung kann nur er selbst treffen.

Wir wissen aber auch, daß wir vielen Menschen entscheidend und dauerhaft helfen können, einen neuen Zugang zum Leben zu finden und sich von Vorstellungen und Haltungen zu befreien, die ihre Kräfte lähmten, die ihnen ihre Situation als hoffnungslos und ihre eigene Person als wertlos erscheinen ließen.

8

Klaus Böhme

Krankheit zum Tode?

Suizidalität ist auch Krankheitssymptom

Professor Dr. med. Klaus Böhme ist ärztlicher Direktor des Allgemeinen Krankenhauses Ochsenzoll in Hamburg und Präsident der Deutschen Gesellschaft für Selbstmordverhütung (DGS).

Gleich zu Beginn soll mit aller Deutlichkeit darauf hingewiesen werden, daß die Fähigkeit des Menschen, Hand an sich zu legen, zu den grundsätzlichen Möglichkeiten unserer Existenz gehört. Nur der Mensch ist zum Suizid imstande. Alle Analogien aus dem Tierreich sind anthropomorphe Fehlinterpretationen.

Es hilft weder den Suizidgefährdeten noch der Gesellschaft, wenn der Suizid generell als Krankheit gewertet – pathologisiert – wird. Fatalistischer Rückzug der Gefährdeten sowie therapeutische Resignation der Helfer wären die Folge.

Umgekehrt macht es aber auch wenig Sinn, wenn Suizidalität ausschließlich zur letzten Freiheit, zur letzten Möglichkeit hinter allen Möglichkeiten idealisiert wird. Dies wäre nämlich ein billiges Alibi und eine wohlfeile Ausrede, wo doch Hilfe möglich ist.

Grundsätzlich kann der Suizid als Endpunkt einer lebenszerstörenden Krankheit wie ein letzter humaner Schritt sein. Wir kommen bei der Beurteilung des einzelnen Schicksals allerdings nur weiter, wenn wir uns der

Mühe unterziehen, die Situation vor dem Suizid sorgfältig zu analysieren. Erst wenn wir wissen, welche Umstände aus der Lebenskrise dieses Menschen eine suizidale Krise haben werden lassen, können wir es wagen, ein Urteil abzugeben und Schlußfolgerungen zu ziehen. Ein Stück Anmaßung bleibt. So kann die Bewertung eines Suizidversuchs als «demonstrativ», «theatralisch» oder «erpresserisch» sehr viel mehr über den Beurteiler und *sein* Verhältnis zum Suizidalen aussagen, als über den, der in die suizidale Krise geraten ist.

In einem methodisch schwierigen und wenig erforschten Gebiet wie dem der psychologischen Medizin (Psychiatrie, Psychotherapie, Psychosomatik) kann gegenwärtig ein vernünftiger Ausgangspunkt nur durch die folgende Frage bestimmt werden: Welche Hilfe wird dadurch ermöglicht, daß wir Suizidalität als Symptom einer Krankheit begreifen und zur Verringerung der Suizidgefährdung durch Heilung oder Linderung dieser Krankheit beitragen?

Dem ausschließlich naturwissenschaftlich-biologisch denkenden Forscher mögen bei diesem Definitionsversuch die Haare zu Berge stehen. Medizin – und in unseren Tagen eben die psychologische Dimension der Medizin – war indes immer mehr als nur die Umsetzung naturwissenschaftlich-experimenteller Erkenntnisse in praktische Heilkunde. Disziplinierte Grenzüberschreitung barg zu allen Zeiten den Keim des Fortschritts. Natürlich darf man den Krankheitsbegriff nicht generell operationalisieren, indem nur als Krankheit gilt, was man behandeln kann. Gleichwohl läßt sich – bei ursächlicher Verknüpfung von Krankheit und Suizidalität – feststellen, daß unsere Vorstellungen über die Mechanismen der Krankheitsentstehung auf den gleichen kategorialen Ebenen liegen wie unsere Vorstellungen über die Heilungsmöglichkeiten. So wird der naturwissenschaftlich denkende und arbeitende Arzt nur die Naturwissenschaft gelten lassen. Der Psychiater, der Psychotherapeut und der Psychosomatiker müssen demgegenüber auch individualpsychologische und soziologische – also geisteswissenschaftliche – Ebenen, wenn auch mit je unterschiedlichen Anteilen, berücksichtigen.

Der Schlüssel zu allen weiteren Überlegungen liegt in einer Antwort auf die Frage, was denn unter Krankheit überhaupt verstanden werden kann.

Die Krankheitsbegriffe in der Medizin

Beginnen wir mit dem am häufigsten angewandten Krankheitsbegriff der biologisch-naturwissenschaftlichen Medizin. Er findet sich in der Psychiatrie überall dort, wo das Gehirn als ein Organ unseres Körpers wie jedes andere in seiner anatomischen Struktur oder in seiner biochemischen Funktion sichtbar oder meßbar erkrankt ist. Diese körperlich begründbaren psychischen Störungen und Krankheiten können also mit dem vertrauten – man könnte sagen: klassischen – Krankheitsbegriff beschrieben und eingeordnet werden.

Der zweite, wesentlich schwierigere Krankheitsbegriff betrifft jene Gruppe von Erkrankungen, die man als die endogenen Psychosen bezeichnet.

Wir verstehen darunter die manisch-depressive Erkrankung und die Gruppe der Schizophrenien. Hierbei handelt es sich nach unseren Kenntnissen um Erkrankungen, die auf dem Boden einer anlagemäßigen Schwäche (erblichen Disposition) im Laufe des Lebens plötzlich auftreten, wobei als Auslösemechanismen sowohl biologische wie psychologische und soziale Faktoren diskutiert werden. Die Beschreibung endogener Psychosen enthält folgerichtig sowohl biologische wie psychologische und soziologische Elemente. Damit liegt der Krankheitsbegriff gleichsam zwischen dem der zuerst beschriebenen psychischen Erkrankungen und dem folgenden.

Die Beschreibung der Erkrankungen aus ausschließlich seelischer Ursache, den Neurosen, gestattet der dritte Krankheitsbegriff. Heute kann es keinem ernsthaften Zweifel unterliegen, daß zahlreiche seelische und körperliche Beschwerden ihre Ursache nicht in einem Defekt im anatomischen oder biochemischen Bereich haben, sondern daß sie seelisch verursacht sind. Natürlich spielen sich seelische Prozesse auch in unserem Gehirn ab. Mit Ausnahme weniger Befunde aus der Grundlagenforschung (etwa der Angst- oder der Schlafforschung) bestehen aber bis heute keine gesicherten Erkenntnisse über Zusammenhänge zwischen Seelenleben und Gehirnfunktion. Mindestens zehn Milliarden Gehirnzellen, wahrscheinlich aber noch sehr viel mehr, sind in jeweils vielfacher Weise miteinander verknüpft und stellen Funktionskreise dar, über deren Komplexität wir uns noch keine Vorstellung bilden können. Es ist daher vernünftig und zweckmäßig, in der Psychiatrie diesem Bereich seelischer Störungen und Erkrankungen einen eigenen Krankheitsbegriff zu geben. Seine Grenzen liegen in der Interpretation abweichenden Verhaltens und Erlebens mit Rücksicht auf sowohl das subjektive Leiden wie auch individuelle und gesellschaftliche Durchschnittsnormen.

In der diagnostischen und therapeutischen Praxis ist dieser dritte Krankheitsbegriff bei den schweren Neurosen, etwa den Zwangsneurosen oder den Phobien, eindeutig anwendbar. In den Randbezirken wird er indes unscharf und verliert sich schließlich im Variantenreichtum menschlicher Verhaltensmöglichkeiten. Man kann hier schon sagen, daß bei der Beurteilung suizidaler Verhaltensweisen von diesem Bereich die größte diagnostische und therapeutische Herausforderung ausgeht. Der Psychiater Redlich schrieb 1969: «Wahr ist, daß zur Zeit das Niemandsland zwischen Geisteskrankheit und geistiger Gesundheit schlecht definiert ist.»

Da wir aber in der alltäglichen ärztlichen Praxis weder bei der Behandlung noch beim Ziehen sozial wirksamer Schlußfolgerungen (Kostenträgerschaft, Rehabilitation, Arbeitsunfähigkeit, Rente) ohne Krankheitsbegriff auskommen, bleibt uns nur die mühsame Aufgabe, den jeweils benutzten Krankheitsbegriff nach besten Möglichkeiten zu definieren.

Die Hilfe beim Sterben

Bis jetzt haben wir von Suizidalität nur im Sinne des Symptoms einer Erkrankung gesprochen. Nun ist aber auch der Fall zu bedenken, daß Krankheiten Schicksal und Leiden in einem allgemeinen Sinn sind. Geht es um Krankheit als Schicksal, dann ist Suizidalität eine einfühlbare und verstehbare Reaktion. Man kann sich leicht vorstellen, daß ein schweres Krebsleiden, das Teile des Körpers zerstört hat und schwerste Schmerzen hervorruft, beim Kranken den Überlebenswillen mehr und mehr schwächt. Der Wunsch entsteht, diesem Leiden durch den selbst herbeigeführten Tod zu entgehen. Es sind jene Grenzfälle der Arzt-Patient-Beziehung, die zu spektakulären Selbstdarstellungen immer wieder mißbraucht werden. Dabei handelt es sich meist um Fälle, in denen die Hilfe beim Sterben eine ethisch-ärztliche Pflicht ist, in denen Hilfe zum Sterben die Grenze des Erlaubten zur Hybris der Herrschaft über ein fremdes Leben überschreitet.

Die Suizidneigung körperlich Schwerstkranker ist

aber keineswegs so groß, wie man als Gesunder annehmen möchte. Das selbstzerstörerische Hadern mit Schmerz und Leiden ist meist nur eine relativ frühe Phase in der Auseinandersetzung mit der Krankheit. Wenn es später dennoch zu Suizidtendenzen kommt, dann haben diese ihren Ursprung weniger im körperlichen Leiden und in der Angst vor langem Siechtum, sondern – dies zeigen etwa Beispiele aus der Klinikseelsorge – sehr viel mehr in der Enttäuschung über die Haltung des Partners, der Kinder, der Angehörigen. Krebskranke Frauen erleben nach verstümmelnden Operationen den Rückzug des Ehepartners. Gelähmte und ans Bett gefesselte Menschen erleben das Ausbleiben der Besucher, die Abkehr von Freunden, das Zusammenschrumpfen eines langen Tages auf wenige Stunden, oft nur Minuten professioneller Hilfe durch die Gemeindeschwester oder den Sozialdienst. Es ist also sehr viel mehr die Art und Weise, in der die Umwelt dem Schwerkranken begegnet, als das Leiden selbst, das den Gedanken an den Suizid zur Tat reifen läßt.

Suizidalität bei Krankheiten des Gehirns

Es gibt eine Reihe von hirnanatomischen Untersuchungen, die sich mit der Frage beschäftigen, ob sich am Gehirn Suizidaler Veränderungen finden lasssen. Mit den bisher angewandten Methoden ist freilich nichts herausgekommen, was erwähnenswert wäre. Die moderne Hirnstoffwechselforschung verfolgt diese Denkrichtung natürlich weiter. Es mehren sich die Hinweise, daß Fortschritte zu erwarten sind, etwa beim Erkennen besonderer Risikofälle.

In der praktischen Psychiatrie spielt zwar die Suizidalität bei definierten Hirnerkrankungen keine allzu große

Rolle. Ein in seiner Erlebnis- und Reaktionsfähigkeit durch eine Hirnkrankheit eingeschränkter Mensch kann indessen in psychischen Belastungssituationen, denen er in gesunden Tagen zweifellos widerstanden hätte, über die Grenze seiner Toleranzfähigkeit hinausgeraten und suizidal entgleisen. Beispiel:

> Ein alter Kaufmann ist aufgrund seiner zunehmenden Vergeßlichkeit und Reizbarkeit dem Geschäftsbetrieb nicht mehr gewachsen. Er muß sich zurückziehen. Zuhause wird er rasch zum nörgelnden alten Mann. Die Auseinandersetzungen mit seiner wesentlich jüngeren Frau häufen sich. Er wird zunehmend verstimmt. Gelegentlich geäußerte Selbstmordgedanken schiebt er aber in ruhigen und besonnenen Stunden ganz energisch beiseite. Eines Abends, nach einem neuerlichen Streit, trinkt er gegen seine Gewohnheit eine ganze Flasche Wein und wird wenig später ertrunken aus einem Kanal gezogen. Die äußeren Umstände sprechen eindeutig für einen Suizid: Die situative Belastung und die durch den Alterungsprozeß eingeschränkte Steuerung der Affekte haben tödlich zusammengewirkt.

Als Möglichkeit der Suizidverhütung bleibt im Grunde nur der Versuch, die Lebenssituation des solchermaßen eingeschränkten Menschen auf diesen Grad der Beschränkung abzustimmen. Das ist gerade bei stark altersveränderten Menschen oft ein sehr schwieriges Unterfangen.

Suizid und endogene Psychose

Die Zahl der Schizophreniekranken in der Bundesrepublik wurde kürzlich im Rahmen einer internationalen Untersuchung auf etwa 600 000 geschätzt. Die Zahl der Manisch-Depressiven dürfte eher noch höher sein. Gleichzeitig haben wir zu berücksichtigen, daß von den jährlich etwa 13 000 erfaßten Suizidtoten rund ein Viertel an einer der beiden großen Psychosen gelitten hat. Damit wird deutlich, welche praktische Bedeutung die Behandlung dieser Psychosen für die Selbstmordverhütung hat und in welchem Maße umgekehrt Selbstmordverhütung eine Frage der optimalen Psychosenbehandlung darstellt.

Bei den endogenen Psychosen werden in unterschiedlichem Ausmaß und für unterschiedliche Dauer das inhaltliche Denken und die Stimmung krankhaft abgewandelt. Als schwerste krankhafte Abwandlung des inhaltlichen Denkens kennen wir den Wahn. Zu Wahnbildung kommt es bei schizophrenen und auch bei manisch-depressiven Erkrankungen. Die schizophrenen Wahnbildungen können sehr vielfältig sein; der klassische Verfolgungswahn oder ein Größenwahn sind nur zwei Möglichkeiten unter vielen.

Bei Depressionskranken treffen wir drei bevorzugte Wahnthemen an: Der Versündigungswahn, der Verarmungswahn und der hypochondrische Wahn. Es liegt auf der Hand, daß gerade diese drei Wahnthemen besonders leicht mit der Vorstellung vom selbst herbeigeführten Tod in Berührung zu bringen sind. Wer der wahnhaften Überzeugung ist, schwerste, unauslöschbare Schuld auf sich geladen zu haben, dem wird der Gedanke des selbstgewählten Sühnetodes Erleichterung und Befreiung vorgaukeln. Wer vom finanziellen Ruin des eigenen Unternehmens oder der eigenen Familie wahnhaft unumstößlich überzeugt ist, dem gilt der eigene Tod wenig gegenüber dem erwarteten Elend und der Schmach in den Augen anderer. Wer den eigenen Körper von Krebs zerfressen wähnt, der meint, in der scheinbar nur ein wenig vorgezogenen Beendigung seines Lebens den einzigen Trost finden zu können – im Gegensatz zu den meisten tatsächlich Krebskranken, deren Auseinandersetzung mit der Krankheit ganz andere Wege geht.

Suizidalität entwickelt sich im Verlaufe einer endogen-depressiven Phase allerdings keineswegs nur aus einem dieser Wahnthemen. Auch die depressive Verstimmung selbst, diese tiefe, schwärzeste Traurigkeit mit einem Ausmaß an Hoffnungslosigkeit und Sinnverlust, wie es dem Gesunden vermutlich unvorstellbar ist, das Versiegen des Antriebs mit der Unfähigkeit, Freude und Trauer zu empfinden, das Gefühl des innerlichen Abgestorbenseins: dies sind Möglichkeiten depressiver Abwandlung, aus denen der Suizidgedanke als scheinbar einzige und letzte Erlösung entstehen kann. Es gibt gute Gründe anzunehmen, daß die Symptome der endogenen Depression letztlich nicht mit jenen Belastungen durch Trauer, Kummer und Enttäuschung vergleichbar sind, die wir, die Gesunden, aus unserer Lebenserfahrung kennen und mit denen umzugehen wir mehr oder weniger gut gelernt haben. Beispiel:

> Eine 50jährige Frau erkrankte an einem Unterleibskrebs, wurde operiert, bestrahlt und mit krebshemmenden Medikamenten behandelt, die bei ihr zu völligem Haarausfall führten. Die Angst, daß der Krebs an anderer Stelle wieder aufflackern könnte, war ihr ständiger Begleiter. Dieselbe Frau hatte lange vor dieser Krebserkrankung bereits eine endogen-depressive Phase durchlebt. Es stellte sich nun, mehrere Jahre nach der Krebsoperation, die zweite Depressionsphase ein. Nach dem Abklingen der Depression sagte diese Frau spontan und mit großer innerer Überzeugung, daß sie lieber noch einmal die ganze Krebsbehandlung über sich ergehen lassen wolle, als noch einmal eine depressive Phase durchleben zu müssen.

Vielleicht wird an dieser Aussage einer Betroffenen, die durch zwei Höllen hatte gehen müssen, deutlich, in welchem Ausmaß der endogen Depressive leidet.

Der Gegenpol zur endogenen Depression innerhalb der manisch-depressiven Erkrankung ist die Manie. Sie tritt wesentlich seltener auf und ist neben anderen Symptomen durch eine heiter-gehobene, gelegentlich aber etwas ins Gereizte gehende Verstimmung und ein hohes Antriebspotential gekennzeichnet. Suizide in einer manischen Phase sind außergewöhnliche Seltenheiten, Todesfälle ereignen sich eher infolge extremen Risikoverhaltens aufgrund einer pathologischen Selbstüberschätzung, etwa im Straßenverkehr. Dennoch ist auch der Maniker nicht frei von einem Suizidrisiko. In der manischen Phase treten mitunter Verhaltensweisen auf, die eine Partnerschaft über das erträgliche Maß hinaus belasten und zum Scheitern bringen oder die eine berufliche Karriere abrupt beenden, insbesondere dann, wenn das Verhalten nicht frühzeitig als Folge einer Krankheit erkannt, sondern als gewolltes Aus-der-Reihe-Tanzen interpretiert wird. In solchen Fällen folgt dem manischen Höhenflug dann nach Abklingen der Phase eine furchtbare Bruchlandung. Der Kranke erkennt, was er angerichtet, was er zerstört oder was er verloren hat.

Gerade der Maniker begreift sein Handeln dann als eine Art von Verrücktheit, die wie ein erbarmungsloser Schicksalsschlag über ihn gekommen ist, und der er hilflos ausgesetzt war. Trauer und Entsetzen über den angerichteten Schaden mischen sich mit der Angst vor der Wiederholung, und es entsteht so scheinbar paradox nach der Gesundung eine Form der Suizidgefährdung, die nicht unmittelbar aus der Krankheit, sondern aus der gesunden oder wieder gesundeten Persönlichkeit kommt, also reaktiv bilanzierenden Charakter besitzt. An dieser Stelle wird zum erstenmal deutlich, daß Suizidalität im Verlaufe einer seelischen Erkrankung sowohl Symptom der Erkrankung als auch Reaktion auf die Erkrankung sein kann.

Die bereits erwähnten unterschiedlichen Wahnbildungen im Verlaufe einer schizophrenen Psychose können natürlich ebenfalls zu suizidalen Verhaltensweisen führen. Wer sich in einer Welt von Feinden wähnen muß, mag im Tod ein Ende dieser Verfolgung suchen. Es sind indes diese in der klassischen psychiatrischen Literatur immer wieder in den Vordergrund gestellten Suizide aus krankhafter (psychotischer) Motivation heute eher die Ausnahme, obwohl sie zweifellos nach wie vor beobachtet werden.

Mit Hilfe der modernen medikamentösen Behandlung lassen sich schizophrene Wahnbildungen und Sinnestäuschungen relativ gut und zuverlässig behandeln. Viele Menschen, die an einem schizophrenen Schub gelitten haben, können auf diese Weise nach dem Ende der psychotischen Episode wieder in ihr Herkunftsmilieu zurückkehren und ihren bisherigen Lebensrhythmus wieder aufgreifen. Freilich bleibt für sie dann die Auseinandersetzung mit der Tatsache, eine psychotische Episode hinter sich gebracht zu haben und die Angst, daß sich dergleichen unberechenbar wie unvorhersehbar wieder ereignen könnte. Keineswegs selten ergeben sich dann gerade für kritische Menschen aus einer Art Bilanzierung Momente der Resignation und der Hoffnungslosigkeit, die in Suizidalität münden können.

Insbesondere in großen psychiatrischen Krankenhäusern und in sogenannten komplementären Einrichtungen, das heißt Übergangswohnheimen, therapeutischen Wohngruppen, beschützten Werkstätten und ähnlichem, findet sich eine weitere Gruppe von Psychosekranken, deren Erkrankung einen eher chronischen Verlauf genommen hat. Bei ihnen wird weniger die Beseitigung von Akutsymptomen als vielmehr der Versuch im Vordergrund stehen, verlorengegangene Fertigkeiten wiederzugewinnen und erhaltene Fähigkeiten durch gezieltes Training und therapeutische Unterstützung zu verstärken. Der Aufenthalt in einem Krankenhaus oder in einer Rehabilitationseinrichtung dieser Art ist aber aus dem Selbstverständnis modernen psychiatrischen Handelns heraus begrenzt, der Übergang aus der Therapieeinrichtung in ein selbstverantwortetes, «normales» Leben ein wesentliches Therapieziel. Damit geraten aber manche Patienten in eine Grenzsituation. Sie werden außerhalb der beschützten therapeutischen Umgebung mit negativen Merkmalen der Gesellschaft wie Gleichgültigkeit, Konkurrenzdenken und ausgrenzendem Vorurteil in einer Art und Weise konfrontiert, die ihr labiles Selbstwertgefühl überfordert und neben anderen Arten der Resignation und des Rückzugs auch den Suizid als individuellen Ausgang der Erkrankung möglich macht.

Die Behandlung der Suizidalität bei endogenen Psychosen besteht zunächst in der konsequenten und hinreichend langen medikamentösen Behandlung der akuten Symptome. Der Verzicht oder zu frühes Absetzen von antidepressiv wirksamen Medikamenten (Antidepressiva) und antischizophren wirkenden Medikamenten (Neuroleptika) muß nicht nur in bezug auf den Verlauf der Psychose, sondern auch hinsichtlich der bei endogenen Psychosen gegebenen Suizidgefährdung als schwerer therapeutischer Fehler gelten. Auch die Behandlung mit Lithiumpräparaten zur Verhinderung erneuter manischer oder depressiver Phasen gehört hierher.

Schwieriger ist die Suizidverhütung im Verlaufe sozialpsychiatrischer Maßnahmen bei chronischen Schizophrenien. Hier ist insbesondere vor allzu forcierten Rehabilitationsprogrammen und vor überfordernden psychotherapeutischen Behandlungsversuchen zu warnen. Gerade bei Menschen, die an endogenen Psychosen leiden, muß der Therapeut auch die belastenden Aspekte psychotherapeutischer und sozialtherapeutischer Verfahren berücksichtigen. Das therapeutische Engagement des Behandelnden kann, wenn es narzißtisch einen therapeutischen Erfolg um jeden Preis anstrebt, zur Gefahr für den Patienten werden.

Suizid und die schweren Neurosen

Das weite Feld krankhafter neurotischer Störungen kann in dieser Übersicht nur in der Begrenzung auf die besonders schweren Verlaufsformen dargestellt werden. Erwin Ringel, der Senior der deutschsprachigen Suizidforschung, hat 1953 in seiner ersten Monographie den «Selbstmord als Ausgang einer krankhaften Entwicklung» verstanden und dargestellt. In dieser Wertung muß man heute sicherlich eine Überdehnung des neurosepsychologischen Krankheitsbegriffes sehen. Seinerzeit entstand jedoch aus dem Ansatz Ringels in Europa die moderne Bewegung der Suizidverhütung. Ringel beschrieb einen typischen Symptomkomplex, bestehend aus dem Auftreten von Selbstmordphantasien, dem Entstehen eigentümlich eingeengter Sicht- und Wertungsweisen (präsuizidale Einengung) und der Wendung eines aufgestauten Aggressionspotentials gegen die eigene Person (Aggressionsumkehr). Diese Trias hat als «präsuizidales Syndrom» entscheidend zur Entwicklung und Beschreibung therapeutischer Ansätze beigetragen.

Bereits bei den körperlich begründbaren Psychosen und bei den endogenen Psychosen hätte der Begriff der präsuizidalen Einengung Anwendung finden können, als es darum ging, die eingeengten Reaktions- und Kompensationsmöglichkeiten des psychisch Alterskranken oder des von Wahnvorstellungen oder Sinnestäuschung geplagten Psychosekranken darzustellen. Überwiegend benutzt wird dieser Begriff indes, wenn es darum geht, den Alternativenverlust, die subjektive Ausweglosigkeit und die innere Zwangsläufigkeit suizidaler Entwicklungen bei Neurosekranken zu beschreiben.

In der tiefenpsychologisch orientierten Literatur kann man unter praktisch-klinischen Gesichtspunkten der Suizidverhütung zwei Ausprägungsformen neurotischer

Fehlentwicklung unterscheiden: die depressive Störung und die narzißtische Störung. Theoretisch sind diese beiden Störungsformen sehr eng miteinander verknüpft, in bezug auf ihre suizidale Dynamik und die daraus resultierenden therapeutischen Maßnahmen unterscheiden sie sich aber durchaus.

Der neurotisch-depressive Mensch leidet aktuell bis zur subjektiven Unerträglichkeit am Verlust einer geliebten Bezugsperson. Die aggresive Spannung zwischen der eigenen Person, dem Selbst, und der geliebten Bezugsperson wird durch deren Verschwinden zu einem Konflikt zwischen der eigenen Person und den verinnerlichten (internalisierten) Anteilen dieser Bezugsperson. Die Wut, die sich ursprünglich gegen die enttäuschende Bezugsperson gewandt hatte, wendet sich jetzt in ihrer ganzen destruktiven Gewalt gegen die eigene Person. Eingeengt und ausweglos wütet der Verlassene im Suizid gegen sich selbst und gegen den, der ihn treulos verlassen hat.

Bei der narzißtischen Störung steht die Problematik einer tiefen, unüberwindlich erscheinenden Kränkung im Vordergrund. Im Gegensatz zum Depressiven, der am Verlust der Bezugsperson leidet, scheitert der narzißtisch Gestörte an der Unmöglichkeit, das idealisierte Bild von sich selbst, der eigenen Bedeutung und Geltung im Leben zu verwirklichen. Oft haben diese Menschen zunächst einen Lebensweg des Erfolgs, des scheinbar mühelosen Erreichens hochgesteckter Ziele hinter sich, bis plötzlich – für den Beobachter aus scheinbar nichtigem Anlaß – eine aggressive Wut gegen die eigene Person aufbricht und im Suizid endet. Es ist zu vermuten, daß hier der Versuch unternommen wird, das neurotisch erstarrte Idealbild von der eigenen Person gleichsam über den Tod hinaus in eine imaginierte Unsterblichkeit zu retten. Ein Phänomen, dem wir bei Helden und Märtyrern zu allen Zeiten begegnet sind, nicht wissend, daß dahinter ein höchst individuelles, beklagenswertes Schicksal an neurotischer Lebensverunstaltung steht. Hinter dem pathologischen Narzißmus eines Captain Ahab, der von sich sagt «ich würde sogar die Sonne angreifen, wenn sie mir was zuleide täte», steckt eine Persönlichkeit, die ihrer selbst alles andere als sicher ist.

Am Beispiel des Narzißmusmodells läßt sich der stufenlose Übergang zeigen zwischen dem, was wir unter neurosepsychologischen Aspekten noch Krankheit nennen und der Fülle der psychologischen Phänomene, die unser Leben begleiten und die wir den nicht krankhaften Verhaltens- und Erlebensvarianten der menschlichen Existenz zuordnen. Ohne einen «gesunden Narzißmus» können wir uns nicht abgrenzen, nicht entwickeln und nicht behaupten. Zur Krankheit wird das narzißtische Prinzip erst dann, wenn es beginnt, unser Leben einzuengen, uns dem Diktat eines einzigen «so und nicht anders» zu unterwerfen, wenn es unsere Individualität nicht schützend begrenzt, sondern wie auf einem Prokrustesbett einengt.

Waren es bei den endogenen Psychosen Medikamente und soziotherapeutische Behandlungsverfahren, die der Selbstmordverhütung dienten, so sind es bei den suizidalen Neurosen die psychotherapeutischen Verfahren, die als Mittel der Suizidverhütung zunehmend an Bedeutung gewinnen. Es ist noch nicht lange her, da galt Suizidalität als Ausschlußkriterium für den Beginn einer Psychotherapie. Heute bedient sich die Krisenintervention bei Suizidgefährdeten mehr und mehr psychotherapeutischer Techniken.

Am Ende dieser Überlegungen zur Verknüpfung von Krankheit und Suizidalität soll noch einmal der Hinweis aufgegriffen werden, daß der kranke Mensch nicht nur Träger eines Symptoms oder einer Reihe von Symptomen ist, die es zu behandeln gilt. Der Kranke ist zugleich eingebunden in ein Netzwerk sozialer Beziehungen, er ist auch abhängig von wirtschaftlichen Faktoren. Die aktuelle Situation und der lebensgeschichtliche Hintergrund wirken in ihrer Ganzheit erleichternd oder verschlimmernd auf die Struktur und den Ausgang krisenhafter Lebensereignisse. Wann eine Lebenskrise zur suizidalen Krise wird, hängt von vielerlei Faktoren ab. Krankheit ist nur einer unter ihnen.

9

Michael Haller

Für ein gelingendes Leben

Fünf Thesen über Tod, Freitod und Sterbehilfe

1. Bei allem Fortschritt in Biologie und Medizin werden wir Menschen eines nie verlieren: unsere Todesangst. Es hat sogar den Anschein, als nehme sie mit der wachsenden Verfügungsgewalt der Technik über das Leben stetig zu. Und wirklich: Wir, die wir so viel sein möchten, sollen mit dem Tod plötzlich nichts mehr sein. Dies ist so unglaublich, daß ein großer Teil der Menschheit lieber daran glaubt, im Jenseits weiterbestehen oder ins Leben zurückkehren zu dürfen.

Dank vielfältiger Sterbeberichte wissen wir heute mehr über die Todesangst. Sie ist nämlich weniger die Angst vor dem Tod als die Angst, mit dem Leben nicht fertig geworden zu sein, wenn das Ende kommt. Dies ist unser urmenschliches Problem: daß wir mehr vom Leben (von uns) erwarten, als uns das Leben gestattet. «Ein Augenblick, gelebt im Paradies, wird nicht zu teuer mit dem Tod gebüßt», sagt Schillers Don Carlos über das Sekundenglück der Erfüllung. So rühren Angst und Verzweiflung oft genug daher, daß immer neue Erwartungs-Enttäuschungen durchlebt werden müssen. Fast jeder kennt ein wenig seinen Sisyphus, auch die Flucht in die Betäubung mit Drogen – oder den seelischen Erschöpfungszustand in der Depression. Vielleicht gehört diese Krankheit zur Grundausstattung der menschlichen Existenz.

2. Wir sind nicht genügsam. Nichts von dem, was wir tun, wird so, daß es endgültig ist; alles bleibt vorläufig und ist wieder aufhebbar. Diese Unzulänglichkeit des Daseins, schmerzlich erfahrbar in der eigenen Unvollkommenheit, ist ein zweites urmenschliches Problem: Es bedeutet Kränkung und Scham. Sie können gerade für Todkranke unerträglicher sein als der körperliche Schmerz – und darum oft der tiefere Grund für den Wunsch nach Freitod, Sterbehilfe oder den Abbruch aller lebensverlängernden Bemühungen.

Aber auch die im Grandiosen sichtbare Anstrengung, wenigstens in den eigenen Werken ein Moment der Vollkommenheit zu hinterlassen, führte, wie die Geschichte der Helden und Führer zeigt, nur ausnahmsweise zur Bereicherung der Menschheit – und öfter noch tiefer in die kränkende Erfahrung des Vergeblichen. Aus vielen Episoden der Geschichte kennen wir längst die mit dem Menschsein schon immer gegebene Gefahr narzißtischer Erkrankung, wenn Größenwahn im Spiele ist. Der von und mit Hitler veranstaltete Untergang war nicht der erste. Und niemand kann derzeit wissen, ob unsere Industriegesellschaft mit der tiefen Kränkung, die ihr das Scheitern ihres Projekts der Moderne bedeutet, noch zu überleben vermag.

3. Die mit der Todesangst verbundene Sehnsucht, das *Vorläufige* und das *Unzulängliche* des Daseins überwinden zu wollen, hat den Bedarf nach Religion hervorgebracht. Sie bietet übergreifende Sinnsysteme, die aber, nüchtern betrachtet, Überhöhungen und Projektionen ganz diesseitiger Über-Lebenswünsche sind. Tugendhaft (im Altertum) oder fromm (im Mittelalter) zu sein, eröffnete die Aussicht auf die Vollendung des Unvollendeten im Jenseits. Für die Christen war diese Aussicht bezeichnenderweise schon immer an die Vorstellung der ewigen Ruhe gebunden.

Seit der Zeit des Augustinus hat die katholische Kirche diesen sozialhygienisch funktionierenden Zusammenhang für die eigenen Machtinteressen mißbraucht. Das Mittel war die Ächtung des Suizids, indem das Recht auf den selbstbestimmten Tod genommen und der Verfügungsgewalt der Kirche unterstellt wurde.

Jean Améry eröffnete 1976 sein Plädoyer für den Freitod mit schroffer Religionskritik. Gegen die weiterhin mächtige Religionsmoral stellte er den Freitod als «ein Privileg des Humanen»; er verlangte, «daß der Freitod anerkannt wird als das, was er ist: ein freier Tod eben und eine hochindividuelle Sache.» Vor allem die Ärzte dürften nicht als verlängerter Hebel der Religionsmoral amten und die Menschen an ihrem Tod hindern.

4. Die radikale Freitod-These geht von uneingeschränkt selbstbestimmenden Individuen aus. Dies aber ist irreal. Denn der unbegrenzt freie ist der unendlich einsame, von allen verlassene Mensch, der mit seiner Freiheit gar nicht leben, sie womöglich zur Tötungshandlung nutzen würde. Die Menschen, man weiß es nachgerade, sind als Gemeinschaftswesen auf Sozialität angewiesen: Ihre Anstrengungen waren entgegen mancher Philosophenmeinung nie auf die Verwirklichung absoluter Freiheit gerichtet, vielmehr darauf, ein *gutes*, nämlich ein sozial gerechtfertigtes Leben zu führen.

Die Überwindung der Todesangst gelingt also nicht in der Radikalisierung der Freiheit, sondern nun eben im *gelingenden* Leben. Was das Gelingen ausmacht, mag zu jeder Zeit anders definiert worden sein. Denn es hängt wesentlich davon ab, was uns am Gelingen hindert. Wenn man den in diesem Buch ausgebreiteten Erfahrungen glaubt, dann hindern derzeit fatale gesellschaftliche Trends den einzelnen am Gelingen seines Lebens, vor allem die Zunahme an Fremdbestimmtsein (Entfremdung) in der Arbeitswelt; der Streß verursachende

Anpassungs- und Leistungsdruck; die wachsende Anonymität in den sozialen und die Einsamkeit in den personalen Beziehungen.

Ein gelingendes Leben zeichnet sich demnach nicht durch äußeren Erfolg oder durch Erwartungserfüllung aus, eher schon im Versuch, authentisch, anteilnehmend und offen zu sein: Dieses Leben ist getragen von der Solidarität mit dem Menschlichen, also mit der Unzulänglichkeit und der Vorläufigkeit all unseres Tuns.

5. Gelingendes Leben setzt allerdings die Möglichkeit zur Lebensgestaltung voraus; fehlt sie, etwa durch psychosoziale Zwänge oder infolge einer aussichtslosen schweren Krankheit, so verliert auch das Leben seine auf das Gelingen gerichtete Perspektive. Hier kann von «Freitod» gesprochen werden, weil er eine Befreiung bedeutet von der *Aussichtslosigkeit* jeder Lebensverlängerung. «Es wäre präziser zu sagen, daß die gerechtfertigte Selbsttötung ein leidvolles, bereits sinnleer gewordenes Leben nur ‹beendet›, den Tod gleichsam nur ratifiziert», schrieb der Philosoph Wilhelm Kamlah in seiner «Meditatio mortis» 1976 kurz vor seinem Freitod, «aber genau dies ist es, dessen der übermäßig Leidende bedarf, so daß er im Vorblick die Beendigung auch als Befreiung erlebt»: Sie bietet dem Leidenden im Akt der selbstbestimmten Befreiung eine Möglichkeit des Gelingens. Und falls für den Vollzug dieses Wunsches Sterbehilfe erforderlich ist, dann ist sie weniger eine technische Handreichung als die Begleitung in den Tod.

Vom Leben Abschied nehmen in Begleitung solidarischer Menschen, die ihrerseits zum Abschiednehmen befähigt sind: das wäre eine Aussicht, die uns das Leben sehr erleichtern würde.

IV

Beistand in der Krise

Suizidhilfe-Einrichtungen stellen sich vor

Unsere krankmachenden Lebensverhältnisse lassen sich analysieren und kritisieren. Den davon Betroffenen ist damit noch nicht geholfen. Sie aber benötigen weniger die Ärzte als den Beistand der Mitmenschen: In der Zeit der Krise sind Offenheit, Anteilnahme, Solidarität lebenswichtig.

Für eine erfolgreich unterstützende Betreuung fehlen im etablierten Krankenhausbetrieb meist die Voraussetzungen; die Patienten, nach dem mißglückten Versuch eingeliefert, werden so rasch wie möglich abgeschoben. Für die angemessene Hilfe fehlt dort unter dem Krankenhauspersonal meist auch die richtige Einstellung (Kapitel 10).

Die Begleitung der Selbstmordgefährdeten auf ihrem Weg zurück ins Leben haben in zahlreichen deutschen Städten besondere, hierfür geschaffene Einrichtungen übernommen. Drei dieser Einrichtungen stellen sich, ihre Konzepte, ihre praktische Arbeit und ihre Auffassungen über Leben und Lebensmüdigkeit in eigenen Berichten vor.

Die älteste Einrichtung Deutschlands, die von fachlich ausgebildeten Therapeuten und Sozialarbeitern geführt wird, ist die «Arche» in München (Kapitel 11). Aus der Erfahrung, daß gerade nichtprofessionelle Laien die Lage eines Suizidgefährdeten – auch aus Selbsterfahrung – gut verstehen und daher helfen können, führte zur Gründung solcher «Arbeitskreise» (Kapitel 12). Suizidgefährdete Kinder und Jugendliche, die meist noch mit Elternhausproblemen belastet sind, benötigen oftmals andere Formen der Zuwendung. Das Berliner Projektmodell zeigt, welche Wege da beschritten werden können (Kapitel 13).

Im Anhang werden alle derzeitigen Suizidhilfe-Einrichtungen in der Bundesrepublik Deutschland verzeichnet.

10

Hans-Ludwig Wedler

Was kommt nach der Rettung?

Die Betreuung von Suizidpatienten im Krankenhaus

Dr. med. Hans-Ludwig Wedler ist Oberarzt an der Medizinischen Klinik I der Städtischen Kliniken Darmstadt und Verfasser mehrerer Arbeiten zur Suizidpatienten-Betreuung.

Tagtäglich vollzieht sich auf den medizinischen Abteilungen der meisten Allgemeinkrankenhäuser die gleiche Szene: Lautstark naht der Notarztwagen, mit eiligen Handgriffen wird ein bewußtloser Patient herausgeholt und den bereits wartenden Ärzten der Klinik zur Behandlung herangerollt. «Unklares Koma» steht auf dem Einweisungsschein.

Das Eintreffen des Notfallpatienten löst eine ganze Kette eingeübter Handlungsabläufe aus. Noch auf der fahrbaren Krankentrage werden Atmung und Kreislaufsituation sowie die Reaktionsfähigkeit des Patienten geprüft. Gleichzeitig werden die Rettungssanitäter oder begleitende Angehörige befragt: Wann und wo wurde der Patient aufgefunden? Wann zuletzt bei klarem Bewußtsein gesehen? Sind Vorerkrankungen bekannt? Wurden leere Flaschen oder Tablettenschachteln am Fundort gesehen? Jede unklare Bewußtlosigkeit legt den Verdacht auf das Vorliegen einer Vergiftung nahe.

Schließt die Erstuntersuchung eine andere Ursache

der Bewußtlosigkeit aus und deuten die äußeren Umstände auf eine Suizidhandlung hin, zielt jede weitere Hilfe zunächst ausschließlich auf die Lebenserhaltung des Patienten. Mit der Entgiftungstherapie muß – auf der Intensivstation oder im Notfallbehandlungsraum der Ambulanz – sofort begonnen werden. Wichtigste Maßnahme ist die Entgiftung des Magens: Ein Schlauch wird eingeführt und der Magen so lange mit Wasser gespült, bis keine Speise- oder Tablettenreste mehr zurückfließen. Beim bewußtlosen Patienten muß vorher die Luftröhre durch einen Tubus abgedichtet werden, damit keine Spülflüssigkeit in die Lunge gelangen kann. Ist der Patient ansprechbar, wird zunächst versucht, Erbrechen auszulösen. Das erspart mitunter die aufwendige Magenspülung.

Der Patient wird nun in ein Bett gelegt und eingehend überwacht. Schläuche zur Flüssigkeitszufuhr werden angeschlossen, Herzaktion und Kreislauffunktion laufend am Monitor kontrolliert. Weitere Maßnahmen zielen darauf, die spezielle Giftwirkung zu ermitteln und ihr entgegenzuwirken. Ist das verwendete Gift inzwischen – zum Beispiel anhand hinterlassener Verpackungen – identifiziert, telefoniert der Arzt mit einer Informationszentrale, um sich über das optimale Vorgehen beraten zu lassen. Anderenfalls werden Magenspülflüssigkeit und Urin auf Giftreste untersucht.

Manche Substanzen lassen sich durch Zufuhr großer Flüssigkeitsmengen aus dem Körper herausspülen. Zusätzlich wird ein kräftiges Abführmittel gegeben, um Giftreste aus dem Darm schnellstmöglich zu entfernen. Manchmal gelingt die Giftentfernung durch Blutwäsche an der künstlichen Niere. Für eine ganze Reihe von Giften stehen im übrigen Gegenmittel zur Verfügung, die deren Wirkung im Körper aufheben.

Die Überwachung des Patienten dient der sofortigen

Erkennung von lebensbedrohlichen Komplikationen, vor allem von Herzfunktion und Atmung. Sind diese unzureichend, wird eine künstliche, maschinelle Beatmung oder auch ein Herzschrittmacher vorübergehend angeschlossen. Medikamente helfen, den Blutdruck stabil zu halten.

Nach Stunden, manchmal erst nach mehreren Tagen, erwacht der so behandelte Patient aus seinem Koma. Häufig durchläuft er dann eine Phase großer Unruhe, in der es nötig wird, ihn am Bett festzubinden, damit er nicht herausstürzt und sich verletzt. Bis zur Wiederherstellung des vollen Bewußtseins dauert es dann noch einmal ein bis zwei Tage. Aber auch bei Patienten, die schon bei der Aufnahme ansprechbar sind und «wach» erscheinen, treten infolge der Giftwirkung Phasen der Unruhe und des verminderten Bewußtseins auf, in denen sie für ihr Tun und Handeln nur bedingt zurechnungsfähig sind. Solche Phasen werden von Unerfahrenen leicht verkannt und können den Patienten, wenn er darin sich selbst überlassen bleibt, in große Gefahr bringen.

Weit über 80 Prozent aller Suizidhandlungen sind Vergiftungen. 20 bis 30 Prozent davon erfordern die Behandlung auf einer Intensivstation. Andere Suizidpatienten mit Schnitt- oder Sturzverletzungen werden in chirurgischen Kliniken versorgt.

Die Lebensrettung ist meist erfolgreich: Nur ein bis zwei Prozent derer, die nach einer Suizidhandlung lebend ins Krankenhaus eingeliefert werden, sterben dann doch noch an deren Folgen. Die anderen verlassen die Klinik (meist) als körperlich gesunde Menschen. Aber ist ihnen ausreichend geholfen, wenn nur die Folgen, nicht aber die Ursachen der Suizidhandlung Gegenstand aller Hilfsbemühungen im Krankenhaus sind?

Der wiedererwachte Suizidpatient ist weniger – wie

die anderen Patienten des Krankenhauses – mit seiner Genesung beschäftigt als mit der Frage, wie es jetzt weitergehen soll. Die Probleme, für die es eben noch keine Lösung gab außer dem Suizid, sind ja unverändert geblieben. Er ist – anders als alle anderen Patienten – nicht freiwillig ins Krankenhaus gekommen, mitunter gegen seinen ausdrücklich in einem «Abschiedsbrief» geäußerten Wunsch. Streng genommen besteht zunächst überhaupt kein Behandlungsvertrag, kein Einverständnis mit den ärztlichen Maßnahmen, kein Wunsch nach Hilfe.

Dennoch wird der Suizidpatient sich in den meisten Fällen in die Gegebenheiten fügen. Bis er wieder zu klarer Entscheidung fähig ist, ist sowieso das meiste und entscheidende zu seiner Behandlung gelaufen, die Rettung unwiderruflich geworden. Das Leben hat nun wieder Zukunft, es erscheint zunächst allerdings wie eine unübersteigbare Mauer, vor der sich Ratlosigkeit, Verzweiflung und Erschöpfung türmen.

Ein Mensch, der dem Suizidpatienten in dieser Situation entgegen kommt, kann zweierlei Erwartungen wecken:

Er kann einmal als Belästiger erscheinen, als kalter Techniker zur Wiederherstellung körperlicher Funktionen, als lästiger Frager auch oder gar als Richter mit einem Arsenal vermuteter psychologischer Tricks – und durchaus mit einer Entscheidungsbefugnis über das weitere Schicksal des Patienten.

Oder aber er erscheint als hilfsbereiter Freund, aufmerksamer Zuhörer und verständnisvoller Beichtvater, als anteilnehmender und doch neutraler Berater für den ersten Anfang.

Welche dieser gegensätzlichen Erwartungen sich im konkreten Fall erfüllt, hängt nicht nur von der inneren Bereitschaft und vom Verständnis des Helfers ab, sondern unterliegt den komplexen, manchmal schwer steuerbaren Vorgängen menschlicher Kommunikation, die ja immer nur zum kleineren Teil aus sprachlichem Austausch besteht. Die Angst, beim Gegenüber auf Unverständnis, Ablehnung, gar auf moralische Verurteilung zu stoßen, die Furcht vor der Wiederbegegnung mit denen, die an der Entstehung seiner seelischen Nöte nicht unbeteiligt waren, den Angehörigen und Arbeitskollegen, die Sorgen vor der Zukunft, vor der Wiederaufnahme des Lebens, bestimmen den Alltag des Suizidpatienten im Krankenhaus. Er ist skeptisch und traurig und möchte dem allen so schnell wie möglich entfliehen. Eine Suizidpatientin schrieb mir einige Wochen nach der Entlassung aus der Klinik: «Also, der Professor kommt und tut munter, und man lächelt gefaßt und sagt artig Guten Morgen – bloß jetzt keinen schlechten Eindruck machen. Man spielt Theater, wo man doch heulen und toben möchte – aber bloß raus hier, mit heiler Haut, wenn's geht, schnell fort, egal wohin.»

Manchem Suizidpatienten freilich geht es auch anders. Die Suizidhandlung erscheint ihm im Rückblick als «Kurzschluß», manchmal schon unmittelbar nach der Tat. Er hat selber Hilfe herbeigeholt und den Krankenwagen gerufen. Er ist froh, daß alles glimpflich und ohne körperliche Dauerschäden abgelaufen ist. Die Probleme, die ihn in die Suizidhandlung hineingeführt haben, erscheinen dadurch, daß sie nun öffentlich und ansprechbar geworden sind, entschärft. Für manchen hat die Suizidhandlung selbst kathartische Wirkung. Oder er sieht die Tatsache seiner Rettung als «Gottesurteil», das ihn zum Weiterleben verpflichtet und befähigt. Er sucht die gestörten Lebensbeziehungen zu ordnen und die Zukunft zu regeln und nutzt dafür die Zäsur, die ihm die Tage im Krankenhaus geben. Nur eines möchte er nicht: mit weiteren Verpflichtungen, Untersuchungen und

Begutachtungen behelligt werden. Er möchte so schnell wie möglich alles hinter sich lassen und – vielleicht – vergessen.

Feindseligkeiten im Akutkrankenhaus

Die Ärzte, Schwestern und Pfleger im Krankenhaus tun sich mit Suizidpatienten im allgemeinen schwer. Sie sind es gewohnt, in ihren Anstrengungen vom heilungswilligen Patienten unterstützt zu werden. Suizidpatienten aber sind meist nicht sonderlich freundlich und dankbar. Ein Gefühl der Hilflosigkeit macht sich bei den Mitarbeitern breit, das nur allzu leicht in verdeckte oder gar offene Aggressionen umschlägt. Suizidpatienten sind – mehrere Untersuchungen haben das gezeigt – die unbeliebtesten Patienten im Krankenhaus.

Die Störungen und Sorgen der Patienten erinnern den Arzt oder die Schwester bisweilen auch an die eigenen nicht gelösten Probleme. Jeder Mitarbeiter im Krankenhaus hat es im allgemeinen gelernt, mit Ängsten und Befürchtungen vor Krankheit und Alter, denen er täglich begegnet, umzugehen. Suizid als «Lösung» eigener latenter Probleme jedoch stößt auch bei ihm an ein Tabu, Suizidpatienten sind ihm unheimlich. Diese Einstellung trägt dazu bei, sich eher vor dem Umgang mit dem Suizidpatienten zurückzuhalten, sich nicht so sehr auf ihn und seine Probleme einzulassen – und ihn nach körperlicher Wiederherstellung so schnell wie möglich abzugeben: «Gibt es nicht Psychiater oder Psychologen, die für die weitere Versorgung, für die Seele des Patienten zuständig sind?» lautet eine vielgebrauchte Formel. Der hektische Betrieb im Krankenhaus, die überall fehlende Zeit – Gründe genug, den Suizidpatienten möglichst schnell nach Hause zu entlassen.

Hinzu kommen Befürchtungen juristischer Art. Wer ist verantwortlich, wenn ein Patient die Suizidhandlung im Krankenhaus wiederholt? In einzelnen Gerichtsurteilen wurden Krankenhausmitarbeiter bereits zur Verantwortung gezogen. Manche Kliniken sind dazu übergegangen, sämtliche Suizidpatienten umgehend der nächsten psychiatrischen Klinik zuzuweisen. Doch von dort werden sie gleichfalls in kürzester Zeit wieder entlassen (sofern nicht eine psychiatrische Krankheit festgestellt wird, die einen längeren Zwangsaufenthalt begründet). In anderen Kliniken versuchen sich die Mitarbeiter vor juristischen Folgen zu sichern, indem sie ihre Suizidpatienten so lange ans Bett festbinden, bis ein Facharzt die Unbedenklichkeit der Entlassung bescheinigt: ein Stück Mittelalter. Es liegt auf der Hand, daß da für ein verständnisvolles Gespräch mit dem Patienten kein Raum mehr bleibt.

Auch der Facharzt, der Psychiater, hat seine Probleme mit Suizidpatienten. Im Gegensatz zum erstbehandelnden Krankenhausarzt und dem gesamten Stationspersonal kann er den Patienten nur in einer kurzen Visite kennenlernen. Nach einem Gespräch von 10 bis 20 Minuten Dauer soll er dann den folgenschweren Entscheid fällen, ob eine psychiatrische Krankheit als Ursache der Suizidhandlung vorliegt und ob eine Wiederholungsgefahr besteht.

Das erfordert ganz außerordentliche fachliche und menschliche Erfahrungen. Häufig werden für diesen – nicht sonderlich beliebten – Konsiliardienst aber nicht die erfahrensten Psychiater einer Klinik sondern eher die jüngeren abgestellt, die trotz Elan und gutem Willen bald einsehen müssen, daß diese Art der «Patientenversorgung» sisyphushafte Züge trägt und – vor allem – Alibifunktionen erfüllt. Denn die Motivation des Patienten, auf die gerade der psychotherapeutisch tätige Arzt in besonderem Maße angewiesen ist, ist bei solchen Kontakten naturgemäß minimal.

Die Beurteilung der Wiederholungsgefahr nach Suizidhandlungen ist zudem durchaus problematisch. Es helfen allenfalls Erfahrungswerte, zuverlässige Kriterien fehlen. Entscheidungen werden dadurch höchst subjektiv und angreifbar. Eine von vielen erfahrenen Psychiatern – mehr im stillen, vielleicht auch aus Resignation – vertretene Meinung wird in einer holländischen Studie aus jüngster Zeit auch zahlenmäßig belegt: Das psychiatrische Konsil bei Suizidpatienten im Akutkrankenhaus ist in der bisher praktizierten Form weitgehend ineffektiv.

Jean Améry hat in seinem Buch «Hand an sich legen» diese – örtlich noch recht unterschiedlich gehandhabte – Begutachtung und psychiatrische Versorgung von Suizidpatienten durch «ein paar universitär ausgebildete Toren» mit ätzendem Spott und Zorn bedacht, als «Arroganz einer Wissenschaft» und als «unglaubliche Anmaßung einer Gesellschaft» gebrandmarkt – leider nicht ganz zu Unrecht.

Die psychosoziale Krise

Die regelhafte psychiatrische Begutachtung von Suizidpatienten folgt der im Volksglauben noch weit verbreiteten Meinung, daß Suizidpatienten durchweg krank seien – oder aber Theaterspieler, die man nicht ernst zu nehmen habe. Diese Einstellung hat historisch respektable Gründe, sie ist gleichwohl falsch.

Von den Suizidpatienten, die im Akutkrankenhaus behandelt werden, leiden allenfalls fünf Prozent unter psychiatrischen Krankheiten, also endogener Depression oder Schizophrenie. Bei allen übrigen (und sicherlich auch einem Teil der psychiatrisch Kranken) sind zwischenmenschliche Beziehungsstörungen die Wegbereiter suizidalen Verhaltens.

Für die Entwicklung einer psychosozialen Krise, auf deren Gipfel eine Suizidhandlung erfolgt, ist fast niemals eine einzelne Ursache, sondern eine ganze Kette von Faktoren maßgebend. Dazu gehören Persönlichkeitsprägungen, familiäre Kommunikationsmuster, Suchtverhalten, soziale und Schicksalseinflüsse, jahreszeitliche Bedingungen, vielleicht sogar das Wetter. Am Ende der Kette finden sich meist akute zwischenmenschliche Konflikte, die freilich nicht ohne den Hintergrund der individuellen psychosozialen Entwicklung gesehen werden dürfen.

Selbstverständlich können nicht alle der genannten Faktoren durch Therapie beeinflußt werden. Neben den eigentlichen Krankheiten sind Persönlichkeits- und Verhaltensstörungen, Sucht, aber auch Beziehungsstörungen zumindest begrenzt klärbar und behandelbar. Soziale Bedingungen dagegen sind kaum therapeutisch zu beeinflussen. Immerhin können durch psychotherapeutische Hilfe soziale Unabänderlichkeiten besser ertragbar und der vorhandene Spielraum besser genutzt werden. Die Klärung arretierter familiärer Beziehungsstörungen kann gerade beim alten Menschen die sozialen Lebensbedingungen manchmal erheblich verbessern. Finanzielle Zuwendungen allein vermögen hingegen kaum je etwas an den Determinanten einer Suizidkrise zu verändern.

Oberstes Ziel aller therapeutischen Bemühungen bei Suizidpatienten ist stets, den Patienten in die Lage zu versetzen, die psychosoziale Krise aus eigener Kraft zu bewältigen. Dazu muß er zunächst realistisch in das Bedingungsgefüge der Krise Einblick nehmen, bevor er sich für irgendwelche Aktivitäten entscheidet. Nur wenn die eigenen Kräfte (und die Hilfe des Umfeldes) nicht ausreichen zur Krisenbewältigung, ist eine ärztliche, psychotherapeutische oder soziale Hilfestellung als Nachsorgemaßnahme angebracht.

Aufgaben bei der Versorgung von Suizidpatienten im Krankenhaus

Sowenig die Beschränkung auf eine rein körperliche Behandlung dem Hilfs- und Versorgungsbedürfnis von Suizidpatienten im Allgemeinkrankenhaus entspricht, so schwierig scheint es, unter den gegebenen Bedingungen eine Behandlungsform zu finden, die allen Obliegenheiten gerecht wird. Mehrere Aufgaben sind zu erfüllen:

- ▷ Eine qualifizierte körperliche Behandlung als Voraussetzung aller weiterer Maßnahmen;
- ▷ ein Umgang mit dem Patienten, der seiner besonderen Situation im Krankenhaus – unmittelbar nach einer Suizidhandlung – gerecht wird;
- ▷ Erkennung möglicherweise vorhandener psychiatrischer Krankheiten, aber auch sonstiger psychosozialer Störungen wie Alkoholismus, abnormer Kränkbarkeit und sozialer Devianzen, die zur Entstehung der Suizidalität beigetragen haben, sowie
- ▷ ein angemessenes Gesprächsangebot zur Klärung der Entstehungs- und Auslösemechanismen der Suizidkrise, Bereitstellung von Hilfe für den ersten Anfang und Einleitung eventuell erforderlicher Nachsorge. Dieses Aufgabenpaket wird auch als Krisenintervention bezeichnet.

Es liegt eigentlich auf der Hand, daß sie nicht erst nach Entlassung des Patienten aus der akuten körperlichen Behandlung beginnen darf. Will sie wirksam sein, muß sie unmittelbar einsetzen, und alle hindernden

Umstände, die ihr abträglich sind, müssen beseitigt werden.

Am Anfang steht ein vertrauensvoller Zugang zum Patienten. Seine Ängste, seine Befürchtungen und Schuldgefühle wollen verstanden sein. Vertrauen kann nicht ein einzelner zugezogener Spezialist allein schaffen, alle Mitarbeiter müssen auf der Station zusammenwirken. Erst auf dieser Basis wird das Angebot an den Patienten, sich über seine Probleme auszusprechen, wirksam und nützlich. Voraussetzung ist einerseits eine gute Schulung über das Wesen von Suizidkrisen und den Umgang mit suizidalen Patienten, andererseits der Abbau vorhandener Vorurteile und Befürchtungen.

Das Angebot weiterer Hilfen für den Patienten (in erster Linie therapeutische Gespräche und die Einleitung nachsorgender Maßnahmen) bedarf keineswegs immer eines Spezialisten. Doch ist es hilfreich, Fachleute verschiedener Richtungen – Psychiater, Psychologen, Sozialarbeiter, Theologen und andere – verfügbar zu haben. Noch wichtiger aber als die Kompetenz des einzelnen ist das gut abgestimmte Zusammenwirken aller.

Darüberhinaus ist auch eine intensive Zusammenarbeit mit außerklinischen Einrichtungen und Therapeuten, die die Nachsorge des Patienten übernehmen können, von großer Bedeutung. Funktioniert eine solche Zusammenarbeit nicht, sind Suizidpatienten nur schwer zu motivieren, das erforderliche nachsorgende Therapieprogramm auch anzunehmen.

Die Organisation und ihre Hindernisse

In der Suizidprävention kommt es «mehr auf die Haltung an als auf die Maßnahmen», schreiben Dörner und Plog in ihrem psychiatrischen Lehrbuch «Irren ist menschlich». Eine positive Einstellung, eine therapeutisch günstige Atmosphäre herzustellen, erfordert weniger spezielles Know-how als vielmehr eine gute Organisation. Die Strukturen einer umfassenden Gesamtversorgung von Suizidpatienten müssen genau geplant und in jedem einzelnen Krankenhaus – je nach den vorhandenen Möglichkeiten – entwickelt und aufgebaut werden.

Im In- und Ausland sind dazu in den letzten Jahrzehnten verschiedene Modelle entwickelt worden. In den USA wurden vielerorts «Kriseninterventionszentren» speziell zur Versorgung von Suizidpatienten gegründet, mit großem Aufwand, aber leider ohne die zunächst erhoffte Effektivität. Es stellte sich nämlich bald heraus, daß solche Institutionen nur von einem Teil der Suizidpatienten akzeptiert werden. Zudem erwächst Suizidalität aus sehr unterschiedlichen Lebensschwierigkeiten, für die – zumindest in größeren Städten – entsprechende Beratungs- und Versorgungsstellen in der Regel bereits vorhanden sind.

So konzentrierten sich die Bemühungen der letzten Jahre in der Bundesrepublik (und auch in anderen europäischen Ländern) mehr darauf, an internistischen Krankenhäusern mit vielen zu versorgenden Suizidpatienten Einrichtungen zur Krisenintervention zu entwickeln. Gut bewährt haben sich – zum Beispiel in Heidelberg und München – sogenannte multidisziplinäre Teams mit Psychologen, Sozialarbeitern und Theologen. Diese Teams arbeiten auf Intensivstationen und kümmern sich gemeinsam mit dem Internisten um die Patienten. Der Psychiater hat in einem solchen Team eher beratende und überwachende als konsiliarische Funktionen. Er kommt nicht von Fall zu Fall, sondern ist fest in das Team eingebunden (sogenannter Liaisondienst).

An kleineren Krankenhäusern mit weniger Suizidpatienten ist die Einrichtung solcher Kriseninterventionsteams zu kostspielig. Einige Krankenhäuser (etwa in Böblingen, Tübingen und Hildesheim: siehe den Bericht Kapitel 12) arbeiten deshalb mit Laienhelfern zusammen, die schon auf der Intensivstation den Suizidpatienten kennenlernen und bereit sind, ihn nach der Entlassung eine Zeitlang als freundschaftliche Helfer zu begleiten. Solche Laienhelfergruppen müssen auf diese Aufgaben sorgfältig vorbereitet werden, haben sich dann aber als Partner gut bewährt.

Die eigentlich naheliegendste – und vielleicht auch menschenwürdigste – Lösung, die Überwindung jener fatalen Aufspaltung in «körperliche» und «seelische» Behandlung – als bestehe der Mensch aus zwei getrennten Teilen –, ist nur an ganz wenigen Krankenhäusern realisiert worden, so zum Beispiel in Cambridge und Darmstadt. Hier sind die Ärzte und Schwestern, die die körperliche Erstversorgung durchführen, auch für Krisenintervention und alle weiterführenden Maßnahmen zuständig. Sie werden unterstützt von den am Krankenhaus tätigen psychosozialen Spezialisten, die gleichwohl auch andere Patientengruppen mitbetreuen. Erst dadurch wird der Suizidpatient zum «Normalfall», dessen Versorgung sich von der anderer Patienten prinzipiell nicht unterscheidet. Er ist – für den Mut zur Wiederaufnahme des Lebens vielleicht entscheidend – voll integriert.

Die Existenz solcher Modelleinrichtungen in mehreren Städten bedeutet leider nicht, daß damit schon eine flächendeckende, angemessene Betreuung von Suizidpatienten in den Krankenhäusern der Bundesrepublik erreicht sei. Die bestehenden Einrichtungen sind eher ein Tropfen auf den heißen Stein, meist völlig unzureichend und dazu noch befristet finanziert. Kaum ein Krankenhausträger hat sich bisher dazu verstanden, Personal für diese Aufgaben bereitzustellen. Eine Regelfinanzierung ist noch in keinem Bundesland gesetzlich verankert.

In den allermeisten Krankenhäusern bleiben Suizidpatienten deshalb bis heute unzureichend versorgt und damit «die unbeliebten Patienten». Angesichts der Viertelmillion Suizidpatienten, die jährlich in deutsche Krankenhäuser eingeliefert werden, ist dies ein schon erstaunliches Maß an Sorglosigkeit und Verdrängungskunst.

11

Christoph Angermann / Hans Doll

Die Krise als Chance nutzen

Das Therapiemodell «Die Arche»

Die Arche ist eine gemeinnützige «Zentrale für Selbstmordverhütung und Lebenshilfe e. V.» in München. Ihre Mitglieder – zumeist Ärzte, Sozialarbeiter und Therapeuten – arbeiten mit Suizidgefährdeten.

«Die ärztlichen Notdienste sind im allgemeinen gut ausgestattet, um im akuten Fall den Tod zu verhindern», hieß es 1969 in einer Schrift der Weltgesundheitsbehörde zum Thema Selbstmordverhütung. «Wenn aber der Patient einmal außer Todesgefahr ist, sieht er sich sehr oft wieder der genau gleichen Situation ausgesetzt, die ihn in den Selbstmordversuch getrieben hatte.»

Es war genau diese Erfahrung, die zu Ende des gleichen Jahres den Anstoß zur Gründung der Münchener Arche gab, der ersten Sondereinrichtung für Selbstmordverhütung in Westdeutschland. Eine Gruppe von Ärzten, Psychotherapeuten und anderen engagierten Personen, die sich in ihrer beruflichen Arbeit mit der Unzulänglichkeit der Versorgung von Selbstmordgefährdeten konfrontiert sahen, beschloß die Gründung eines gemeinnützigen Vereins als Träger der Einrichtung. Laut Satzung müssen alle Mitglieder mit Suizidgefährdeten arbeiten oder gearbeitet haben. Es handelt sich also eigentlich um die Institutionalisierung einer erweiterten fachlichen Arbeitsgruppe.

Die Arche ist in einer geräumigen Altbauwohnung im Norden Münchens untergebracht, statt der Sprechstundenatmosphäre wird der Charakter einer gewissen Privatheit vor allem in den Beratungsräumen vermittelt. Die Finanzierung erfolgt überwiegend aus öffentlichen und kirchlichen Zuschüssen. Die gesetzlichen Krankenkassen übernehmen einen Teil der Betreuungs- und Behandlungskosten für ihre Mitglieder, während von Privatversicherten ein eigener Beitrag erwartet werden muß.

In der Arche arbeiten heute, nach Anfängen in kleinstem Maßstab, sieben feste therapeutische Mitarbeiter: zwei ärztliche Therapeutinnen, ein Sozialpädagoge, eine Ehe- und Partnerschaftsberaterin und drei Psychologen. Sie alle sind allerdings nur Teilzeitkräfte. Hinzu kommen noch drei Mitarbeiter, die überwiegend für die praktische Organisation und die Verwaltung zuständig sind, aber ebenfalls persönlich und vor allem am Telefon mit Selbstmordgefährdeten zu tun haben und daher mit den besonderen Erfordernissen dieser Arbeit vertraut sein müssen: eine Sekretärin, der Geschäftsführer und ein Zivildienstleistender.

Der Grundgedanke des Modells Arche besagt, daß alle Probleme der Klienten – psychische, psychosomatische, berufliche, schulische und soziale – in ihrer Verflechtung zu erfassen und integrativ einer Lösung zuzuführen seien. Beratung und Lebenshilfe schließen dabei eine Zusammenarbeit mit anderen Einrichtungen des psychosozialen und sozialpsychiatrischen Netzes wie auch die Behörden (Sozial-, Jugend-, Wohnungs- und Arbeitsamt) ein. Selbstverständlich erstreckt sich die wechselseitige Kooperation auch auf Kliniken, niedergelassene Ärzte und Therapeuten, Telefonseelsorge, Jugend- und Familienberatungsstellen.

Von diesen Kontaktstellen und Kontaktpersonen

werden übrigens auch die meisten Klienten auf die Arbeit der Arche hingewiesen oder an uns vermittelt.

Im Jahr 1985 haben insgesamt 724 Klienten die Hilfe der Arche in Anspruch genommen. Davon kamen 520 neu in die Arche, während 204 aus dem Vorjahr und früheren Jahren übernommen wurden.

Die Stärke unseres Konzeptes liegt in der ambulanten Behandlung, Betreuung und Begleitung, also in der Arbeit «vor Ort». Das Entscheidende ist dabei, daß der Klient in aller Regel in seiner gewohnten Umgebung bleiben oder (nach einem Selbstmordversuch und Entlassung aus stationärer Behandlung) wieder in seinen normalen Lebensraum zurückkehren kann. Hier muß sich der Betreffende wieder neu zurechtfinden: in seiner Wohnung, in Familie und Partnerschaft, am Arbeitsplatz und im Freundeskreis. Gerade hier darf die therapeutische Kette nicht reißen, darf der Gefährdete nicht sich selbst überlassen bleiben, ehe er gelernt hat, auch Schwierigkeiten und Rückschläge zu bewältigen. Unsere Arbeit zielt darauf, daß er seine Probleme möglichst «jetzt und hier» löst und die Erfahrung machen kann, daß er dem Leben und seinen Anforderungen gewachsen ist, wenn er von realistischen Voraussetzungen ausgeht. Denn natürlich soll unsere Arbeit keine neuen Abhängigkeiten schaffen, sondern «Hilfe zur Selbsthilfe» sein. Selbstverständlich kann zur Bewältigung der Lebenssituation auch eine grundlegende Veränderung gehören, zum Beispiel der Wechsel der Arbeitsstelle, eine weiterführende Ausbildung oder die Beendigung einer Partnerschaft.

Es versteht sich, daß unser Konzept auch hinsichtlich der organisatorischen Voraussetzungen den besonderen Erfordernissen der Selbstmordverhütung Rechnung tragen muß. So darf es bei uns praktisch keine Wartezeiten geben. Auch wenn die allererste Krisenintervention schon an anderer Stelle stattgefunden hat, ist häufig eine sofortige und wirksame Beratung erforderlich.

Langzeittherapie ist deshalb in der Arche nicht durchführbar, sie würde bald die Funktionsfähigkeit der Einrichtung als Krisenintervention in Frage stellen. Wir sehen unsere Aufgabe zunächst in der Auflösung der eigentlichen Selbstgefährdung, der akuten Suizidalität, und – bei überschaubarer Problematik – in einer «Kurztherapie», die sich über einige Monate erstrecken und oftmals entscheidende Veränderungen bewirken aber natürlich keine Langzeittherapie ersetzen kann, sofern eine solche erforderlich ist.

Die Mitarbeiter der Arche bemühen sich, möglichst schon im ersten Gespräch mit dem Klienten nicht nur die Grundzüge seiner Lebens- und Problemsituation zu erarbeiten, sondern auch die gefährliche Isolation und Einengung der Gefährdeten so weit wie möglich aufzulösen und damit den Grund für ein tragfähiges Arbeitsbündnis zu legen. Der Klient muß spüren, daß er nicht allein ist, und daß es für viele, wenn schon nicht für alle Schwierigkeiten Lösungen gibt. Entscheidend wichtig ist dabei, daß der Klient nicht bevormundet wird – auch in seiner Selbstmordneigung nicht.

Gerade hier soll er erkennen können, daß im Arbeitsbündnis ein anderer sich auf ihn verläßt, daß er für voll und verantwortlich genommen wird, daß ihm etwas zugetraut wird, was er vielleicht selbst schon lange sich zuzutrauen verlernt hat, etwa, sich gegenüber anderen Menschen zu bewähren. Ein zu enges Anbinden des Klienten verbietet sich aus solchen Gründen, gleichwohl wird im Fall einer akuten Gefährdung in der ersten Phase (Auffang- oder Betreuungsphase) unter Umständen ein sehr enger Kontakt zwischen Klient und Betreuer nötig sein, so daß sich hier zwangsläufig eine Einzelbetreuung oder Einzelbehandlung mit mehreren Verabredungen in der

Woche, persönlich oder telefonisch, ergibt. Die zweite Phase (Arbeits- oder Behandlungsphase) ist in der Regel ebenfalls eine Einzelbehandlung. Hier wird an den einschlägigen Problemen gearbeitet, oder aber es wird der Übergang in eine weiterführende Gruppen- oder Einzeltherapie vorbereitet.

Bei einem großen Teil der Klienten haben sich die Behandlungsmöglichkeiten der Arche als ausreichend erwiesen. Nach Beendigung der eigentlichen, regelmäßigen Arbeit (meist einmal wöchentlich) ist es allerdings oftmals zweckmäßig, zunächst noch Termine in größeren Abständen zu vereinbaren, um das Erreichte zu sichern und weitere Schritte mit zunehmender Selbständigkeit des Klienten zu planen. Rückschläge lassen sich nicht unter allen Umständen vermeiden. Deshalb müssen die Klienten wissen, daß sie in kritischen Situationen anrufen und, wenn nötig, auch wieder zu Arbeitssitzungen in die Arche kommen können. Sache des Therapeuten ist es dann, wiederum gemeinsam mit dem Klienten dafür zu sorgen, daß daraus keine Gewohnheit oder gar Abhängigkeit wird.

Diese Arbeitsweise hat sich in den 17 Jahren unseres Bestehens herausgebildet. Wir halten sie aber keineswegs für der Weisheit letzten Schluß und suchen auch weiterhin nach Verbesserungsmöglichkeiten. So sind wir aufgeschlossen für Anregungen und Kritik, haben aber auch selbst immer wieder Überlegungen und Versuche angestellt. Als ungelöstes Problem erscheint uns vor allem, daß immer noch viele Menschen, die unsere Hilfe brauchen, von uns nicht oder nicht rechtzeitig erreicht werden.

Die Arche ist mit ihrem Konzept auf eine ganz bestimmte Situation zugeschnitten: auf großstädtische Lebensverhältnisse. Zu unserer Zielgruppe gehören demnach Menschen, die mit großen Schwierigkeiten zu tun haben, aber doch immer noch Fähigkeiten und Möglichkeiten sehen, im alltäglichen Leben wieder Fuß zu fassen. Weiteren, darüber hinausgehenden Erfordernissen einer breiteren Selbstmordverhütung kann die Arche nicht genügen. Wir müssen aber zufrieden sein, daß sich das Konzept innerhalb des vorgegebenen Rahmens bewährt.

Für alte Menschen ist eine Ambulanz aus naheliegenden Gründen eine nicht sehr geeignete Betreuungsform. Zwar kommen immer wieder auch alte Menschen mit seelischen Problemen zu uns. Sie können selbstverständlich ebenso beraten und betreut werden wie jüngere Klienten. Häufig geht es aber im Grunde ausschließlich um soziale, wirtschaftliche oder auch um ganz konkrete lebenspraktische Probleme, die sich bei der Organisation des Alltags stellen. Hier können wir nur an andere Dienste verweisen.

Soweit wie möglich werden Freunde, Partner und Familienmitglieder in die Beratungsarbeit einbezogen. Für regelrechte Familientherapie aber läßt der Behandlungs- und Betreuungsauftrag der Arche keinen Raum. Daher wird in der Regel auch die Behandlung und Betreuung gefährdeter Kinder besser in geeigneten Spezialeinrichtungen (Kliniken, Erziehungs- und Elternberatungsstellen) durchgeführt.

Obwohl Psychotiker und Suchtkranke zu den am meisten gefährdeten Risikogruppen zählen, müssen sie ebenfalls bei sich zuspitzender Symptomatik anderen Einrichtungen übergeben werden, weil sie die für eine ambulante Behandlung erforderliche Stabilität aufzubringen nicht mehr in der Lage sind.

Zum Konzept der Arche gehört schließlich auch, daß ihre Mitarbeiter in der Öffentlichkeit für den Gedanken und die praktischen Erfordernisse der Selbstmordverhütung eintreten. Mehrfach hatten wir auch schon Gelegenheit, bei der Planung und Einrichtung anderer neuer Einrichtungen der Selbstmordverhütung durch Anregungen und Ratschläge mitzuwirken.

Unsere Arbeit am Fall der Frau M.

Die meisten Menschen, die zu uns in die Arche kommen, fühlen sich in irgend einer Weise suizidgefährdet. Dies äußert sich in Zuständen der Niedergeschlagenheit und der Antriebslosigkeit und reicht über gelegentliche Suizidgedanken bis zu konkreten Suizidplänen oder schon erfolgten Suizidhandlungen. Diese Suizidalität tritt meist in der Folge von Konflikten mit anderen Menschen hervor: Trennungserlebnisse, Auseinandersetzungen mit Ehepartnern, Eltern, Kindern, Arbeitskollegen oder Freunden. Aber auch Versagenserlebnisse in der Arbeit, der Schule oder im Studium können Auslöser für Selbstmordgedanken oder Selbstmordhandlungen sein. Soziale Notlagen, der Tod naher Angehöriger oder etwa die schuldhafte Beteiligung an einem Unfall sind indessen eher seltene Gründe für die Suizidneigung. Im Zustand der latenten bis akuten Suizidalität wenden sich Menschen mit dem Wunsch nach Hilfe und Beratung an uns. Sie haben unsere Adresse von Bekannten, Arbeitskollegen, Ärzten, aus der Presse, sie kennen uns über Bekannte – oder waren früher schon mal bei uns. Oft kommen aber auch Angehörige oder Bekannte von Suizidgefährdeten, um sich Rat und Unterstützung zu holen.

Etwa die Hälfte unserer Klienten kommt in der Folge eines Selbstmordversuchs zu uns. Viele werden direkt von den Kliniken oder den behandelnden Ärzten vermittelt. Oft haben sie sich mehrere Tage oder Wochen in stationärer Behandlung befunden, je nach Schwere der Verletzungen oder der anhaltenden akuten Selbstmordgefährdung. Anfangs reagieren die Klienten auf ihren Selbstmordversuch sehr unterschiedlich. Die einen sind froh, daß sie noch leben, andere sind enttäuscht, daß «es nicht geklappt» hat. Die Tatsache des Weiterlebens stellt so für manche einen Unglücksfall dar. Von daher schwankt der Grad der noch bestehenden Selbstmordgefährdung erheblich, was sich natürlich auf den Charakter der Arbeit in der Arche auswirkt. Manche haben Freude am wiedergeschenkten Leben und gehen voller Tatendrang an die Lösung ihrer Probleme, andere sind immer noch verzweifelt und finden aus ihrer tiefen Depression nicht hinaus. Die einen können nach zwei Wochen gar nicht mehr verstehen, daß sie zum Suizid überhaupt fähig waren; andere haben immer noch Selbstmordgedanken und sagen: «Das nächste Mal mach' ich es richtig.»

In vielen Fällen können wir beobachten, daß der Grad der Suizidalität unmittelbar nach der Selbstmordhandlung stark abnimmt. Oft hängt dies auch damit zusammen, daß der Betreffende verstärkt Zuwendung erfährt durch Partner, Familienangehörige, Freunde, Ärzte oder Berater – und so auch aus der Isolation herausfindet, in der er sich vor dem Selbstmordversuch befunden hatte. Gleichwohl ist der Betreffende noch nicht gerettet. Denn in der Regel hält die grundsätzliche Gefährdung weiter an. Nicht selten erfolgt einige Wochen später wieder ein Selbstmordversuch, just zu einem Zeitpunkt, als der Betreffende den Eindruck erweckt, daß es ihm wieder gut geht.

Als ein Beispiel, das natürlich nur einige grundsätzliche Aspekte der Suizidproblematik deutlich machen kann, sei hier der Fall von Frau M. geschildert: Die 30jährige Zahnarzthelferin kam zwei Wochen nach einem schweren Selbstmordversuch auf Veranlassung eines Klinikarztes in unsere Beratung. Schon bei der telefonischen Anmeldung sagte sie, daß sie aus Liebeskummer Schlaftabletten genommen habe. Es sei das erste Mal gewesen und sie werde es nie wieder tun.

Zum Termin erscheint ein attraktive, sportlich gekleidete Frau, die als erstes betont, daß sie sich sehr schäme für das, was sie getan habe. Sie betont noch einmal, daß sie «so etwas» nie wieder tun werde, sie könne jetzt, zwei Wochen danach, kaum mehr nachvollziehen, daß sie dazu fähig gewesen war.

Sie erzählt, daß sie vor zweieinhalb Monaten von ihrem Freund verlassen worden sei, was sie überhaupt nicht verstehen könne. Er war von seiner Firma ins Ausland versetzt worden und wollte nun die Beziehung über diese Distanz nicht aufrechterhalten. Er wünschte auch nicht, daß sie mitkomme, wozu sie bereit gewesen wäre. In der Zeit von der Trennung bis zur Suizidhandlung habe sie verzweifelt zu verstehen versucht, warum ihr Freund so handelte. Sie habe kaum mehr geschlafen, an nichts mehr Freude empfinden können. Ihre Gedanken kreisten immer nur um ihn. Bald habe sie nicht mehr gewußt, wofür sie eigentlich weiterleben solle, wenn er für sie nicht mehr existierte. Eines Tages habe sie sich Schlaftabletten besorgt. Als sie wieder am Wochenende ins Grübeln versunken sei und in der Nacht auf den Montag nicht habe einschlafen können, habe sie zu den Tabletten gegriffen. Sie beteuert, daß sie in jener Situation wirklich zu sterben gewünscht habe. An ihre Eltern, Geschwister, Arbeitskollegen habe sie in jenem Moment nicht gedacht, sondern nur daran, daß sie ohne ihren Freund nicht leben könne. Als sie am nächsten Morgen nicht zur Arbeit erschien und sich auch nicht abmeldete, fuhr eine Arbeitskollegin zu ihrer Wohnung und verständigte die Polizei, als sie die Türe nicht öffnete. Frau M. war drei Tage lang bewußtlos. Im Nachhinein ist sie froh, daß sie keine bleibenden Schäden davongetragen hat.

Frau M. kam nur auf starkes Drängen des behandelnden Arztes zu uns und öffnete sich erst ein wenig mehr, als ihr freigestellt wurde, ob sie wiederkommen wolle oder nicht. Jetzt sprach sie darüber, daß sie Angst habe, als psychiatrischer Fall behandelt und wegen ihres Suizidversuches für verrückt gehalten zu werden. Auf unser Nachfragen stellte sich heraus, daß in ihrer Umgebung die Leute nicht verstehen konnten, daß sie sowas getan habe, nur wegen eines Mannes. Sie habe doch eine schöne Wohnung, einen Beruf, der ihr Spaß mache und genügend Geld, um sich was leisten zu können. Sie sei gesund und gutaussehend, sicher fände sie bald einen neuen Freund, der sie nicht so schnöde sitzen lassen würde wie der alte. Mit dem Verstand pflichtete sie diesen Meinungen sogleich bei, aber gefühlsmäßig ging es ihr ganz anders. Frau M. bezeichnet sich selbst als mimosenhaft, als zu gefühlsbetont und romantisch. Einerseits würde sie gerne entschiedener und härter werden, um nicht von jedem Windhauch umgeworfen zu werden, ihre Gefühlsbetontheit und ihre romantischen Züge mochte sie jedoch nicht ablegen.

Am Ende dieser Aussprache vereinbaren wir fünf Gespräche im Verlauf der nächsten Wochen.

Im Laufe dieser Sitzungen konnte dann herausgearbeitet werden, was der Freund für sie eigentlich verkörperte: Er bedeutete das Freie, Unkonventionelle, Ungebundene, ein Leben, das sie sich nicht erlauben konnte. Im Gegensatz dazu hielt sie sich für altmodisch und konservativ, fühlte sich noch stark an die Eltern und Geschwister gebunden. Sie hatte zwar immer wieder Versuche unternommen, um von zu Hause loszukommen, empfand aber jedes Mal zu starke Schuldgefühle und Heimweh. Gleichzeitig handelten ihre Träume vom Weggehen, vom Im-Ausland-Leben. Nach und nach kamen immer mehr Träume ihres ungelebten Lebens zum Vorschein. Mit dem Freund, so hatte sie geträumt, könne sie das alles verwirklichen, er werde sie herausholen und mitreißen.

Die starken Schuldgefühle gegenüber den Eltern und Geschwistern bedeuteten, daß es ihr nicht gutgehen dürfe, wenn es nicht gleichzeitig auch allen anderen gutgehe.

Nach ein paar Wochen machte sie sich daran, einige ihrer Wünsche selbständig zu verwirklichen. So begann sie einen Surfkurs, den sie schon seit Jahren machen wollte. Nach einem Kurzurlaub in Paris, wohin sie allein gefahren war, berichtete sie, daß sie zwar oft traurig gewesen sei, wenn sie an die Urlaube mit ihrem Freund gedacht habe, daß sie aber wider Erwarten alleine recht gut zurechtgekommen sei und oft ein Gefühl der Dankbarkeit und Freude hatte, weil sie dies alles noch erleben konnte.

Nach acht Wochen beendete sie die Gespräche: Sie wollte versuchen, alleine zurechtzukommen und sich bei Bedarf wieder melden. Erst nach etwa vier Monaten haben wir sie angeschrieben und uns erkundigt, wie es ihr zur Zeit so gehe. Drei Wochen später rief sie an, entschuldigte sich, daß sie solange nichts von sich habe hören lassen, irgendwie sei alles schon so weit weg für sie, sie wolle auch gar nicht mehr so gerne daran denken. Selbstmordgedanken habe sie eigentlich keine mehr, in der Arbeit und mit den Kolleginnen ginge es ihr gut, niemand spräche mehr von der Sache, sie gehe übrigens regelmäßig zum Surfen, das mache Spaß, und der nächste Urlaub sei schon geplant.

Natürlich darf aus dem Verlauf dieser Beratung nicht geschlossen werden, daß Frau M. nie wieder in eine Situation gerät, auf die sie suizidal reagiert. Immerhin hat sie einen Weg aus dieser schweren Krise gefunden, und sie hat sogar die Chance dieser Krise genutzt und zu mehr Selbständigkeit gefunden. Ein Glücksfall?

Wieviel können Laien helfen?

Ist Selbstmordverhütung ein Gebot der Mitmenschlichkeit, eine selbstverständliche Verpflichtung, die uns alle betrifft und die unversehens für jeden einzelnen zur konkreten Aufgabe werden kann? Wer dies bejaht, der unterschätzt das Problem und die mögliche Bedrohlichkeit des Einzelfalls. Als Gesellschaft, aber auch als Einzelne sind wir auf diese Aufgabe nicht vorbereitet. Vor allem aber würde die Sorge um einen Gefährdeten in den meisten Fällen zweifellos die Möglichkeiten und Kräfte des Laienhelfers überfordern, zumal auch der Fachmann erheblichen, durchaus nicht mühelos zu bewältigenden Anforderungen ausgesetzt ist.

Was können, was sollen wir also tun? Und was sollten wir besser unterlassen?

Vielleicht werden Sie eines Tages in die Lage versetzt, bei einem Ihnen nahestehenden Menschen eine Gefährdung anzunehmen oder zu vermuten, ohne daß sie sich schon konkret zeigt. Man kann davon ausgehen, daß 80 Prozent aller Selbstmorde irgendwann einmal angekündigt wurden. Solche Ankündigungen müssen ernst genommen werden. Auch wenn es sich noch nicht um eine akute Gefährdung handelt, so kommen doch in solchen Gedanken seelische Nöte zur Sprache. Und wenn die Botschaft noch verschlüsselt ist, also nur indirekt durch Andeutungen oder Verhalten zum Ausdruck kommt (präsuizidales Syndrom), sollten sie sich nicht scheuen, vorsichtig nachzufragen. Die Erfahrung zeigt, daß dies kaum je verübelt, sondern als Zeichen der Anteilnahme und der mitmenschlichen Bereitschaft erlebt wird.

Im Grunde sind die Anforderungen die gleichen wie bei einer Krisenintervention oder auch in der ersten Phase der Behandlung; sie werden diktiert von der Situation des Suizidalen, dem das Gefühl der Anteilnahme und der Bemühung um das Verständnis zu vermitteln ist. So kann es früher oder später gelingen, den verlorenen Kontakt wieder zu beleben, die abgerissene Verbindung zwischen ihm und der Umwelt wieder herzustellen, das Erlebnis der Zugehörigkeit zu ermöglichen. Wir dürfen uns dem Erfordernis nicht entziehen, wenigstens für eine kurze Zeit ganz für den Gefährdeten dazusein. Wenn er das Gespräch annehmen kann, beginnt er vielleicht nach Alternativen zu suchen. Vielleicht können wir dann etwas Hoffnung, eine etwas realistischere Lebensmöglichkeit wecken. Dabei können wir davon ausgehen, daß kein Mensch ausschließlich suizidal ist, daß es in ihm vielmehr irgendwo immer noch Hoffnung und Lebenswillen gibt, und seien sie noch so verborgen.

Bei sehr vielen Gefährdeten spielen Minderwertigkeitsgefühle und Selbstwertzweifel eine wichtige Rolle. Sie sind deshalb im Grunde außerordentlich empfindlich, kränkbar, enttäuschbar. Entsprechende Erfahrungen können unter bestimmten Umständen alle Bemühungen zunichte machen, ja sogar eine gegenteilige, verhängnisvolle Wirkung entfalten. Deshalb sind Verläßlichkeit und Konsequenz des Helfers in seiner Zuwendung von größter Bedeutung. Größere Umstellungen, vor allem ein Wechsel der Bezugspersonen muß unbedingt vermieden werden, weil jede Enttäuschung, auch wenn sie in Wahrheit noch so unbegründet ist, die negativen Vorstellungen und Erwartungen der Gefährdeten erneut bestätigen.

Eine besondere Schwierigkeit liegt in der Tatsache, daß wir dem Gefährdeten gleichzeitig ein Gefühl von Nähe vermitteln und dabei doch auch Distanz wahren müssen. Wir dürfen uns nämlich nicht in seine Lebensproblematik verwickeln, uns auch nicht von seinen Erwartungen und Ansprüchen überrollen lassen. Wir sollten uns selbst und auch ihm die ganz realen Grenzen unserer Hilfsmöglichkeiten vor Augen halten, die wir auch in seinem eigenen Interesse nicht überschreiten. Oft genug führen nämlich Überforderung und Selbstüberforderung des Helfers bei diesem selbst zu Resignation, zu enttäuschter und sogar wütender Abkehr vom Gefährdeten, der nun plötzlich nicht mehr so sehr als hilfsbedürftig, sondern vor allem als unersättlich und undankbar erscheint.

Es ist vor allem dieses Problem der unbewußten, unabsichtlichen und ungewollten Überforderung, an dem viele ehrliche und engagierte Hilfsversuche scheitern: Die eigene Hilfsbereitschaft droht dem Helfer über den Kopf zu wachsen, weil sie ihn in einen Konflikt zwischen Selbsterhaltung einerseits und innerem Retter-Anspruch andererseits bringt. Die Folge davon kann sein, daß dem Gefährdeten das Sich-Zurechtfinden nur noch schwerer fällt.

Diese Verwicklungsgefahr macht die professionelle Hilfe sinnvoll und in den meisten Fällen sogar unerläßlich. Es ist aber von großer Bedeutung, daß die Übergabe an den berufsmäßigen Helfer, die Herstellung des Kontaktes zur Arche etwa, vom Gefährdeten nicht als ein Abschieben erlebt werden kann. Der Schritt muß sorgfältig eingeleitet werden, es darf keine Mißverständnisse und Pannen geben. Es kann sehr sinnvoll sein, den Gefährdeten zum Erstgespräch zu begleiten, um den Kontakt zu erleichtern, Offenheit herzustellen und die geringe Eigeninitiative des Gefährdeten zu unterstützen.

12

Gabriele Janz / Annegret Pankau / Karl-Heinz Schuldt

Den Menschen aus der Beengung führen

Die Laienhilfe «Arbeitskreis Leben»

Die Autoren, zwei Sozialpädagogen und eine Soziologin, sind Mitglieder des «Arbeitskreis Leben» (AKL) in Tübingen und Reutlingen.

Selbstmordhandlungen sind vor allem ein Signal der Beziehungslosigkeit und einer unerträglich gewordenen Beengung der eigenen Lebensmöglichkeiten. Damit ist der Suizidversuch Ausdruck einer Krise: diese Einengungen sollen überwunden, Mauern gesprengt werden. In vielen Selbstmordhandlungen und Selbstmordphantasien wird gerade der Wunsch nach Befreiung deutlich. Und der Wunsch verlangt nach Hilfe.

Das Wissen um die Anliegen der Menschen, die in suizidale Krisen geraten sind, die hohen Zahlen über Suizide in den Landkreisen Tübingen und Reutlingen und die mangelnde Hilfestellung für Menschen nach einem Suizidversuch führten 1976 zur Gründung des «Arbeitskreis Leben» (AKL) aufgrund einer von Laien getragenen Initiative.

Die Gründungsmitglieder wollten diesen Menschen außerhalb des professionellen Rahmens auf einer partnerschaftlichen, ungezwungenen Ebene ihre Hilfe und Unterstützung anbieten.

Seit der Gründung erhöhte sich die Zahl der ehrenamtlichen Mitarbeiter; in den Städten Tübingen und

Reutlingen wurde ein Büro eingerichtet und die Mitglieder beschlossen, die rein ehrenamtlich getragene Arbeit durch hauptamtlich angestellte Sozialpädagogen zu unterstützen. Koordination, Organisation und Verwaltung, das Anbieten öffentlicher Sprechzeiten und die Leitung der Einführungs- und Supervisionsgruppen sollten die Arbeitsschwerpunkte der Fachkräfte sein.

Aufbau und Konzept des AKL

Heute ist der AKL ein als gemeinnützig anerkannter, eingetragener Verein mit 80 ehrenamtlich tätigen (aktiven) und 40 fördernden (passiven) Mitgliedern. Außerdem sind drei hauptamtliche Mitarbeiter auf zwei Personalstellen, sechs Honorarkräfte und drei Praktikanten beschäftigt.

Die hauptamtlichen Mitarbeiter sind arbeitsrechtlich gesehen Angestellte der ehrenamtlichen Mitarbeiter und Vereinsmitglieder (im Gegensatz zu anderen sozialen Organisationen, wo es umgekehrt ist). Hieraus ergibt sich ihre Aufgabe der fachlichen Anleitung der Ehrenamtlichen, der Koordination und der Verwaltungsarbeit.

Je nach Qualifikation der hauptamtlichen Mitarbeiter wird das ursprüngliche Angebot des AKL – Einzelgespräche mit ehrenamtlichen Helfern – durch Beratungs- und Therapieangebote für Einzelne, Paare, Familien und Gruppen ergänzt. Die hauptamtlichen Kräfte übernehmen meist auch die Beratung von Angehörigen Suizidgefährdeter. Das derzeitige Gesamtangebot des Arbeitskreises Leben reicht also von der beratenden Laienhilfe bis zur fachlich angeleiteten Therapie.

Wer beim AKL mitarbeiten will, wird in einem dreimonatigen Einführungskurs (wöchentlich eine Sitzung) auf die Beratungs- und Betreuungstätigkeit vorbereitet.

Hier findet der Teilnehmer die Möglichkeit, nochmals seine Motivation und die persönliche Situation zu klären. Auch Stärken und Fähigkeiten im Umgang mit sich und mit anderen Menschen in schwierigen Lebenssituationen können hier verdeutlicht werden. Diesem Konzept liegt die Ansicht zugrunde, daß jeder Mensch im Grunde über die Fähigkeiten verfügt, sein Leben auf eine zufriedenstellende Weise zu gestalten, auch wenn seine Ressourcen momentan schwer zugänglich oder verschüttet sind.

Im Verlauf der Jahre gewann übrigens unter den AKL-Mitarbeitern auch der Aspekt der eigenen Bedürftigkeit und Selbst-Hilfe an Bedeutung. Dahinter steht die Erfahrung, daß auch der Berater in seinem Leben immer wieder schwierige Situationen und Krisen erlebt und auf die solidarische Unterstützung durch andere angewiesen ist. In internen Supervisionsgruppen mit je sieben AKL-Mitarbeitern können eigene Anliegen in den Prozeß der Gruppe eingebracht und persönliche Probleme erörtert werden. Damit bietet der AKL auch die Möglichkeit, Hilfe mit Selbsthilfe zu verknüpfen.

Die derzeit 80 ehrenamtlich Tätigen kommen aus allen beruflichen Bereichen, allerdings überwiegend aus den Bereichen Erziehung, Sozialarbeit, Psychologie und Theologie. Die meisten sind zwischen 25 und 40 Jahre alt. Diese Altersverteilung spiegelt sich auch bei den Klienten. Ähnlich die Geschlechterverteilung: Unter den Mitarbeitern und den Klienten sind etwa 70 Prozent Frauen.

Die Arbeit der ehrenamtlichen Kräfte basiert auf Selbstbestimmung und Freiwilligkeit. Was Helfer und Klient miteinander tun, liegt im Ermessen des Mitarbeiters, natürlich auch in den Bedürfnissen der zu betreuenden Person.

Die Hilfe besteht in den allermeisten Fällen in problemorientierten Gesprächen, aber auch in der Begleitung zu Ämtern und Behörden, in der Mithilfe bei Wohnungs- und Arbeitssuche bis hin zu gemeinsamer Freizeitgestaltung. Der Ort wie auch die Häufigkeit und Gesamtdauer der Treffen werden zwischen Mitarbeiter und betroffener Person vereinbart.

Erfahrungsgemäß sind AKL-Mitarbeiter im Jahresdurchschnitt zwölf Stunden pro Monat aktiv. In akuten Krisensituationen freilich stehen sie auch mehrere Stunden täglich zur Verfügung. Die Betreuung dauert in den meisten Fällen etwa ein halbes Jahr, freilich ist sie unterschiedlich intensiv. Es gibt allerdings auch Kontakte, die sich über mehrere Jahre erstrecken.

In der Öffentlichkeit ist inzwischen anerkannt, daß die Anleitung und Stützung ehrenamtlicher Arbeit durch Fachkräfte erfolgen muß, da nur so eine verantwortungs- und sinnvolle Arbeit geleistet werden kann. Leider hat diese Erkenntnis bei der öffentlichen Hand nicht zu entsprechenden Konsequenzen geführt. Es gibt keine gesicherte Regelfinanzierung, jedes Jahr müssen 65 Prozent unserer Kosten durch Eigenmittel, durch Spenden, Bußgelder oder durch die Einnahmen bei Sammlungen aufgebracht werden. Durch die Nichtgewährung öffentlicher Zuschüsse mußte in der Vergangenheit zeitweise das Hilfsangebot drastisch reduziert werden.

Möglichkeiten der Hilfe

Die nun zehnjährige Existenz des AKL steht für die Überzeugung, daß suizidgefährdete Menschen nicht einfach als krank und nur durch einen Mediziner zu behandeln anzusehen sind, sondern daß sie überwiegend durch mitmenschliche und nachbarschaftliche Hilfe ihre Lebenskrisen verstehen und bewältigen können. Im weiten Feld sogenannter zwischenmenschlicher Beziehungen gibt es nicht nur belastende, sondern ebenso auch heilende Kräfte. Diese sollen möglichst aktiviert werden.

Gesellschaftliche Gegebenheiten und persönliche Entwicklungen, die häufig auf die Kindheit zurückgehen (aber dadurch nicht unabdingbar feststehen) sind gegenseitig sich beeinflussende Faktoren, die zu selbstzerstörerischem Verhalten, Denken und Fühlen führen können. Dieser Zusammenhang ist für uns Mitarbeiter in der Begegnung mit gefährdeten Menschen zu berücksichtigen und in den Gesprächen herauszuarbeiten. So können eigene Entscheidungen zwischen Leben und Tod gefunden werden.

Der Name «Arbeitskreis Leben» schreibt nicht vor, daß ohne Rücksicht auf die jeweilige Situation das persönliche Leben des Einzelnen zu «retten» sei. Unser Bestreben ist vielmehr darauf gerichtet, den Lebensraum des anderen soweit wie möglich zu erweitern, also einengende Umstände (individuell und gesellschaftlich) in ihrer Wirksamkeit zu mindern. Die Menschen haben grundsätzlich die Möglichkeit, Hand an sich zu legen und ihr Leben zu beenden. Dies wollen wir respektieren und uns nicht aufdrängen. Wir möchten in unserem Rahmen Begegnungen anbieten – nicht mehr, aber doch so viel.

Natürlich werden wir gefragt, ob wir erfolgreich waren, wie viele Menschen wir denn retten konnten. Diese Frage ist im Grunde nicht zu beantworten, denn allein die Tatsache, daß ein Mensch (noch) lebt, ist für uns nicht Maßstab einer guten Hilfe. Vorsichtig formuliert: Ob er heute seine inneren und äußeren Einengungen durch die Hilfe des AKL eher hat aufheben und neue Lebensspielräume entwickeln können, ist Ergebnis einer hilfreichen Begegnung. Nachweisen läßt sich auch freilich dieses nicht, sondern obliegt dem durchaus subjektiven Eindruck des Helfers.

Unsere Arbeit hat also, allgemein gesagt, zum Ziel,

Menschen in Lebenskrisen eine persönliche Hilfe anzubieten, insbesondere Menschen, die selbstmordgefährdet sind.

Im wesentlichen gelten unsere Aktivitäten der Hilfe in akuten Lebenskrisen (Krisenintervention) und nach einem Selbstmordversuch (Nachsorge). Hinzu tritt die Beratung Suizidgefährdeter im Sinne der Prävention. Diese Arbeit läßt sich am besten anhand eines Fallbeispiels veranschaulichen.

Fallbeispiel Prävention

«Ich habe immer gearbeitet, hab mich keinmal krankschreiben lassen, habe meine Familie ernährt und alles recht gemacht. Aber jetzt kommt mir plötzlich alles so sinnlos vor.» Dies sind Äußerungen eines akut suizidgefährdeten 55jährigen Mannes, der vor einigen Tagen von seinem Vorgesetzten in humorvoll gemeintem Ton darauf aufmerksam gemacht wurde, daß nun seine letzten zehn Berufsjahre angebrochen seien und er jetzt schon mal ruhiger treten könne.

Vom Antrieb, sich anzustrengen und es den andern immer recht zu machen, loszulassen und ruhiger zu treten sind ja eigentlich kaum bedrohliche Ziele, im Gegenteil. Doch für diesen Mann, der seinen Lebenssinn bislang anders verstanden und Situationen der Entspannung nicht gekannt hat, steht der Sinn des Lebens plötzlich in Frage.

Der Mann hatte anfangs starke Selbstmordphantasien. Er sah im Suizid einen Ausweg aus einer deprimierenden Situation, deren Zusammenhänge er aber nicht verstand. Er blieb mit seinen Phantasien anfangs auch allein, weil er sich vor der Verurteilung durch andere fürchtete.

Denn die Krise entsprach nun gar nicht seinem Selbstbild und auch nicht dem, wie er von den anderen gesehen werden wollte. Die Selbstmordphantasien entsprangen dem Glauben, ein «Nichtsnutz» geworden zu sein, den man in absehbarer Zeit «nirgendwo mehr brauchen» würde, wie er anfangs sagte. Damit verbunden war natürlich auch die Angst vor der Veränderung seiner gewohnten Lebenseinstellung. Die Selbstmordhandlung wäre also in diesem Falle der verzweifelte Versuch einer Anpassung an die innere wie auch an die gesellschaftliche Einstellung.

Maßgeblich für die Überwindung seiner Lebenskrise war die Beziehung zum Mitarbeiter des AKL. Von ihm fühlte er sich erst einmal angenommen. Zunächst ging es tatsächlich nur darum wahrzunehmen, daß dieser Mann sich in einer Krise befindet. Erst in den weiteren Gesprächen wurde dann der Zusammenhang zwischen der aktuellen Lebenskrise, seiner sozialen Umgebung (Familie und Arbeit) und seinem bisherigen Leben erhellt und besprochen.

In einem weiteren Schritt war es dann endlich möglich, konkrete Veränderungen der äußeren Lebensgestaltung und der inneren Einstellung anzusprechen. Diese Entwicklung spiegelt sich auch in der Arbeit zwischen Helfer und Hilfesuchendem, indem der Helfer selbst eine ausbaufähige Form der Beziehung anbietet. So kann der Hilfesuchende neue Erfahrungen des Umgangs mit sich und anderen sammeln und wird ermutigt, dies in andere Beziehungen und Lebensäußerungen umzusetzen.

Nach einigen Gesprächen fängt er an zu verstehen, was in ihm vorgeht. Während er zunehmend gelassen und entspannt vor uns sitzt, wird ihm deutlich, wie einengend sein Glaube war, immer nur für andere nützlich sein zu müssen. Er wird sehr traurig und fühlt den Schmerz über die nicht gelebten, vernachlässigten Seiten seiner Person.

Wir reden über das, was er gerne anders gemacht und gehabt hätte, aber auch, wie bedeutend die Anstrengungen des Rechtmachens waren. In den Gesprächen kehren wir häufig zu den verpaßten Lebensmöglichkeiten zurück, die ihm heute sein Leben schwer machen. Anstatt nun sich selbst oder anderen Vorwürfe zu machen, gelingt es ihm, die Krisenzeit als besonderen Lebensabschnitt und als Chance zur Veränderung zu sehen. Er beginnt selbst, seinen Alltag zu verändern, gewinnt Vertrauen zu seinen früher unterdrückten Gefühlen, wird offener. Nachdem er dann die Krise überwunden und neue Impulse entwickelt hat, verabschieden wir uns. Es war eine für beide Seiten bereichernde Begegnung auf Zeit.

Krisenintervention und Nachsorge

Dieses Beispiel des 55jährigen Mannes gilt nur für Menschen, die in akute Krisen geraten sind. Beziehungsprobleme, Trennung, Verlust des Arbeitsplatzes, körperliche und seelische Veränderung sind Auslöser für das Gewahrwerden einer Krise. Alte und vertraute Handlungsmuster funktionieren plötzlich nicht mehr und der bisherige Lebensrhythmus gerät außer Kontrolle. Diese Krisen sind normal in dem Sinne, daß sie fast jeder von uns in verschiedenen Abschnitten seines Lebens erfährt.

Dennoch macht die konkrete Erfahrung Angst, weckt Gefühle von Ausweglosigkeit, Hilflosigkeit, Mutlosigkeit und Verwirrtheit. Die Reaktionen des Einzelnen sind dann häufig vollständiger Rückzug aus Beziehungen, Passivität, Destruktivität und suizidale Phantasien, vielleicht sogar Handlungen.

Verstehen und Ernstnehmen der jeweiligen Situation, aber auch ein möglichst rasches persönliches Handeln sind wichtig. Besonders die emotionale Entlastung und die weitere Klärung der Situation zusammen mit konkreten weiterführenden Perspektiven sind Bestandteil dieser Hilfe.

Nach unseren Erfahrungen geht es nicht in erster Linie um die Abklärung psychiatrisch diagnostischer Fragestellungen, sondern um das Angebot einer persönlich engagierten Beziehung. Die ermutigt häufig zum Weitersuchen nach einem Weg aus der Krise.

Sollten sich zu einem späteren Zeitpunkt etwa wichtige Anhaltspunkte für die Hinzuziehung eines ärztlichen Therapeuten ergeben, so kann dies dann im Einverständnis mit dem Betroffenen geschehen. Unsere bisherigen Erfahrungen machen sehr deutlich, daß es nicht allein bei akuten Kriseninterventionen bleiben darf. Die in der akuten Krise gegebene Ermutigung zum Weiterleben bleibt ethisch fragwürdig, wenn nicht auch eine weitere Perspektive entwickelt werden kann. Deshalb schließt sich in aller Regel an die Krisenintervention ein Angebot für eine längerfristige Begleitung an, bis die Selbstheilungskräfte des anderen wirksam werden.

Wir bemühen uns, während der Krisenintervention den Hilfesuchenden möglichst innerhalb seines sozialen Umfeldes zu beraten und zu stabilisieren, um die akut lebensbedrohliche Situation vor Ort unter den Gegebenheiten des Alltags aufzufangen und eine Klinikeinweisung nach Möglichkeit zu vermeiden.

Gerade die Ehrenamtlichkeit der Mitarbeiter begünstigt eine angstfreie Atmosphäre und erleichtert den Zugang zum Arbeitskreis Leben. Über die enge Zusammenarbeit mit der Telefonseelsorge (hier können AKL-Mitarbeiter rund um die Uhr erreicht werden) kann auch eine schnelle Hilfe angeboten werden. Schließlich hat auch der inzwischen hohe Bekanntheitsgrad des Arbeitskreises Leben in der Region Tübingen/Reutlingen vielen Menschen in akuten Krisen die Annahme von Hilfe ermöglicht.

Nachsorge bedeutet demgegenüber, den Menschen ein konkretes Hilfsangebot zu machen, die einen Selbstmordversuch hinter sich haben und (leider) im Krankenhaus in der Regel kaum Hilfe finden. Der Kontakt zwischen AKL und den örtlichen Kliniken beziehungsweise ihren Mitarbeitern ist hier besonders wichtig und immer wieder neu zu knüpfen. Mitarbeiter des AKL gehen nur dann zu den betroffenen Menschen in die Klinik, wenn diese dies ausdrücklich wünschen: Unser Hilfsangebot bleibt ein Angebot. Scham, Zweifel, Resignation, aber manchmal auch Wut und Hoffnung sind Stimmungen von Menschen, die medizinisch wieder «in Funktion» gesetzt wurden, aber seelisch meist immer noch alleine sind.

Die Nachsorge durch den Arbeitskreis Leben gilt im übrigen auch für Menschen, die aufgrund anderer Krisen längere Zeit in der Klinik (Psychiatrie) waren und nun eine Begleitung für die ersten Schritte draußen brauchen.

Respekt vor der Freiheit

Selbstzerstörerische Impulse zeigen sich in vielfältigen Verhaltensweisen: überhöhter Alkoholgenuß, Drogenkonsum, aber auch riskantes Rad- und Mofafahren von Jugendlichen oder riskantes Fußgängerverhalten im Straßenverkehr sind nicht selten Ausdruck selbstzerstörerischen Verhaltens. Und häufig verbirgt sich hinter der Zeitungsnotiz «der Wagen kam aus ungeklärter Ursache von der Fahrbahn ab» eine Selbstmordhandlung, die nicht immer in voller Absicht, sondern wie aus Versehen begangen wurde. Nicht selten steht dahinter die innere Haltung: «Wenn es schief geht, ist es auch egal.» Die Zahlen von Verkehrsunfällen und Verkehrstoten, die ja in jüngster Zeit wieder steigen, sollten auch auf diesem Hintergrund untersucht und überdacht werden.

Menschen, die keine Zukunftspläne mehr machen oder anfangen, ihre persönlichen Angelegenheiten pingelig zu ordnen, die sich von Freunden und Bekannten zurückziehen, signalisieren häufig eine geplante Selbstmordhandlung. Abschiedsbriefe oder überraschend dargereichte Geschenke, die einen großen persönlichen Wert haben, geben Hinweise auf die Not des anderen. Etwa zwei Drittel derjenigen, die einen Selbstmordversuch unternehmen, haben wenige Tage vor der Tat ihren Hausarzt konsultiert. Meist beschrieben sie ein körperliches Mißbehagen. Wenn dies nicht als Signal der inneren Not gesehen und die Person nicht in ihrer seelisch-körperlichen Ganzheit gewürdigt wird, verhallt dieser Hilferuf.

Suizidgedanken, Selbstmordankündigungen und selbstzerstörerisches Verhalten sind zumeist Ausdruck von Lebensüberdruß, zugleich sind es auch Versuche, sich selbst wenigstens so zu zeigen, wie es um einen steht. Sie sind Ausdruck einer tiefgreifenden Lebenskrise.

In dieser Lebenskrise, so sehr sie auch die Existenz bedroht, liegt eine große Chance: Die bisherige Lebensgestaltung scheint ihren Sinn und ihre stützenden Funktionen zu verlieren, bisher vernachlässigte Seiten der Persönlichkeit treten hervor, machen neugierig und auch gleichzeitig Angst.

Die Chance liegt also, vereinfacht gesagt, für den Suizidgefährdeten darin, sein (noch) nicht gelebtes, aber gegenwärtiges Leben zu entdecken, verborgene, oftmals verschüttete Seiten von sich freizulegen und anzunehmen. Sie führen meist zur Lösung der zuvor für unlösbar gehaltenen Probleme – und sie öffnen die Aussicht auf neue Lebensperspektiven.

Wir meinen, daß die Heilungskräfte meist in den Menschen selbst liegen. Auch der Leser kann, wenn er will, im Gefährdeten diese Kräfte wecken: durch ernsthaftes Zuhören und angemessenes Einfühlen in die Tragik der suizidalen Krise. Wir machen kein Tabu aus der Selbstmordproblematik. Gehen auch Sie offen mit dieser Fragestellung um. In der Begegnung mit selbstmordgefährdeten Menschen kommen Sie mit Gefühlen von Wut, Ärger, Enttäuschung, Schuld und Trauer in Kontakt. Es ist wichtig, sich dieser Gefühle bewußt zu werden und sie nicht zu unterdrücken. Und, vor allem: Das Aufopfern für den anderen oder das «Retten» des anderen mögen gut gemeinte Absichten im Umgang mit gefährdeten Menschen sein, führen jedoch meist nicht aus der Krise. Die Verantwortung für das Leben liegt – von ganz wenigen Ausnahmen abgesehen – bei jedem selbst, auch wenn er ganz hilflos erscheint. So kann es manchmal wichtig und notwendig sein, bei allem Schmerz und aller Wut und Trauer, bei allem Nicht-verstehen-Können die Entscheidung des anderen zu akzeptieren.

Von unserer, mit dieser Selbstdarstellung verbundenen Aufforderung zur anteilnehmenden Hilfe unberührt bleibt das Grundsätzliche: Zum Menschsein gehört auch die Möglichkeit, sein Leben willentlich zu beenden. Diese Möglichkeit gilt es zu respektieren. Doch nur, wer den Suizidgefährdeten für «krank» erklärt, läuft Gefahr, den Respekt vor der Freiheit des Anderen zu verlieren.

13

Ullrich Brenning / Gabi Härter / Monika Schnell / Helmut Wetzel / Michael Witte

Der ungestillte Hunger nach Leben

Die Jugendberatungsstelle «Neuhland»

In Berlin hat Anfang 1984 nach einer längeren Vorbereitung die Modelleinrichtung «Neuhland» für suizidgefährdete Kinder und Jugendliche die Arbeit aufgenommen. Das Projekt gilt in Westeuropa als einzigartig.

Jedem sind die häufigen Zeitungsnotizen über Kinder- und Jugendlichensuizide bekannt. In der Bundesrepublik sterben jährlich rund 1300 Kinder, Jugendliche und junge Erwachsene bis 25 Jahre durch eigene Hand.

Selbstmordversuche werden statistisch nicht erfaßt. Schätzungen gehen vom 20- bis 100fachen der Suizide aus. Das sind allein unter den Kindern und Jugendlichen 25 000 bis 130 000 pro Jahr. So kann man davon ausgehen, daß sich jeden Tag in der Bundesrepublik Deutschland etwa vier junge Menschen das Leben nehmen und etwa 200 bis 300 es versuchen.

Die meisten Beratungsstellen für Selbstmordgefährdete und die Kriseninterventionszentren der Krankenhäuser sind indessen eher auf die Arbeit mit Erwachsenen eingerichtet; eine sozialpädagogische oder psychologische Nachbetreuung fehlt.

Angesichts dieser Situation war die Notwendigkeit eines Modellprojektes für selbstmordgefährdete Kinder und Jugendliche geboten. Neben der Entwicklung eines ambulanten Beratungs- und Therapieangebots ging es darum,

- ▷ mittelbar Betroffene (Eltern, Freunde, Lehrer, Erzieher, Sozialarbeiter und so weiter) zu beraten;
- ▷ eine Krisenunterkunft für suizidgefährdete Kinder und Jugendliche zu erproben;
- ▷ Fortbildungsangebote für Erzieher, Sozialarbeiter, Lehrer und andere beratende und helfende Berufe zu erarbeiten, sowie
- ▷ über entsprechendes Informationsmaterial einen Beitrag zur Enttabuisierung des Selbstmordthemas zu leisten.

Die Modelleinrichtung Neuhland ist demnach aufgebaut als ein Verbund aus Beratungsstelle, Krisenunterkunft und Fortbildungseinrichtung.

Das Mitarbeiterteam, bestehend aus Diplom-Sozialpädagogen, Diplom-Pädagogen, Diplom-Psychologen und einer Verwaltungsangestellten, arbeitet interdisziplinär und soll einen breiten Aufgabenkreis abdecken.

Ein Schwerpunkt unserer Arbeit gilt der Krisenintervention, der Beratung und Therapie. Unser Angebot ist in die medizinische und psychosoziale Versorgung Berlins integriert worden. Wir arbeiten sowohl mit den Kriseninterventionszentren, den Kinderkliniken und den Allgemein-Krankenhäusern, als auch mit den Beratungsstellen und den Ämtern der Jugend- und Sozialhilfe zusammen. Durch gezielte Öffentlichkeitsarbeit erreichen wir inzwischen auch unmittelbar betroffene Jugendliche sowie Eltern, die sich in Krisen direkt an uns wenden.

Seit der Arbeitsaufnahme vor zweieinhalb Jahren haben sich mehr als 3000 Jugendliche telefonisch oder persönlich an uns gewandt. Das Alter der Jugendlichen, die zu uns kommen, liegt zwischen sieben und 25 Jahren.

Jeder Suizidversuch eines Jugendlichen erzählt uns

eine Geschichte, eine sehr persönliche. Und doch kommen immer sehr ähnliche Erfahrungen zum Vorschein. Der Suizidversuch ist kein plötzlich hereinbrechendes Ereignis, sondern Endpunkt eines Prozesses, der in eine Krise mündet, in der ein Gefühl immer bestimmender wird: ich weiß nicht mehr weiter!

In der Arbeit mit suizidgefährdeten Kindern und Jugendlichen sind uns besonders vier Problembereiche deutlich geworden:

- ▷ schwere Beziehungsstörungen des Jugendlichen zu seinen Mitmenschen;
- ▷ innere Zerrissenheit und ungeheure Ambivalenz (Widersprüchlichkeit) seiner Gefühle;
- ▷ starke familiäre Konflikte sowie
- ▷ die Unfähigkeit, seinen Aggressionen einen angemessenen Ausdruck zu verleihen.

Der Selbstmordversuch oder der Wunsch, seinem Leben ein Ende zu setzen, sind direkter Ausdruck einer tiefgreifenden persönlichen, familiären oder auch sozialen Krise. Der Suizidgedanke drückt beides aus: die momentan als absolut ausweglos empfundene eigene Lebenssituation und die viel früher begonnene Geschichte der Selbstzweifel, der Angst und tiefen Unsicherheit in den Beziehungen.

Fast immer gibt es einen unmittelbaren Auslöser für den Suizidversuch. Aber das ist immer nur der letzte Tropfen, der ein bereits randvolles Faß zum Überlaufen bringt: ein schlechtes Zeugnis, eine gefährdete Versetzung, Liebeskummer oder Streit mit den Eltern – Gründe, wie sie in der Presse immer wieder auftauchen. Aber man wird weder dem Jugendlichen noch dem Phänomen Selbstmord gerecht, wenn man sich mit solch oberflächlichen Zuordnungen zufrieden gibt.

Auf die Frage: «Warum wolltest du dich umbringen?», kommen aber auch oft Sätze wie «ich bin verwirrt», «ich weiß nicht mehr weiter», «die haben mich doch dazu gezwungen», «dann ist endlich Ruhe», «es konnte doch so nicht weitergehen», «wenn ich tot bin, dann brauchen die sich keine Sorgen mehr zu machen». Ein Satz wie «ich weiß auch nicht» drückt oft nicht nur die Ratlosigkeit des Jugendlichen, sondern auch die seiner Familie aus.

Man kommt dem Jugendlichen und seinem Problem nur näher, wenn man nach dieser ersten Warum-Frage nicht aufgibt: Warum erscheint ein alltäglicher Konflikt so gewaltig; welche Erinnerungen und Erfahrungen hat er wachgerufen, welchen Stellenwert hat diese Auseinandersetzung im Leben dieses Jugendlichen und der Familie; gegen wen könnte sich der Tötungswunsch noch richten; wer will das Kind los sein; welcher Auseinandersetzung, welcher Wahrheit geht der Jugendliche – die Familie – aus dem Wege?

Die Lebenskrise des Jugendlichen

Entwicklung und Wachstum sind immer mit mehr oder weniger ausgeprägten Krisen verbunden. Wie und ob eine Krise gemeistert wird und zu der Entwicklung neuer Fähigkeiten führt, hängt davon ab, welche Erfahrungen der Mensch mit der Bewältigung schwieriger Situationen gemacht hat. Außerdem spielen die äußeren Bedingungen, die entwicklungsfördernd oder entwicklungshemmend wirken können, eine wichtige Rolle.

Das im Jugendalter vorherrschende Thema ist die Lösung von den Eltern und der Aufbau einer eigenen Existenz. Gleichzeitig mit dem Loslösungsstreben sind aber auch noch Bedürfnisse nach Rückzug, Geborgenheit, Kleinsein vorhanden. Viele Jugendliche verhalten sich von einer Minute zur anderen völlig entgegengesetzt, einmal wie ein Erwachsener, im nächsten Augenblick wie ein kleines Kind. Diese widersprüchlichen Gefühle und Bedürfnisse spürt der Jugendliche in sich; er kann sie aber selbst nicht einordnen und darum machen sie ihm Angst und verunsichern ihn. Gleichzeitig sind die körperlichen Veränderungen, insbesondere die sexuellen, mit heftigen Gefühlsregungen verbunden. Dieser Lebensabschnitt steht ganz im Zeichen von Unsicherheit, Angst und Zweifel.

Fast alle Jugendlichen beschäftigen sich in dieser Zeit mit den Fragen nach dem Tod, nach dem Sinn des Lebens und dem Selbstmord. Ob es zu einem Selbstmordversuch kommt, hängt indessen von äußeren Bedingungen und der Lebensgeschichte des Jugendlichen ab, die bestimmen, ob der Betreffende mit den Schwierigkeiten der Identitätsfindung erfolgreich umgehen kann.

Betrachtet man die Lebensgeschichte eines Jugendlichen in einer suizidalen Krise, ist es nicht immer leicht zu verstehen, wie eine Tendenz zur Selbstzerstörung entstanden sein kann.

Hat der Jugendliche immer wieder Gewalt erlitten, ist er geschlagen oder sexuell mißbraucht worden, dann ist unmittelbar einsichtig, daß er sich selbst kaum als wertvoll einschätzen kann. Genauso gewalttätig können jedoch die kleinen alltäglichen Verletzungen, Sticheleien, Verachtungen oder auch Entwertungen wirken. Eine Erziehung, die sich nicht an der besonderen Persönlichkeit des Kindes orientiert, sondern ein festes, vorgefertigtes Bild und Ziel verfolgt, verletzt oder zerstört sogar seine Persönlichkeit. Solche Prozesse sind freilich viel schwerer zu durchschauen und vor allem für den Betroffenen selber kaum klar zu erkennen, geschweige denn in Worte zu fassen. Doch gerade diese frühen Beeinträchtigungen kommen im Jugendalter massiv zum Vorschein.

Um die Schwierigkeiten des Selbstfindungsprozesses erfolgreich bewältigen und sein eigenes Leben unabhängig von den Eltern aufbauen zu können, muß man eine Basis haben, und das heißt: man muß eine Ahnung haben, wer man ist. Und um sich von seinen Eltern abzugrenzen und sie dann auch verlassen zu können, muß man sicher sein, daß man sie nicht ganz verliert. Der Aufbau dieser grundlegenden Sicherheit muß bereits in der frühen Kindheit begonnen haben, wenn er nun, im Jugendalter, tragfähig sein soll.

In frühester Kindheit gab es noch das völlige Einssein mit sich und der Umwelt, also auch das Einssein mit der Mutter. Erste Lösungsprozesse beginnen damit, daß die Mutter nicht immer anwesend, nicht immer zugewandt sein kann. Hier werden erste entscheidende Erfahrungen gemacht, etwa wie belastbar die Beziehungen zu Vater und Mutter sind, wenn zugleich das Kind beginnt, ein Gefühl für das eigene Selbst zu entfalten. Dieser Prozeß ist zunächst mit Unsicherheit, mit Schmerzen und Angst verbunden. Diese Gefühlen können aber relativiert und als Erfahrung begriffen werden, wenn die Beziehung zu den Eltern stabil bleibt und gleichzeitig die Trennungsversuche des Kindes durch die Eltern akzeptiert werden.

Vom richtigen, also der Persönlichkeit und den Bedürfnissen des Kindes angepaßten Verhalten der Eltern (im frühen Lebensalter besonders der Mutter) hängt es ab, ob das Kind nach und nach die Erfahrungen machen kann, daß es innerhalb der Geborgenheit leben kann, ohne zu ersticken, daß es auch auf Distanz gehen kann, ohne die Geborgenheit ganz zu verlieren und schließlich, daß es außerhalb der Geborgenheit leben kann, ohne ganz verlassen zu sein.

Kann sich die Mutter aufgrund eigener Ängste und Wünsche von dem Kind nicht trennen, wird sie ihm vermitteln, daß alle Gefahren äußerst bedrohlich sind und vermieden werden müssen. Geht das Kind trotzdem den eigenen Bedürfnissen zur Entdeckung der Welt nach, wird es schnell merken, daß es sich gegen die Wünsche der Mutter verhält und damit Gefahr läuft, ihre Zuwendung zu verlieren. Auch der Vater spielt bei den Prozessen von Lösung und Wiederannäherung eine entscheidende Rolle. Er kann genauso stützend oder hemmend für den Entwicklungsprozeß des Kindes sein wie die Mutter.

Oft mißlingen diese ersten Schritte der Selbstwerdung, in dem das Kind diese Bestrebungen der Verselbständigung aufgibt, weil es die Beziehung zu den Eltern nicht gefährden möchte. Um den Preis seiner eigenen Entfaltung paßt es sich an, es beginnt, eine relativ feste Schutzfassade gegen die schmerzlichen Erfahrungen des Verlassenwerdens aufzubauen. Die damit verbundenen Gefühle von Trauer, Ohnmacht, Wut, Angst und Schuld werden unterdrückt.

Daraus entwickelt sich einerseits die Angst vor der Wiederholung dieser Erfahrung, die dann im Jugendalter besonders groß wird, und andererseits eine ständige Suche nach dem, was verloren gegangen ist: die Harmonie und Geborgenheit der frühen Kindheit.

Zu früh ungeborgen zu sein, bedeutet nicht nur einen unsicheren Bezug zu sich selbst, sonden auch zu anderen Menschen. Zu sehr ist dann die Beziehung zu anderen bestimmt durch die eigene Unsicherheit, die in dem Zeichen steht: «Du willst mich sowieso nur loswerden.» Die im Kindalter meist reibungslos funktionierende Anpassung an die Bedürfnisse der Eltern auf Kosten der eigenen Entwicklung gelingt im Jugendalter nicht mehr. Denn nun werden Individualität und Selbständigkeit verlangt, und dies auch von den Eltern, obwohl ja eine grundlegende Sicherheit der eigenen Person fehlt. Jugendliche wissen meist nicht genau, wer sie sind. Sie wissen im besten Fall, wer sie einmal waren, aber nicht, wer sie sein werden. Die einzige Kontinuität besteht in den Erinnerungen. Denn das versichernde Gefühl: «Trotz aller Probleme habe ich noch etwas Liebenswertes an mir», fehlt den gefährdeten Jugendlichen. Diese grundsätzliche Unsicherheit ist für sie kaum verbalisierbar, eben weil sie so grundsätzlich ist. Im Vordergrund steht das diffuse Gefühl: «Irgendetwas stimmt nicht, stimmt nicht mit mir, ich bin falsch, falsch auf dieser Welt.» So können normale Verunsicherungen plötzlich lebensbedrohlich werden.

Das Selbstsein, ein Wissen, Ahnen oder Erspüren eigener Bedürfnisse, ist bei suizidalen Jugendlichen nicht oder kaum entwickelt. Ebenso werden besonders die als bedrohlich und auch von der Umwelt negativ bewerteten Gefühle wie Wut, Haß, Aggression, abgewehrt und unterdrückt. Das bedeutet, daß wichtige Bestandteile, Bausteine der eigenen Persönlichkeit, als nicht zum Selbst gehörig, also als fremd erlebt werden. Es entsteht das Gefühl, bedroht zu sein und bedroht zu werden. Die Bedrohung kann von innen, aus sich selbst heraus erlebt oder auch auf andere Menschen projiziert werden.

Die Unmöglichkeit, mit den anderen zu befriedigenden Beziehungen zu kommen, die Angst vor einer Wiederholung schmerzlicher Erfahrungen und die Vermeidung der dazugehörigen Gefühle von Ohnmacht, Wut, Haß und Angst: In dieser Situation wandelt sich die Hoffnung auf Erleichterung und Geborgenheit zur Sehnsucht nach dem Tod. Was im Leben nicht erreichbar scheint, kann vielleicht außerhalb des Lebens gefunden werden. Der Tod bietet die Aussicht, daß alle Qual beendet, jeder Konflikt gelöst und endlich Frieden sein wird. Die Verwirklichung der eigenen Identität, des eigenen Selbst wird auf den Tod projiziert und damit in eine destruktive, selbstzerstörende Idee gewandelt.

Das Dilemma des Jugendlichen – einerseits ist die Trennungs- und Verselbständigungsentwicklung zu gefährlich, weil Beziehungsverlust droht; andererseits kann er im Zustand der Verleugnung seines Individuationsstrebens nicht mehr verharren – vermittelt das Gefühl innerer Zerrissenheit und bedrohlicher Angst. Die Jugendlichen äußern dieses Dilemma in Sätzen wie: «Ich weiß nichts mehr, alles ist durcheinander, chaotisch, aufgewühlt, ich glaube, ich werde verrückt», – oder sie äußern sich auch gar nicht und zeigen sich verschlossen, trotzig, ablehnend, abwehrend.

Der Tod soll nun endlich das herbeiführen, was im Leben nicht erreichbar sind: Ende der Angst im Einssein mit sich. Diese Vorstellung ist dem sehr ähnlich, was die Jugendlichen in sehr früher Zeit mit der Mutter erlebt haben: der Wunsch nach der Rückkehr in die frühkindliche, harmonische Beziehung, in die Symbiose mit der Mutter. Insofern heißt die Aussage «ich will nicht mehr leben», immer auch gleichzeitig «ich will leben!», freilich anders leben als jetzt.

Der unlösbare Familienknoten

Macht ein Jugendlicher oder ein Kind einen Suizidversuch, ist die ganze Familie betroffen und durchlebt mit ihm eine Familienkrise. Da der Suizidversuch immer auch die Familiensitutation, also auch die Beziehungen aller Mitglieder zueinander spiegelt, suchen wir auch in der Familie nach Gründen, die dazu geführt haben, daß dem Jugendlichen ausgerechnet der Tod als einzig gangbarer Ausweg aus seiner verzweifelten Lage erscheint.

Gerade im Jugendalter sind ja heftige Familienkonflikte die Regel. Der Wunsch nach Schutz, Geborgenheit und bedingungsloser Unterstützung durch Vater oder

Mutter besteht immer noch, wenn auch oft uneingestanden. Gleichzeitig wächst die Protest- und Oppositionshaltung. In dieser Entwicklungsphase kommen oft weit zurückliegende, nicht ausgetragene und verdeckte Beziehungsprobleme der Familie überraschend an die Oberfläche. Zu diesen ohnehin schwer zu lösenden Konflikten kommen meist noch weitere spezifische Faktoren hinzu, die sich für den Jugendlichen als familiäre Risikofaktoren darstellen. Denn aus einer nur allgemeinen Analyse der Familiensituation ist nicht eindeutig ersichtlich, warum sich aggressive und selbstzerstörerische Energien in Drogen- oder Alkoholmißbrauch, in Nahrungsverweigerung oder übermäßiger Freßlust, in «selbstzerfleischenden» Krankheiten – oder eben in einem Selbstmordversuch äußern. In unserer bisherigen Arbeit sind uns folgende Faktoren besonders aufgefallen:

1. Oft ist die Familiengeschichte über Generationen hinweg durch eine auffällige Häufung von Trennungserlebnissen – nicht selten als Folge einer schweren Krankheit, eines Unfalls oder gar eines Suizids – gekennzeichnet. Die Konfrontation mit Tod und Sterben naher Verwandter zwingt alle Familienmitglieder zu einer Auseinandersetzung und Bewältigung der damit verbundenen Gefühle, die aber nur in den seltensten Fällen gelingt. Wenn wir mit dem Jugendlichen die Geschichte seiner Familie zurückverfolgen, treffen wir auffällig häufig auf eine Zeit, in der er mit dem für ihn als Kind unerklärlichen Verlust einer geliebten Person (der Mutter, des Bruders, des Opas, der Tante) zurechtkommen mußte. Gerade in Familien mit sehr zerbrechlichen, unklaren und unsicheren Strukturen kann sich ein solcher Verlust für ein Kind zur existenz- und lebensbedrohlichen Angst, dem Gefühl, allein und hilflos auf der Welt zu sein, steigern. Wenn ein Onkel oder eine Großmutter den Suizid

als Lösung ihrer Lebenskrise gewählt haben, scheint es natürlich auch für den Jugendlichen eher denkbar und möglich, diesen Weg zu gehen. Die Bindungen zu anderen Menschen und zum Leben sind aufgrund seiner Erfahrungen mit den Eltern ohnehin extremen Belastungen nicht gewachsen.

2. Es muß aber nicht unbedingt so sein, daß die Trennung auch real vollzogen wird, sondern es reicht oft aus, wenn ein Elternteil für den Jugendlichen nicht «greifbar» bleibt. Uns begegnen oft Familien, in denen ein Elternteil (meistens der Vater) in der Erziehung einfach fehlt, weil er 60 Stunden oder mehr pro Woche arbeitet, weil er viel auf Reisen ist oder sich um seine Kinder nicht kümmert. Dadurch kann eine sehr intensive ausschließliche Bindung zwischen dem Kind und dem verbleibenden Elternteil, also meistens der Mutter, entstehen. In dieser Beziehung können unerfüllte Wünsche und auch Lebensängste der Mutter die Bedürfnisse des Jugendlichen an den Rand drängen.

3. Eine weitere mögliche Ursache für Selbstmordhandlungen ist, daß Konflikte zwischen den Eltern nicht selten über das Kind ausgetragen werden. Es soll für einen Partner Partei ergreifen, dann wieder die Partei wechseln und findet sich plötzlich allein gegenüber beiden Elternteilen. Kurz: eine ständige Verwandlung vom erwachsenen Partner zurück zum Kind und umgekehrt. Das Kind selbst weiß nicht mehr, wohin es gehört, wer es eigentlich ist, wie es weitergehen kann. Das Spiel wird immer undurchschaubarer und verwirrender, und schließlich kann sich das Kind nur durch eine Suizidhandlung diesem Beziehungsgewirr entziehen.

4. Neben der Erfahrung von Verlust und Verwirrung steht oft die Erfahrung von Gewalt. Die familiäre Atmosphäre ist geprägt von Aggressivität und Feindseligkeit, ganz unterschwellig spürbar und bedrohlich wie eine

dunkle Wolke, die über einem schwebt und sich gelegentlich in unverhüllte Gewaltausbrüche und Drohungen entlädt. Nicht selten berichten uns Mädchen, daß sie von ihrem Vater oder Stiefvater sexuell mißbraucht oder über Jahre geprügelt worden sind.

5. Sprach- und Beziehungslosigkeit sind nicht nur ein Problem des Jugendlichen, sondern der gesamten Familie. Sie hat es mehr oder weniger aufgegeben oder nie gekonnt, über persönliche Dinge zu sprechen. Konflikte werden entweder durch das Hausrecht des Stärkeren oder durch totschweigen geklärt. Es gibt Themen, die bleiben ein Tabu, an das keiner rühren darf. Sie werden zum Geheimnis erklärt. So existiert zum Beispiel eine geheimgehaltene Eheproblematik; Dank der Sorgen, die sich die Ehepartner über das Kind machen müssen, brauchen sie sich nicht mit ihren eigenen Problemen auseinanderzusetzen; die können immer wieder vertagt und schließlich ganz aus dem Bewußtsein herausgedrängt werden. So kann der Status quo der Ehe und der Familie erhalten bleiben, man lebt zwar nicht glücklich, aber in «gesicherten» Verhältnissen. Das Kind ist Sündenbock und Retter der Familie in einem. Der Selbstmordversuch kann so den Sinn haben, die Familie zusammenzuhalten, sie zu gemeinsamen Überlegungen und zum Handeln zu zwingen. Manchmal ist es auch der letzte Versuch, aus dem erdrückenden Wirrwarr unklärbarer familiärer Beziehungen zu fliehen.

6. Oft finden wir in diesen Familien den starken Wunsch, den gefährdeten Jugendlichen auszugrenzen. Im Grunde will die Familie den Jugendlichen loswerden, entweder weil er stört (die Eltern haben sich getrennt und die Mutter will mit einem neuen Partner ein neues Leben beginnen) oder weil die Familie mit der Erziehung völlig überfordert ist (der Vater ist alkoholkrank und die Mutter muß für den Lebensunterhalt sorgen).

Ganz offenkundig häufen sich solche Familienkonstellationen in der Vorgeschichte unserer Jugendlichen. In unserer Arbeit können wir solche Entwicklungen bis hin zum Suizidversuch deutlich nachzeichnen und nachvollziehen. Man kann sehen, wie sich in diesen Familien ein ungeheures Gewalt- und Aggressionspotential aufgestaut hat, das sich in einem Suizid(-versuch) entlädt. Mit diesem befreienden und verzweifelten Schlag soll sich für den Jugendliche nun alles lösen.

Jugendliche verstehen und beraten

Es sind im wesentlichen vier verschiedene Situationen, in denen sich die Betroffenen an uns wenden:

- ▷ in bestehenden oder sich ankündigenden Krisen mit Suizidphantasien oder -drohungen;
- ▷ unmittelbar nach einem Suizidversuch;
- ▷ in einer Phase der Neuorientierung, zum Beispiel nach einem Suizidversuch oder dem Aufenthalt in einer psychiatrischen Abteilung eines Krankenhauses oder vermittelt durch andere psychosoziale Dienste;
- ▷ in sogenannten chronischen Krisen, wenn in regelmäßigen Abständen verschärfte Krisen auftreten und Suizidversuche wiederholt werden.

In der Regel umfaßt die Krisenintervention ein bis fünf Gespräche. Je nach Lebenssituation sind das Gespräche mit Einzelnen, Paaren oder kleinen Gruppen.

In der Krisenintervention werden Konflikte, die aktuell die Krise hervorrufen, oder der Anlaß, der zu einem Suizidversuch geführt hat, aus der Fülle der begleitenden Konflikte herausgelöst. Es geht darum, diese Konflikte und die begleitenden Gefühle der Angst, Verzweiflung oder Resignation zu verstehen, in ihrer Bedeutsamkeit zu akzeptieren – und therapeutisch zu intervenieren, bevor Verleugnung und Verdrängung wieder überhandnehmen. Gleichzeitig müssen die positiven, lebensbejahenden Momente herausgearbeitet werden.

Wenn wir einen Jugendlichen unmittelbar nach einem Suizidversuch kennenlernen, ist der aktuelle Anlaß für den Versuch ein zentrales Thema. Verhältnismäßig häufig gibt es einen benennbaren Auslöser, der meist als der letzte Punkt einer lang zurückliegenden Problemgeschichte anzusehen ist. Der aktuelle Anlaß ist sehr wichtig und beinhaltet nicht selten in konzentrierter Form die gesamten lebensgefährdenden oder hemmenden Faktoren der Persönlichkeitsentwicklung des Jugendlichen wie auch der Familiengeschichte.

Da wir die Erfahrung gemacht haben, daß die Gesprächsbereitschaft unmittelbar nach dem Suizidversuch noch sehr groß ist, dann aber immer weiter abnimmt, versuchen wir, so schnell wie möglich mit dem Jugendlichen ins Gespräch zu kommen. Diese Erfahrung wird auch in der Regel von den Mitarbeitern in den Krankenhäusern geteilt, so daß wir meistens den Jugendlichen im Krankenhaus besuchen können, sobald er ansprechbar ist.

Die erste Begegnung

Das Erstgespräch hat eine zentrale Bedeutung für den Kontakt und den weiteren Verlauf der Therapie. Aus der Art, wie der Jugendliche den Kontakt zum Berater aufnimmt, lassen sich wichtige Hinweise auf die momentane suizidale Gefährdung ableiten. Das Erstgespräch dauert in der Regel eine Stunde und wird mit demjenigen geführt, der mit uns Kontakt aufgenommen hat. Ist dies ein Erwachsener, klären wir bereits telefonisch ab, ob der Jugendliche bereit ist, zum Gespräch mitzukommen oder nicht. Anschließend folgen in der Regel mehrere Erstgespräche mit weiteren Familienmitgliedern, Partnern, anderen Betroffenen oder Mitgliedern psychosozialer Dienste. Dabei besprechen wir ausführlich das Geschehen unmittelbar vor dem Suizidversuch und alle Gefühle, die damit in Zusammenhang stehen. Dadurch bekommen wir einen ersten Einblick in die Lebensverhältnisse und die Motive des Jugendlichen:

▷ Wem sollte durch die Suizidhandlung etwas mitgeteilt werden?
▷ Für welche Kränkung war der Suizidversuch ein dramatischer Ausdruck?
▷ Was sollte mit dieser Suizidhandlung erreicht werden?

Besonders wichtig ist uns, daß wir dem Jugendlichen eine klar umrissene Beziehung zu uns anbieten, auf die er sich voll verlassen kann. Wir erfahren nämlich immer wieder, daß Suizidgefährdete ein scheinbar unstillbares Bedürfnis nach Zuneigung, Sicherheit, Kontinuität und Verläßlichkeit haben.

Bereits im Erstgespräch ist es notwendig, daß sich der Berater auch gegen die nicht zu erfüllenden Wünsche und Erwartungen des Jugendlichen abgrenzt und seine eigenen Möglichkeiten offenlegt. Dies ist um so wichtiger, da eine spätere Enttäuschung oder gar Zurücknahme von Angeboten eine schwere Kränkung für den Jugendlichen bedeuten würde und fast immer zu einem Abbruch des Beraterkontaktes führt. Unsere Möglichkeiten als Berater und Institution werden also genau besprochen und für den Jugendlichen offengelegt. Dadurch erfährt er, vielleicht so direkt zum ersten Mal, daß er mit seinen Problemen ernstgenommen wird, daß jemand ein persönliches Interesse an ihm hat und daß sich der Berater für ihn verantwortlich fühlt, ohne ihm seine Eigenverantwortung abzunehmen.

Krisentherapie

Mit dem Aufarbeiten der Krise und dem Stabilisieren des Jugendlichen versuchen wir, mit ihm zusammen neue effiziente Lösungsmöglichkeiten und Perspektiven herauszufinden. Sofortige Hilfe und Unterstützungsmöglichkeiten in der Umwelt des Klienten werden gesucht, eventuell aktiviert. Klingt die Krise allmählich ab, ist es wichtig, schon den Jugendlichen in der Phantasie auf künftige Krisensituationen vorzubereiten.

Findet nicht wenigstens ansatzweise ein Veränderung der Rollen- und Beziehungsmuster in der Familie des Klienten statt, ist die Gefahr der Wiederholung des Suizidversuchs groß. Bei etwa einem Drittel unserer Klienten ist eine kurze Krisenintervention nicht ausreichend. Die Gründe dafür können sehr unterschiedlich sein:

Es kann sein, daß in wenigen Sitzungen keine befriedigende Klärung gefunden werden kann, dies ist fast immer bei Kindern bis zu zwölf Jahren der Fall gewesen. In manchen Familien haben sich aber auch durch den Suizidversuch die Konflikte noch mehr verschärft. Manchmal zeichnen sich bei den Jugendlichen bereits neue suizidale Krisen ab. Und schließlich ist für viele Jugendliche die therapeutische Beziehung für eine Übergangszeit die einzige stabile und glaubwürdige Bindung, die sie eingehen können.

Wenn es sinnvoll erscheint, versuchen wir, den betroffenen Klienten oder dessen Familie gegen Ende der Krisenintervention zu einer Therapie zu motivieren. Auch helfen wir Jugendlichen oder Familien bei der Suche und Kontaktaufnahme zu einer anderen Institution oder zu einem niedergelassenen Therapeuten. Wir behalten solange den Kontakt mit den Betroffenen, bis die Überweisung tatsächlich gelungen ist.

Von uns werden zwei Therapiegruppen für Suizidgefährdete angeboten, eine für Jugendliche (13 bis 18 Jahre) und eine für junge Erwachsene (ab 19 Jahre). Beide Gruppen bestehen aus bis zu sechs Jugendlichen. Geleitet werden sie jeweils von einem Therapeuten und einer Therapeutin. Die Gespräche finden einmal wöchentlich in der Regel für zwei Stunden statt.

In diesen Gruppen treten viel deutlicher als in den Einzelgesprächen die Probleme der Kontakt- und Beziehungsaufnahme zutage. Die Jugendlichen haben nämlich Mühe, sich in die Gruppe einzufinden und sich bekannt zu machen. Sie sind abwartend, vorsichtig und mißtrauisch. Gleichzeitig wird aber auch ihre Sehnsucht nach Harmonie und Geborgenheit deutlich: Das alte Dilemma tritt wieder hervor, denn es ist ihnen gar nicht möglich, so schnell mit den anderen vertraut zu werden; sie brauchen viel Zeit und Vertrauen, um sich zu öffnen. Sätze wie «eigentlich weiß ich gar nicht, ob mir die Gruppe etwas bringt» oder «vielleicht brauche ich die Gruppe ja gar nicht», sind typisch für die ersten Stunden in der Gruppe. Die Jugendlichen nehmen oft erst dann die Beziehung zu den anderen Gruppenmitgliedern auf, wenn sie ihren Abschied ankündigen.

Die Gruppe bietet die Möglichkeit, unterschiedliche Formen der Beziehungen auszuprobieren. Die Jugendlichen erleben, daß eine Beziehung kein starres Muster hat und auch sie viele unterschiedliche Möglichkeiten und Fähigkeiten in den Beziehungen leben können. Es zeigt sich auch, daß die Therapiegruppe von den Jugendlichen als Familie erlebt wird mit allen Konflikten, Problemen und Wünschen, die vielleicht bei vielen suizidalen Jugendlichen damit verbunden sind. Bei manchem Jugendlichen treten all die Probleme, Konflikte und Wünsche auf, die er in seiner Familie erlebt hat und die ungelöst blieben: er fühlt sich vielleicht verlassen, abgelehnt, haßt die Geschwister, ist wütend auf Vater und

Mutter, möchte anerkannt sein. Die Arbeit mit der Gruppe ist auch deswegen so interessant und wichtig, da diese Themen in der Gruppe viel deutlicher und klarer zum Ausdruck kommen. Die Gruppe hat auch ein großes mitmenschliches Potential. Die Jugendlichen können sich gerade in Krisenzeiten gegenseitig auffangen.

Die Krisenwohnung

Häufig fühlen sich suizidale Kinder und Jugendliche in einer sehr ausweglosen Lage: Sie können oder wollen nicht wieder in die alte, die Krise auslösende Situation zurück. Auch kommt es vor, daß die Familie nicht mehr in der Lage ist, für den Jugendlichen zu sorgen. Oder die alte Wohngemeinschaft fühlt sich überfordert, ihn in diesem Zustand weiter zu betreuen. Hin und wieder steht ein Jugendlicher ohne feste Bleibe auf der Straße, ist arbeitslos und allein.

In diesen Fällen reichen Gespräche nicht aus. Dem Krisenberater müssen auch konkrete Hilfsmöglichkeiten zur Verfügung stehen, die er sofort anbieten kann. Gerade bei solchen Jugendlichen hat es sich als sehr günstig erwiesen, daß mit unserer Beratungsstelle eine Krisenunterkunft verbunden ist, in die suizidale Kinder oder Jugendliche sofort, ohne bürokratischen Aufwand aufgenommen werden können. So können wir besser helfen, aus der Krise unmittelbar nach einem Suizidversuch oder aus der Situation, die zu einer Krise geführt hat, herauszufinden. Während seines Aufenthalts in der Krisenwohnung treffen sich der Berater und der Jugendliche fast täglich. Und von Anfang an werden hier die Familien, die Wohngemeinschaften, der Freund oder die Heimwohngruppe in den therapeutischen Prozeß mit einbezogen. Bisher betrug die Wohndauer eines Jugendlichen in unserer Unterkunft zwischen einigen Tagen und vier Monaten. Die Krisenunterkunft wurde direkt neben den Räumen der Beratungsstelle als eigenständiger Wohnbereich eingerichtet. Ihre Räume befinden sich in einer Fünfzimmer-Altbauwohnung. Es können maximal vier Jugendliche aufgenommen werden. Bei der Einrichtung der Räume legten wir Wert auf die Schaffung einer freundlichen und wohnlichen Atmosphäre. Im Gemeinschaftsraum sind für die Jugendlichen Musikinstrumente, Bücher, Malsachen und eine Musikanlage vorhanden. Weiterhin kann mit Ton und anderen Materialien in der Wohnung gearbeitet werden.

Die Kinder und Jugendlichen werden in der Krisenwohnung rund um die Uhr pädagogisch betreut. Dabei ist die Freiwilligkeit des Jugendlichen die Grundvoraussetzung für eine Aufnahme. Die ersten Tage des Aufenthaltes bedeuten für den Jugendlichen in erster Linie, sich von seiner Erschöpfung auszuruhen und wieder Kräfte zu sammeln.

Viele Jugendliche haben besonders in der ersten Zeit große Schwierigkeiten einzuschlafen oder durchzuschlafen und leiden unter Ängsten und Albträumen. Manche Jugendliche neigen besonders nachts zu selbstschädigenden Handlungen (Kopfschlagen, Kratzen). Wir besprechen gemeinsam mit dem Jugendlichen, wie wir ihn in seiner Situation entlasten können. Manchmal ist es notwendig, auch nachts mit jemandem zu sprechen. Die Erfahrung der Jugendlichen, daß sie in ihrer Krise ernstgenommen, akzeptiert und ausgehalten werden, ist ein wesentlicher Baustein für die Beziehungen zwischen Betreuern und Jugendlichen.

Nachdem der Jugendliche etwas Abstand zur Krisensituation gewonnen und sich in der Krisenunterkunft eingelebt hat, geht es jetzt um die ersten Schritte der Neuorientierung aus der Krise, wobei wir den Jugendlichen (auf-)fordernd und unterstützend begleiten. Viele Jugendliche sind erst jetzt wieder in der Lage, Kontakt zur Familie und anderen Bezugspersonen aufzunehmen und gehen das erste Mal wieder in die Schule oder zur Arbeit.

Einige Jugendliche müssen eine eigene Wohnung, einen Wohngemeinschafts- oder Heimplatz finden und haben Behördengänge (Arbeitsamt, Jugendamt oder Sozialamt) zu erledigen. Sehr viele Jugendliche sind nicht in der Lage, ihren Tagesablauf selbständig zu planen. Manche leben in einer Atmosphäre von Sinnlosigkeit und Langeweile, dann wieder in chaotischer Überaktivität. Deshalb überlegen wir mit jedem Jugendlichen seine Gestaltung des Tages. Viele Freizeitaktivitäten, wie Schwimmengehen, Tonarbeiten, Malen, Spiele und Kinobesuche, finden mit einzelnen oder mit der gesamten Gruppe statt. Dabei fördern und verstärken wir die individuellen Interessen und Fähigkeiten des Jugendlichen. Wichtig ist auch die Stärkung der alten Beziehungen, sofern solche bestanden haben. So können die Jugendlichen sich mit Freunden und anderen Bezugspersonen in den Räumen der Krisenunterkunft treffen.

Die Jugendlichen erleben bei uns eine für sie zunächst ungewohnte Versorgungssituation: freundliche, warme Wohnung; regelmäßige Mahlzeiten; Erwachsene, die fast ständig für sie verfügbar sind; einfühlsames Verständnis von Erwachsenen; andere Jugendliche mit ähnlicher Problematik. Für die Phase des Ausruhens und Kraftschöpfens ist es ja auch wichtig, daß solche Bedürfnisse erfüllt werden. Im Verlauf der Krisenintervention übernimmt dann der Jugendliche wieder die Verantwortung für sein Leben.

Wenn sich die psychische und soziale Situation des Jugendlichen stabilisiert hat und sich eine Perspektive abzeichnet, aufgrund derer der Beratungsprozeß ambulant weitergeführt werden kann, beginnt die Phase der Ablösung von der Krisenunterkunft: Während viele Jugendliche in der ersten Zeit des Aufenthaltes die Krisenwohnung höchstens mit uns oder anderen Jugendlichen gemeinsam verlassen wollen, unternehmen sie jetzt eigene Aktivitäten auch außerhalb der Unterkunft. Ein gemeinsames Abschlußgespräch markiert das Ende des Aufenthalts. Wir sprechen mit dem Jugendlichen über die entstandenen Beziehungen, über den Abschied und die neue Situation, in die sich der Jugendliche gestellt sieht.

Therapie allein genügt nicht

Psychosoziale Hilfen, welcher Art auch immer, Sozialpädagogik und Therapie können nicht so einfach wiederherstellen, was in der Familie gesellschaftlich und kulturell beschädigt wurde – Selbstwertgefühl, Selbstsicherheit, Liebesfähigkeit, Zuversicht und Vertrauen in die eigenen Lebenschancen. Wir können jedoch menschliche Beziehungen stützen oder auch neue zu schaffen helfen, die geeignet sind, Angst und Verzweiflung zu überwinden, die immer dann aufkommen, wenn Sinnverlust und Einsamkeit überhandnehmen.

In Informationsgesprächen, Fachberatungen und Fortbildungen machen wir immer wieder die Erfahrung, daß schon die «theoretische» Auseinandersetzung mit dem Thema Selbstmord mit sehr starken Gefühlen, teilweise wiederbelebter Angst und Hilflosigkeit, mit Wut und Trauer verbunden sein kann. Auch die unpersönlichste Form der Begegnung oftmals mit diesem Thema läßt einen innerlich nicht gleichgültig, ebensowenig wie die unmittelbare Konfrontation mit dem suizidgefährdeten Klienten.

Viele Menschen spielen irgendwann einmal, die meisten in ihrer Jugend, mit dem Gedanken eines selbstgewählten Todes. Eine überraschend große Zahl von Menschen hat direkte Erfahrung; sei es, daß sich in der Familie oder im Bekanntenkreis ein Mensch das Leben genommen hat, sei es, daß sie selbst schon einmal einen Versuch gemacht oder ihn sehr ernsthaft überlegt haben.

So löst aus naheliegenden Gründen jede Suizidhandlung heftige Gefühle aus. Werden Angst, Wut, Trauer, Sorge und Haß nicht zugelassen, verstellen sie den Zugang zum Suizidgefährdeten. Entscheidend ist es, inwieweit der unmittelbar Betroffene mit seinen eigenen Gefühlen und seiner Krisenanfälligkeit Erfahrungen gemacht hat. Unseres Erachtens führt der einzige Zugang über die eigenen Gefühle. Ohne sie wird sich keine tragfähige Beziehung zum Suizidgefährdeten entwickeln lassen.

Aus unseren Erfahrungen ergeben sich für eine breite Darstellung des Themas Selbstmord in den Medien und der Öffentlichkeit vier Konsequenzen:

- ▷ Erstens: In der Regel werden unmittelbar Betroffene in der Krisensituation nur durch ein persönliches Gespräch erreicht werden können und nicht durch Bücher oder Broschüren.
- ▷ Zweitens: Für jede Zielgruppe müssen spezifische Inhalte und methodische Zugänge gesucht und erarbeitet werden, je nach Grad ihrer Gefährdung und Betroffenheit.
- ▷ Drittens: Das Thema ist tabuisiert und ruft sehr heftige Gefühle hervor. Die Gefahr bei jeder allgemeinen öffentlichen Diskussion ist daher unverkennbar. Es könnten ungewollt neue Tabus kreiert werden und es könnte die Verdrängung und Abwehr weiter gefestigt werden.
- ▷ Viertens: Jedes noch so gut geführte Gespräch wird

sein Ziel letztlich nicht erreichen können, wenn nicht irgendein Versorgungs- und Hilfsangebot für Gefährdete und Betroffene verfügbar ist.

Hilfen für die Helfer

Die Arbeit in Neuhland beinhaltet die Konfrontation mit den Persönlichkeitsanteilen, die nicht mehr leben wollen. Diese Persönlichkeitsanteile des Jugendlichen wirken auch auf die Beziehung zum Berater und sind Teil der Beziehungsstörung des Jugendlichen. Sie bedeuten für den Berater eine ständige Auseinandersetzung mit den Erinnerungen an die eigene Kindheit, eine Konfrontation mit den eigenen Gefühlen von Verzweiflung, Ohnmacht, Hilflosigkeit, Niedergeschlagenheit und eine intensive Beschäftigung mit Sterben und Tod.

Wir wissen aus eigener Erfahrung, daß allgemeine Theorien oder Informationen aus Büchern und Zeitschriften in der direkten Konfrontation mit den Jugendlichen wenig Entlastung bringen. Wissen um den Selbstmord erhöht nicht wesentlich die Sicherheit mit Selbstmördern. Es ist nicht der kompetente Experte oder der Pfleger im weißen Kittel gefordert, sondern eine Person, ihr mitmenschliches Verständnis, ihre Zuneigung und Ehrlichkeit. Dafür gibt es keine praktischen Handlungsanweisungen, die über geschriebene Informationen vermittelt werden könnten.

Den vielfältigen Gefühlen und dem Druck, den Suizidale bei einem selbst auslösen, kann man grundsätzlich nicht entgehen. Man kann sie nur verdrängen oder sich mit ihnen auseinandersetzen. Der Weg zu einem offenen und unverstellten Verständnis für einen suizidalen Jugendlichen führt über die Auseinandersetzung mit den eigenen Gefühlen und den eigenen Krisenerfahrungen.

Dabei wird man auch seiner eigenen Stärken und Schwächen im Umgang mit anderen gewahr. Es spielt dabei keine Rolle, ob diese Erfahrungen im Rahmen von Ausbildungs- oder Fortbildungsgruppen, Balint- oder Supervisionsgruppen oder in Einzelgesprächen gemacht werden.

Die Lebenskrise des Jugendlichen hat sich ja gerade dadurch zur suizidalen Krise gesteigert, daß er sich allein, isoliert und überfordert fühlte. Die Gefahr, in die Krise verstrickt zu werden und genau das zu wiederholen, sich zu isolieren und zu überfordern, nicht genügend Abstand zum Jugendlichen zu bewahren, ist für den Helfer gerade bei starker emotionaler Beteiligung sehr groß. Uns hilft das Gespräch mit einem Kollegen, die Supervision, unsere therapeutische Ausbildung und ständige Fortbildung dabei, von der suizidalen Dynamik nicht eingefangen zu werden und sich ihr trotzdem auszusetzen. Wir fragen uns bei jedem Jugendlichen: Was muß ich tun, damit er sich selbst helfen kann?

Verzeichnis der Suizidhilfe-Einrichtungen in der Bundesrepublik Deutschland

Aachen:
Hilfe für Lebensmüde, Lebens- und Glaubensberatung
Minoritenstr.3, 5100 Aachen, Tel.: 0241/34020

Berlin:
Kriseninterventionszentrum, Städt. Krankenhaus am Urban, Dr.M.Lindner
Dieffenbachstr.1, 1000 Berlin 61, Tel.: 030/6971

Hilfen für suizidgefährdete Kinder und Jugendliche e.V.
Bergmannstr.102, 1000 Berlin 61, Tel.: 030/8701-11 (12)

Ärztl. Lebensmüdenbetreuung, Dr. Klaus Thomas
Glockenstr.17, 1000 Berlin 37, Tel.: 030/8015848

Telefonseelsorge Berlin, Konfliktberatung-Selbstmordverhütung e.V.
Jebenstr.1, 1000 Berlin 12, Tel.: 030/11101

Kriseninterventionszentrum im KH Moabit
Turmstr.21, 1000 Berlin 21, Tel.: 030/3937-1
Projekt Psychosoziale Beratung,
Untergruppe Krisenberatung, Fr.Radke,
Uferstr.14, 1000 Berlin 65, Tel.: 030/4612063

Neuhland, Beratung für Kinder, Jugendliche und Eltern in Notlagen
Uhlandstr.142, 1000 Berlin 31, Tel.: 030/870111

Bielefeld:
Krisenberatungsstelle (AK «Selbstmordverhütung»), Ev.Johanneswerk e.V.
Johanneswerkstr. 12 (Postfach 4540), 4800 Bielefeld 1, Tel.: 0521/83042

Bochum:
Psychosoziale Kontaktstelle zur Suizidprophylaxe am Psychologischen Institut der Ruhr-Universität Bochum
Postfach 102148, 4630 Bochum 1, Tel.: 0234/7001-3169

Böblingen:
AG «Suizidprophylaxe am Kreiskrankenhaus» Kreiskrankenhaus Böblingen, Sozialdienst
Bunsenstr.120, 7030 Böblingen, Tel.: 07031/668-1

Bonn:
AK «Suizidgefährdete» bei der Telefonseelsorge
Meckenheimerstr.85, 5300 Bonn-Bad Godesberg, Tel.: 02221/343563

Braunschweig:
Krisenhilfe für Selbstmordgefährdete und seelisch Notleidende
Bismarckstr.5, 3300 Braunschweig, Tel.: 0531/335050

Darmstadt:
Städt. Kliniken Darmstadt, Hr. Andreas Haensell, Med. Klinik 1,
Krisenintervention / Psychosozialer Bereich
Grafenstr. 9, 6100 Darmstadt Tel.: 06151/107290

Detmold:
Hilfe zum Weiterleben, AK für Selbstmordverhütung
und Krisenberatung .e.V.
Postfach 634, 4930 Detmold, Tel.: 05231/29646

Dortmund:
Krisen- und Kontaktzentrum Hörde,
Virchowstr.4, 4600 Dortmund-Hörde (30), Tel.: 0231/435077

Freiburg:
Psychosoziale Beratung für Suizidgefährdete
Karthäuser Str.77, 7800 Freiburg, Tel.: 0761/33388

Fulda:
Kontaktzentrum «Hilfe zum Weiterleben»
Wilhelmstr.8, 6400 Fulda, Tel.: 0661/87442

Die Brücke, Hr. Professor Kremer
Löher Str.37, 6400 Fulda, Tel.: 0661/74600

Hamburg:
AG Suizid der Psychosozialen Arbeitsgemeinschaft Eilbek,
Helga Prieß, Sozialtherapeutischer Dienst
Bachstr.96, 2000 Hamburg 76

Hannover:
«Arbeitsgruppe Leben», Herr Bergmann,
Berufsbildungswerk Annastift
Wüfeler Str.60, 3000 Hannover 72, Tel.: 0511/86031

Jugend- und Eheberatungsstelle, Fr.Dr.Margit Zabel
Osterstr.57, 3000 Hannover 1, Tel.: 0511/15463

Heidelberg:
Medizinische Suizidambulanz, Ludolf-Krehl-Klinik
Bergheimerstr.56, 6900 Heidelberg, Tel.: 06221/532852

Heidenheim:
Heidenheimer Club/AK für Selbstmordverhütung e.V.
Hr.H.W.Siemon
Postfach 1446, 7920 Heidenheim, Tel.: 07322/5188

Heilbronn:
AKL Heilbronn, Geschäftsstelle: Frau Rademachers
Weinsberger Str.45, 7100 Heilbronn

Herborn:
AK «Suizidgefährdete», Herr Toni Klein
Am Kramberg 5, Schönbach, 6349 Herborn

Hildesheim:
Kontaktgruppe für Selbstmordgefährdete e.V.
Bahnhofstr.26, 3200 Hildesheim, Tel.: 05121/58828

Karlsruhe:
Die Brücke, Krisenberatungsstelle
Kronenplatz 1, 7500 Karlsruhe 1, Tel.: 0721/38503888

Kassel:
Komm-Kontakt-Beratung in Krisen – Suizidentenberatung e.V.
Goethestr. 34, 3500 Kassel, Tel.: 0561/773930

Städt.Kliniken, Krankenhaussozialdienst/Psychosozialer Dienst
Mönckeburgstr.48, 3500 Kassel, Tel.: 0561/773930

Kiel:
Sozialpsychiatrische Praxis Franz Seifert
Esmarchstr.28, 2300 Kiel, Tel.: 0431/85423

Koblenz:
TECUM, Verein zur Betreuung suizidgefährdeter Menschen e.V.
Kurfürstenstr.73, 5400 Koblenz

Ludwigshafen:
Die Arche, Beratung und Hilfe zum Leben
Falkenstr.19, 6700 Ludwigshafen, Tel.: 0621/512071

München:
Die Arche, Zentrale für Selbstmordverhütung und Lebenshilfe e.V.
Viktoriastr.9/1, 8000 München 40, Tel.: 089/334041
Liaisondienst der Psychiatrischen Klinik der Techn. Universität
an der Toxikologischen Abteilung der 2. med.Klinik am
Klinikum rechts der Isar,
Prof.Dr.H.J.Möller
Möhlstr.26, 8000 München 80, Tel.: 089/4140

Münster:
AK für Selbstmordverhütung, Herr Pfarrer Fuchs
Sebastian-Kirch-Weg 10, 4400 Münster, Tel.: 0151/27722

Nürnberg:
Städt. Kliniken Nürnberg, Psychiatr.Klinik, Herr Neerpasch
Postfach, 8500 Nürnberg, Tel.: 0911/3980

Nürtingen:
AKL e.V.
Vendelaustr.27, 7440 Nürtingen, Tel.: 07022/2112

Ravensburg-Weissenau:
AG «Suizidalität u. psychiatr. Krankenhaus»,PLK Weissenau
Abt. Psychiatrie 1 der Universität Ulm,
Dr.med.Manfred Wolfersdorf
7980 Ravensburg-Weissenau, Tel.: 0751/601-394 (339)

Reutlingen:
AKL, Laienhilfe u. Kontakt in Lebenskrisen
Lindachstr.13, 7410 Reutlingen, Tel.: 07121/24666

Rheydt:
AK für Suizidverhütung, Rhein. Landesklinik, Dr.E.Spancken
Neinrich-Pesch-Str.39, 4070 Rheydt, Tel.: 02166/3591

Saarbrücken:
Ev.KH, Intensiv-Station, Herr P.Herzog
Postfach, 6600 Saarbrücken, Tel.: 0681/77077

Schwäbisch Hall:
AG Suizid am Diakonie-KH
Heilbronnerstr.100, 7170 Schw.Hall, Tel.: 0791/7531

Stuttgart:
L e.V. c/o DGS-Geschäftsstelle
Rosenbergstr.50/1, 7000 Stuttgart 1, Tel.: 0711/625959

Tübingen:
L, Laienhilfe u. Kontakt in Lebenskrisen
Lichtensteinstr.9, 7400 Tübingen, Tel.: 07071/33733

SPIEGEL-BUCH

Bisher erschienen:

Der Minister und der Terrorist
Gespräche zwischen Gerhart Baum und Horst Mahler
(vergriffen)

Überlebensgroß Herr Strauß
Ein Spiegelbild – Herausgegeben von Rudolf Augstein
(vergriffen)

Ariane Barth/Tiziano Terzani
Holocaust in Kambodscha
(vergriffen)

Hans Werner Kilz (Hg.)
Gesamtschule
Modell oder Reformruine?

Renate Merklein
Griff in die eigene Tasche
Hintergeht der Bonner Sozialstaat seine Bürger?

Werner Meyer-Larsen (Hg.)
Auto-Großmacht Japan

Marion Schreiber (Hg.)
Die schöne Geburt
Protest gegen die Technik im Kreißsaal

Wolfgang Limmer
Rainer Werner Fassbinder, Filmemacher
(erweit. Neuaufl. Sept. 1982)

Fritjof Meyer
China – Aufstieg und Fall der Viererbande

Hans Halter (Hg.)
Vorsicht Arzt!
Krise der modernen Medizin

Adam Zagajewski
Polen
Staat im Schatten der Sowjetunion

Paul Lersch (Hg.)
Die verkannte Gefahr
Rechtsradikalismus in der Bundesrepublik
(vergriffen)

Hans-Dieter Degler (Hg.)
Vergewaltigt
Frauen berichten
(vergriffen)

Michael Haller (Hg.)
Aussteigen oder rebellieren
Jugendliche gegen Staat und Gesellschaft

Wilhelm Bittorf (Hg.)
Nachrüstung
Der Atomkrieg rückt näher

Timothy Garton Ash
Und willst du nicht mein Bruder sein . . .
Die DDR heute

Werner Harenberg
Schachweltmeister

Jürgen Leinemann
Die Angst der Deutschen
Beobachtungen zur Bewußtseinslage der Nation

SPIEGEL-BUCH

SPIEGEL-BUCH

Rolf Lamprecht
Kampf ums Kind
Wie Richter und Gutachter das Sorgerecht anwenden

Jochen Bölsche (Hg.)
Natur ohne Schutz
Neue Öko-Strategien gegen die Umweltzerstörung

Edward M. Kennedy
Mark O. Hatfield
Stoppt die Atomrüstung

Walter Gloede
Hans-Joachim Nesslinger (Hg.)
Fußballweltmeisterschaft
(vergriffen)

Jörg R. Mettke (Hg.)
Die Grünen
Regierungspartner von morgen?

Joachim Schöps (Hg.)
Auswandern
Ein deutscher Traum

Peter Glotz/
Wolfgang Malanowski
Student heute
Angepaßt? Ausgestiegen?

Klaus Bölling
Die letzten 30 Tage des Kanzlers Helmut Schmidt
Ein Tagebuch

Klaus Umbach (Hg.)
Richard Wagner
Ein deutsches Ärgernis

Renate Merklein
Die Deutschen werden ärmer
Staatsverschuldung – Geldentwertung – Markteinbußen – Arbeitsplatzverluste

Horst Herrmann
Papst Wojtyla
Der Heilige Narr

Heinz Höhne
Die Machtergreifung
Deutschlands Weg in die Hitler-Diktatur

Joachim Schöps
Die SPIEGEL-Affäre des Franz Josef Strauß

Jochen Bölsche (Hg.)
Die deutsche Landschaft stirbt
Zerschnitten – Zersiedelt – Zerstört

Christian Habbe (Hg.)
Ausländer
Die verfemten Gäste

Stephan Burgdorff (Hg.)
Wirtschaft im Untergrund

Wolfram Bickerich (Hg.)
Die 13 Jahre
Bilanz der sozialliberalen Koalition

István Futaky (Hg.)
Ungarn – ein kommunistisches Wunderland?
(vergriffen)

SPIEGEL-BUCH

SPIEGEL-BUCH

SPIEGEL-BUCH

Wolfgang Malanowski (Hg.)
1945
Deutschland in der Stunde Null

Klaus Franke (Hg.)
Mehr Recht für Tiere

Siegfried Kogelfranz (Hg.)
Die Vertriebenen

WernerHarenberg (Hg.)
Wozu noch studieren?
Die Berufschancen
der Akademiker

Norbert F. Pötzl
Total unter Kontrolle
Computerausweis. Volkszählung.
Verkabelung.

Robin Wright
Die Schiiten
Allahs fanatische Krieger

Hans Halter (Hg.)
Todesseuche Aids

Wolfram Bickerich/Jürgen Leinemann/Hans Leyendecker (Hg.)
Bruder Johannes
Herausforderer Rau

Tom Gervasi
Moskaus Übermacht
Eine amerikanische Legende

Joachim Wagner
Tatort Finanzministerium
Die staatlichen Helfer
beim Spendenbetrug

Gunar Ortlepp
Südsee
Das verlorene Paradies

Renate Merklein
Die Rentenkrise

Michael Haller
Freiwillig sterben freiwillig?
Selbstmord – Sterbehilfe – Suchttod

SPIEGEL-BUCH